偽装請負と言われないために

請負を行うための実務知識

daijyu kimura
木村 大樹 著

経営書院

はじめに

　請負契約は他の人の労働力を活用する契約の1つで広く行われていますが、数年前のいわゆる偽装請負問題を契機として、大変使い勝手の悪いものであるかのような印象が流布していて、請負事業を活用しようという側でも二の足を踏んでいるような状況にあります。

　その際、話題になるのがいわゆる告示第37号〔労働者派遣事業と請負により行われる事業との区分に関する基準（昭和61年4月17日労働省告示第37号）〕です。

　告示第37号については、その前身である労働者派遣法制定前の職業安定法施行規則第4条の規定が昭和27年に改正されて以来、その実質的な内容について何ら変更されていないにもかかわらず、労働行政の不適切な対応もあり、その規定とは異なる内容のものとして運用されています。

　このため、告示第37号に定めるものが何であるのかを明確にすることにより、請負事業を行う側とこれを活用する側に十分な理解を得るようにする必要が生じています。

　また、人を使って請負事業を行うためには、当然労務管理に関する知識が必要となりますし、製造業などの請負事業を行うためには安全衛生管理が必要となります。一方、請負事業を活用する側では、そういう能力を十分に持った事業主に仕事を請け負わせることが必要です。

　さらに、これらの要素を具体的に請負契約を締結する段階、あるいは請負事業を展開する段階で、どのようなことを考慮し、行動する必要があるのかについても、整理しておく必要があります。

　これらの項目を整理した上で、労働行政への対応を含めて一冊の本にまとめたものが本書です。

　多くの関係する皆さんが本書をご利用いただければ、請負事業を行う、あるいは活用する、に当たっての問題の発生の予防やその解決に

役立てていただけると考えております。
　その結果、我が国の産業の展開や安定した雇用の創出にいささかなりともお役に立てれば、これに過ぎる喜びはありません。

平成24年4月

木村　大樹

目　次

第1部　基礎編　請負を行うための基礎知識

第1章　告示第37号の基礎知識 ……………………………… 2
1　「偽装請負」という言葉の意味 ……………………… 4
2　告示第37号と労働者派遣法の関係 …………………… 7
3　告示第37号の目的 …………………………………… 8
4　告示第37号の基準 …………………………………… 14
5　労働者派遣法の規定に違反することを免れるために故意に偽装した場合の取扱い ………………………… 50

第2章　労務管理の基礎知識 …………………………………… 53
1　注文主との黙示の労働契約 …………………………… 53
2　募集 ……………………………………………………… 53
3　採用 ……………………………………………………… 58
4　労働関係の基礎 ………………………………………… 60
5　人事異動 ………………………………………………… 66
6　労働者の権利と義務 …………………………………… 71
7　懲戒と労働者に対する損害賠償の請求 ……………… 79
8　就業規則 ………………………………………………… 83
9　賃金 ……………………………………………………… 87
10　労働時間・休憩・休日・休暇 ……………………… 94
11　社会・労働保険 ……………………………………… 118
12　退職と解雇 …………………………………………… 126
13　妊産婦や未成年者などに関するその他の措置 ……… 135
14　労働組合 ……………………………………………… 136

15　労働紛争の解決システム ･･････････････････････････ 144

第3章　労働安全衛生管理の基礎知識 ･･･････････････････ 147
　1　労働者の安全衛生の確保 ･･････････････････････････ 148
　2　安全衛生管理体制 ････････････････････････････････ 154
　3　安全衛生教育 ････････････････････････････････････ 166
　4　安全衛生管理 ････････････････････････････････････ 169
　5　危険や健康障害を防止するための措置 ････････････････ 176
　6　就業制限 ･･ 184
　7　健康の保持増進 ･･････････････････････････････････ 185
　8　労働災害が起きた場合の対応 ･･････････････････････ 191
　9　過重労働による健康障害の防止 ････････････････････ 193
　10　職場における喫煙対策 ････････････････････････････ 199

第2部　応用編　請負契約の締結と請負事業の推進

第4章　請負事業を行うに当たっての基本的な事項 ･･･････ 202
　1　事業を行うための基本的な能力 ････････････････････ 202
　2　人を使って事業を行うための基本的な能力 ･･････････ 203
　3　発注者は基本的な能力を欠いた事業主に仕事を請け負わせる
　　　ことはできない ･･････････････････････････････････ 204
　4　請負事業主としての基本的な事項 ･･････････････････ 205

第5章　請負契約の締結に当たって行う事項 ･･････････････ 208
　1　請負契約の締結に当たり確認する事項 ･･････････････ 209
　2　請負契約書に記載する事項 ････････････････････････ 212
　3　請負契約の締結に当たって留意する事項 ････････････ 232

第6章　請負事業の管理を行うに当たって行う事項 ………… 238
　1　請負事業主の本社などで行う事項 ………………… 239
　2　請負事業所が行う事項 ……………………………… 247

第7章　労働行政への対応 ………………………………… 300
　1　労働基準監督署への対応 …………………………… 300
　2　労働局雇用均等室への対応 ………………………… 302
　3　労働局需給調整事業部門への対応 ………………… 303
　4　そのほかの対応 ……………………………………… 312

第1部　基礎編

請負を行うための基礎知識

第1章 告示第37号の基礎知識

「告示第37号の基礎知識」のポイント

・「偽装請負」は法律上の用語ではなく、発想・立場により多様に用いられていて統一した使い方がなく、①請負を偽装すること、②労働者派遣事業のこと、③実態が労働者である一人親方などの問題も含まれる、などという使い方がある。

・商法には「労務の請負」という規定があり、その中には労働者派遣事業も含まれる。

・告示第37号は労働者派遣法の労働者派遣事業の定義に関する規定の解釈を示したもので、実施省令である職業安定法施行規則第4条と同様の機能がある。

・法律に根拠がない告示が最高裁判決に引用された例、職業安定法施行規則第4条が地裁判決に引用された例がある。

・労働者派遣法の施行前に職業安定法施行規則第4条の規定に抵触していた行為だけが同法の施行後も告示第37号の規定に抵触し、同法の施行前に抵触していなかった行為は同法の施行後も告示第37号の規定に抵触することはない。

・告示第37号は労働者派遣事業に該当するか否かの判断を的確に行うことを目的としている。

・告示第37号の対象はあらゆる業務を対象とし、構外請負もその対象となるが、一人親方などの個人請負には適用されない。

・告示第37号第2条各号の基準のすべてに該当する場合には、原則として労働者派遣事業には該当しない。

・注文主の労働者と請負労働者が混在することは、労働者派遣事業に該当するか否かとは直接関係ない。

・労働者の始業・終業の時刻、休憩時間、休日、休暇などの把握だけを

依頼しても、そのことだけで告示第37号に抵触することはない。
・労働者の服務上の規律に関しては、施設管理権など正当な権利の行使を十分考慮する必要がある。
・作業服の着用は、告示第37号の問題だけでなく、労働者が誰に雇用されているかの問題とも関連する。
・労働安全衛生法第29条に基づいて行われる元方事業者の請負労働者に対する直接の指導、指示は、労働者派遣法や告示第37号に照らして何ら問題が生じることはない。
・事業の独立性は、請負事業主が注文主とは別個の事業を行っているのか、注文主の事業に組み込まれてその一部を行っているに過ぎないのかによって判別し、請負事業主が注文主の支配下にあるか否か、注文主の指揮監督を受けているか否かは直接関係がない。
・労災保険や雇用保険、健康保険、厚生年金保険、自動車を運行の用に供する場合の自動車損害賠償責任保険・共済などについて適用要件を満たしていながら適用手続きをしていない場合には、法律に規定された事業主としての責任を負っていない。
・①請負事業主が作業に必要な機械、設備、器材を準備し調達する、②請負事業主が作業に必要な材料、資材を準備し調達する、③請負事業主が企画を行って請負業務を処理する、④技術者が技術的な監督・検査を行って請負業務を処理する、⑤熟練技能者が技術的な監督・検査を行って請負業務を処理する、のどれか1つを満たせば、告示第37号第2条第2号ハの基準を満たすから、機械、設備、器材を必ず有償の賃貸借でなければならない訳ではない。
・労働者派遣法違反を免れるために故意に偽装した場合とは、①機械、設備、器材について、形式上は賃貸借契約によって借り受けているが、その使用状況を見ると注文主が実質的に管理している場合、②注文主が労働者を直接雇用していたとしても、二重帳簿が備えられたり、賃金が注文主以外から支払われたり、採用、解雇の実権が注文主以外の事業主にあるような場合をいう。

請負事業に関しては、「労働者派遣事業と請負により行われる事業との区分に関する基準（昭和61年4月17日労働省告示第37号。以下「告示第37号」という）」の適用が問題となります。

1　「偽装請負」という言葉の意味

(1)　「偽装請負」という言葉の多様な使い方

「偽装請負」という言葉自体は法律上の用語ではなく極めて曖昧であるために、使う人の発想や立場などによって多種多様に用いられていて、統一した使い方がありません。

例えば、次のような意味で使われています。

ア　「偽装請負」とは請負を偽装することである

「偽装請負」とは、請負を偽装することであるとする使い方があります。この使い方は、請負であれば適正であるが、これを偽装するのが問題であるという発想をベースにしています。「偽装請負」という言葉を直接的に表現したものです。

しかし、この使い方では、例えば、一般に「委託契約」と呼ばれる「準委任契約」は、「当事者の一方が所定の事務をすることを相手方に委託し、相手方がこれを承諾することによって、その効力を生ずる（民法第656条による同法第643条の準用）」ことですが、仮にこの「準委任契約」に該当する契約を「請負契約」と偽装したとすれば、「偽装請負」になります。

「準委任契約」を「請負契約」と偽装したとしても、何か法的な問題が生じるということはありません。そうであるなら、この使い方では、適法なものも偽装請負に含まれてしまいます。

また、(2)で述べるように、商法には「労務の請負」という規定があり、その中には労働者派遣事業も含まれますので、請負を偽装しなくても労働者派遣事業になるのです。

イ 「偽装請負」とは労働者派遣事業のことである

　厚生労働省のホームページに掲載している「告示第37号に関する疑義応答集（以下「告示第37号疑義応答集」という）」では「偽装請負」という用語を用いていますが、その用語の定義は全くされていません。

　告示第37号疑義応答集の内容から推察すれば、そこでいう「偽装請負」とは労働者派遣事業の意味であると考えられます。

ウ 「偽装請負」には実態が労働者である一人親方などの問題も含まれる

　「偽装請負」とは、イの労働者派遣事業のほかに、一人親方などの個人請負などの就労実態が労働者である場合も含まれるとする使い方もあります。

　ところで、一人親方などの個人請負などの実態が労働者である場合が法律的に問題となるのは、労働基準法や労働安全衛生法などの適用があるか否かということです。少なくとも労働者派遣法の適用があるか否かという問題は生じません。

　このため、このような使い方をすると、労働者派遣法の適用が問題となる「偽装請負」と労働基準法や労働安全衛生法などの適用が問題となる「偽装請負」の双方が含まれます。

　「実態が労働者である一人親方などの個人請負」について労働基準法や労働安全衛生法などの適用があるか否かの問題は、これまで「労働者性」の問題として扱われてきました。

　したがって、「実態が労働者である１人親方などの個人請負」については、少なくとも「偽装請負」の問題とはせずに、「労働者性」など区分して取り扱うことが必要です。

エ　改正労働者派遣法案の規定

　現在国会に提出されている改正労働者派遣法案による改正後の第40条の６第１項第４号には、「労働者派遣法又は労働基準法や労働安全

衛生法、男女雇用機会均等法などの規定の適用の特例などの規定の適用を免れる目的で、請負その他労働者派遣以外の名目で契約を締結し、労働者派遣法第26条第1項各号に掲げる事項を定めずに労働者派遣の役務の提供を受ける場合」という趣旨の規定があります。

　この規定は、「偽装請負」を想定して規定していると考えられますが、「労働者派遣法や労働基準法、労働安全衛生法などの規定の適用を免れる目的」であることを要件としていますので、違法な目的であることが明確です。

　また、行為の内容も「請負その他労働者派遣以外の名目で契約を締結し、労働者派遣法第26条第1項各号に掲げる事項を定めずに労働者派遣の役務の提供を受ける場合」と規定していますので、明確です。

(2)　労務の請負

　商法第502条に営業的商行為という規定があります。そして、その第5号には「労務の請負」という規定があります。つまり、「労務を請け負う」ということもあるのです。

　この「労務を請け負う」中には、労働者派遣事業も含まれると考えられています。そうなると、労働者派遣事業も請負事業の一種ということになります。

　このため、労働者派遣事業に該当すれば、請負事業ではないという言い方は法律的には正確ではありません。

　法律的に言えば、請負事業には労働者派遣事業に該当する請負事業と労働者派遣事業に該当しない請負事業があり、労働者派遣事業に該当する請負事業については労働者派遣法の規制を受けるというのが、正確な表現です。

2 告示第37号と労働者派遣法の関係

(1) 大臣告示と法律の根拠

　告示第37号は、労働者派遣法に明確な根拠のある告示ではありません。

　しかし、告示第37号が労働者派遣法に定める規定についての解釈を示したものであり、大臣告示として官報に掲載されていることからすれば、職業安定法の実施省令である職業安定法施行規則第4条と同様の機能を有するものと理解することができます。

　告示第37号については、法律に根拠がないから法的効力がないという意見が根強くありますが、大臣告示は必ずしも法律に根拠があるものばかりではありません。

　その代表的なものとして、「自動車運転者の労働時間等の改善のための基準（平成元年2月9日告示第7号）」があります。同告示は、第1条第1項に労働基準法第9条に規定する労働者という規定はありますが、労働基準法にはまったく根拠のない告示です。

　しかし、最高裁判決（横浜南労基署長（東京海上横浜支店）事件　最高裁平成12年7月17日第一小法廷判決　労判785号6頁）では、この「自動車運転者の労働時間等の改善のための基準」が引用されています。

　したがって、法律に根拠がないから法的効力がないといっても、最高裁判決には引用されているのです。

　また、告示第37号を引用した裁判例は見当たりませんが、その前身である職業安定法施行規則第4条を引用した地裁判決（鹿島建設・大石塗装事件　昭和49年3月14日福岡地裁小倉支部判決）はあります。

　これらからすれば、告示第37号についても裁判で引用される可能性は十分にあります。

(2) 告示第37号が関係する労働者派遣法の規定

　告示第37号第1条は、「労働者派遣事業と請負事業との区分を明らかにすることを目的とする」旨規定しています。

　この規定からも明らかなように、告示第37号は、労働者派遣事業に該当するか否かについて定めたものです。

　労働者派遣事業について労働者派遣法は、その第2条第1号において「労働者派遣とは、自己の雇用する労働者を、当該雇用関係の下に、かつ、他人の指揮命令を受けて、当該他人のために労働に従事させることをいい、当該他人に対し当該労働者を当該他人に雇用させることを約してするものを含まないものとする」旨定め、同条第3号において「労働者派遣事業とは、労働者派遣を業として行うことをいう」旨定めていますので、告示第37号が関係する労働者派遣法の規定は、これら2つの規定です。

3　告示第37号の目的

　告示第37号第1条は、「この基準は、労働者派遣法の施行に伴い、同法の適正な運用を確保するためには労働者派遣事業に該当するか否かの判断を的確に行う必要があることにかんがみ、労働者派遣事業と請負により行われる事業との区分を明らかにすることを目的とする」と規定しています。

(1)　労働者派遣法の施行に伴い

　告示第37号第1条は、「労働者派遣法の施行に伴い」と規定しています。そして、告示第37号の前文には「昭和61年7月1日から適用する」と規定していますから、労働者派遣法の施行日（昭和61年7月1日）と同じ日から適用されています。

ア　職業安定法施行規則第4条と告示第37号の関係

　労働者派遣法の施行日前には何もなかったということではありませ

ん。それが職業安定法施行規則第4条です。

職業安定法施行規則第4条と告示第37号の関係は、労働者供給事業と労働者派遣事業との関係と同じです。

現在の職業安定法第4条第6項は、「『労働者供給』とは、供給契約に基づいて労働者を他人の指揮命令を受けて労働に従事させることをいい、労働者派遣法第2条第1号に規定する労働者派遣に該当するものを含まないものとする」と定義しています。

職業安定法は労働者供給事業の定義規定はありませんが、労働者供給事業とは、労働者供給を業として行うことをいうと解されています。

職業安定法施行規則第4条第1項本文にも「労働者派遣事業を行う者を除く」という規定があります。

職業安定法第4条第6項や職業安定法施行規則第4条第1項本文を読めば、労働者派遣事業が現在の労働者供給事業に含まれないことは明白ですが、逆に職業安定法第4条第6項や職業安定法施行規則第4条第1項本文において、「労働者派遣に該当するものを含まない」とか、「労働者派遣事業を行う者を除く」という規定がなかった場合には、労働者派遣や労働者派遣事業は労働者供給や労働者供給事業に含まれるのでしょうか。

労働者派遣とは、「自己の雇用する労働者を、当該雇用関係の下に、かつ、他人の指揮命令を受けて、当該他人のために労働に従事させることをいい」ますので、「労働者を他人の指揮命令を受けて労働に従事させること」に含まれることは明らかです。

そして、労働者供給については「供給契約に基づいて」とありますが、「供給契約」とは「労働者を他人の指揮命令を受けて労働に従事させるために労働者を他人に供給する契約」と解されています。

したがって、「自己の雇用する労働者を、当該雇用関係の下に、かつ、他人の指揮命令を受けて、当該他人のために労働に従事させるために労働者を他人に派遣する労働者派遣契約に基づいて」行われる限り、

労働者派遣や労働者派遣事業は労働者派遣や労働者派遣事業を除いていない労働者供給や労働者供給事業に含まれることになるのです。

つまり、労働者派遣法の施行に伴い、同法の施行前の労働者供給事業が労働者供給事業と労働者派遣事業に分割されたのです。

同様に、労働者派遣法の施行に伴い、同法の施行前の職業安定法施行規則第4条の規定が職業安定法施行規則第4条の規定と告示第37号の規定に分割されたのです。

したがって、労働者派遣法の施行前に職業安定法施行規則第4条の規定に抵触していた行為だけが同法の施行後においても告示第37号の規定に抵触し、同法の施行前に職業安定法施行規則第4条の規定に抵触していなかった行為は同法の施行後において告示第37号の規定に抵触することはないのです。

イ 職業安定法施行規則第4条の規定の経緯
1）職業安定法施行規則第4条の施行

労働者供給事業が原則として禁止されたのは職業安定法の制定によってですが、同法は昭和22年11月30日に公布され、翌12月1日から施行されています。ただし、労働者供給事業の原則禁止については、3か月の猶予期間が置かれていました。

一方、職業安定法施行規則第4条は翌年の昭和23年2月7日に公布され、同日から施行されています。

制定当時の職業安定法施行規則第4条の内容は、次のようなものでした。

> 第4条　労働者を提供しこれを他人に使用させる者は、たとえその契約の形式が請負契約であっても、次の各号のすべてに該当する場合を除き、労働者供給の事業を行う者とする。
> 1　作業の完成について事業主としての財政上及び法律上のすべての責任を負うものであること。
> 2　作業に従事する労働者を、指揮監督するものであること。

3　作業に従事する労働者に対し、使用者として法律に規定されたすべての義務を負うものであること。
　4　自ら提供する機械、設備、器材（業務上必要なる簡易な工具を除く）若しくはその作業に必要な材料、資材を使用し、又は専門的な企画、技術を必要とする作業を行うものであつて、単に肉体的な労働力を提供するものでないこと。

　また、同年6月30日には職業安定法が改正され、労働者供給事業を行うことだけではなく、労働者供給事業を行う者から供給される労働者を使用することも禁止されました。
　その後さらに、産業別の認定基準が逐次作成されたほか、昭和25年10月12日には、職業安定法施行規則第4条の4つの要件を形式的に整えて合法を偽装する労働者供給事業を禁止するため、職業安定法施行規則第4条に第2項（前項の各号のすべてに該当する場合であっても、それが職業安定法第44条の規定に違反することを免れるため故意に偽装されたものであって、その事業の真の目的が労働力の供給にあるときは、同法第4条第6項の規定による労働者供給の事業を行う者であることを免れることができない）を追加する改正が行われました。

2）職業安定法施行規則第4条の改正
　職業安定法施行規則第4条については、企業の健全な事業活動に過重な負担を強いているという事態がその当時生じていました。現在の偽装請負問題に類似した状況であったのではないかと考えられます。
　このため、職業安定法施行規則第4条を企業運営の実情に適合するよう合理的な調整を図るため、当時の企業運営が専門的な経験を重視する実態を踏まえ、昭和27年2月1日に職業安定法施行規則第4条の4つの要件のうち第1号から第3号までの要件については改正せずに、第4号のうち「専門的な企画、技術」を現在の「企画若しくは専門的な技術若しくは専門的な経験」に改正する職業安定法施行規則第4条の改正が行われています。

また、労働者供給事業に関する産業別の認定基準はすべて廃止され、以後作成されたことはありません。
　なお、昭和27年2月の職業安定法施行規則第4条の改正については、「この改正は、段取り（企画）さえしていれば、請負（労働者供給事業ではない）にするのが、その趣旨である」と言われています。

ウ　労働者派遣法及び告示第37号の施行
　職業安定法施行規則第4条は、その後労働者派遣法が施行されるまで、改正は行われていません。
　そして、労働者派遣法が施行される昭和61年7月1日に合わせて告示第37号も施行されていますが、それに合わせて、職業安定法第4条第6項の「労働者供給」の定義から「労働者派遣に該当するものを含まないものとする」旨を追加する改正が行われ、職業安定法施行規則第4条第1項及び第2項に「労働者派遣事業を行う場合を除く」旨を追加する改正が行われています。
　告示第37号は労働者派遣法の施行に合わせて定められていますが、その内容は表現に多少の違いはありますが、職業安定法施行規則第4条と同じものとなるように規定されています。
　このため、労働者派遣法および告示第37号の施行は、労働者供給事業に該当しない（労働者派遣法および告示第37号の施行後は労働者供給事業にも労働者派遣事業にも該当しない）請負の範囲に何ら変更を及ぼすものではありません。
　したがって、労働者派遣法及び告示第37号の施行前に労働者供給事業に該当しない請負であったものは、労働者派遣法および告示第37号の施行後は労働者供給事業にも労働者派遣事業にも該当しない請負です。

(2)　労働者派遣法の適正な運用を確保する
　告示第37号は、「労働者派遣法の適正な運用を確保する」ために定められています。労働者派遣法の適正な運用を確保するためには、そ

の対象となる労働者派遣事業に該当するか否かが最も重要です。

このため、告示第37号は労働者派遣事業に該当するか否かについての区分のための基準を定めていて、労働者派遣事業に該当するか否かは、第2条各号に定められた基準で判定することになっています。

そして、そのことを大臣告示で官報によって公表することにより、労働者派遣事業に該当するか否かが国民（企業）にとっても判断できるようにしているのです。

(3) 労働者派遣事業に該当するか否かの判断を的確に行う

告示第37号は、「労働者派遣事業に該当するか否かの判断を的確に行う」ことを目的として定められています。

労働者派遣事業とは、労働者派遣法第2条第1号及び第3号に定義されているように、「自己の雇用する労働者を、当該雇用関係の下に、かつ、他人の指揮命令を受けて、当該他人のために労働に従事させ、当該他人に対し当該労働者を当該他人に雇用させることを約してするものを含まないものを業として行うこと」をいいます。

したがって、このような事業に該当するか否かの判断を的確に行うことを目的として定められていますので、請負事業に該当するか否かの判断を的確に行うことを目的として定められている訳ではありません。

また、「適正な請負」という表現が用いられることもありますが、「適正な請負」ということの意味が「労働者派遣事業に該当しない請負」という意味であればその通りですが、それ以上の「適正な請負」ということを意味するものではありません。

(4) 労働者派遣事業と請負事業との区分を明らかにする

告示第37号は、「労働者派遣事業と請負事業との区分を明らかにする」ことを目的としています。

法令で用いられている用語の意味は、法令の規定だけでその意味が分かるというのが原則ですが、その意味をよりわかり易くするために

「解釈」という手法で補足している場合があります。

　行政による「解釈」は、通常通達で行っています。

　通達の場合には、上位の行政機関（例えば厚生労働省）が下位の行政機関（例えば労働局）に示したもので、国民（企業）を拘束するものではありません。

　これに対して、告示第37号の場合には、大臣告示とすることによって、国民（企業）に対しても拘束しようとするものです。

　告示第37号は、実際、第2条各号に定められた基準によって、「労働者派遣事業と請負事業との区分を明らかに」しているのです。

4　告示第37号の基準

(1)　告示第37号の基準の意味すること

ア　告示第37号の対象の範囲

　告示第37号第2条柱書は、同告示の対象の範囲について、「請負の形式による契約により行う業務に自己の雇用する労働者を従事させることを業として行う」と規定しています。

　したがって、告示第37号の対象となるのは、①請負の形式による契約により業務を行っていること、②①の業務に自己の雇用する労働者を従事させていること、③①及び②を業として行っていること、の3つの要件をいずれも満たす場合がその対象となります。

１）請負の形式による契約により業務を行っていること

ａ．告示第37号の直接の対象は請負事業

　告示第37号の対象となる第1の要件は、「請負の形式による契約により業務を行っている」場合です。したがって、直接には請負事業に限られていて、委託（準委任）などの事業は直接の対象とはしていません。

　しかしながら、第2条柱書は、「次の各号のいずれにも該当する場

合を除き、労働者派遣事業を行う」旨規定していますから、請負事業との対比ではあるにせよ、労働者派遣事業の範囲を示しています。したがって、告示第37号の考え方から委託（準委任）などの事業が排除されることにはなりません。

b．告示第37号の対象は製造業務に限らず、あらゆる業務がその対象となる

　請負契約により行う業務を行う場合には、その業務の種類について告示第37号は限定していませんので、全ての業務が告示第37号の対象となります。このため、告示第37号の対象となるのは、当然のことながら製造業務に限られるということはありません。建設業務や事務業務、販売業務、サービス業務などあらゆる業務が告示第37号の対象となります。

　このことは、職業安定法の制定により労働者供給事業が原則として禁止された際に問題となったのが、土建、荷役、運送、鉱山、雑役などの作業であったことからも明らかです。

　したがって、告示第37号の適用にあたっては、あらゆる業務を対象に同じ基準が適用されます。

c．告示第37号の対象は構内請負に限らず、構外請負もその対象となる

　請負契約により行う業務を行う場合には、工場の構内など注文主の管理する施設で請負を行ういわゆる構内請負に限るという限定は告示第37号のどこにもありませんから、独自に工場を設けるなど注文主の管理する施設の外で請負を行ういわゆる構外請負も、告示第37号の対象となります。

　労働者派遣事業とは、労働者派遣法第2条第1号および第3号に定義されているように、「自己の雇用する労働者を、当該雇用関係の下に、かつ、他人の指揮命令を受けて、当該他人のために労働に従事させ、当該他人に対し当該労働者を当該他人に雇用させることを約してするものを含まないものを業として行うこと」をいいますので、構外

請負の場合であっても、請負事業主の雇用する労働者を、当該雇用関係の下に、かつ、注文主の指揮命令を受けて、当該注文主のために労働に従事させることはあり得るのです。

2）業務に自己の雇用する労働者を従事させていること

　告示第37号の対象となる第2の要件は、「業務に自己の雇用する労働者を従事させていること」です。この要件に該当するのは、①自己の雇用する労働者がいること、②その労働者を（請負の形式による契約により行う）業務に従事させていること、の2つの要件を満たす場合です。

a．自己の雇用する労働者がいること

　告示第37号の対象となるのは、「自己の雇用する労働者がいる」場合に限られています。逆に「自己の雇用する労働者がいない」場合には、告示第37号の適用はありません。

　このことは、労働者派遣法第2条第1号の「労働者派遣」の定義においても、「自己の雇用する労働者を」と規定していることからも明らかです。

　したがって、自己の雇用する労働者がいない事業主については、請負の形式による契約により業務を行っていても、労働者派遣法や告示第37号の対象となることはありません。

　このため、一人親方などの個人請負については、労働者派遣法や告示第37号の適用の問題が生ずることはありません。

b．（自己の雇用する）労働者を（請負）業務に従事させていること

　告示第37号の対象となるのは、「労働者を（請負）業務に従事させている」場合に限られています。

　したがって、事業主自らだけが請負業務に従事している場合や他の事業主に再請負をさせている場合には、告示第37号の対象とはなりません。

　例えば、シルバー人材センターが請け負った業務をシルバー人材セ

ンターが雇用していない会員に再請負をさせる場合には、原則として告示第37号の対象にはなりません。
3) 業として行っていること
　告示第37号の対象となる第3の要件は、「業として行っていること」です。業として行っていなければ、告示第37号の対象にはなりません。
　このことは、告示第37号が「労働者派遣事業に該当するか否かの判断を的確に行う」ことを目的として定められていることからしても、業として行っている場合に限って、告示第37号の対象となるのです。
イ　業務の処理に関し次の各号のいずれにも該当する場合を除く
　告示第37号第2条柱書は、「業務の処理に関し次の各号のいずれにも該当する場合を除き（、労働者派遣事業を行う事業主とする）」と規定しています。
　したがって、告示第37号第2条の基準は、労働者派遣事業に該当するか否かの基準ですから、その業務の処理に関して、同条第1号イ、ロおよびハならびに第2号イ、ロおよびハの基準のすべてに該当する場合には、原則として労働者派遣事業には該当しません。
　ただし、告示第37号第2条第1号イ、ロおよびハならびに第2号イ、ロおよびハの基準のすべてに該当していても、第3条に該当する場合には労働者派遣事業に該当します。
　したがって、労働者派遣事業に該当するか場合とは、次の7項目のいずれかに該当する場合に限られます。
①告示第37号第2条第1号イに該当しない場合
②告示第37号第2条第1号ロに該当しない場合
③告示第37号第2条第1号ハに該当しない場合
④告示第37号第2条第2号イに該当しない場合
⑤告示第37号第2条第2号ロに該当しない場合
⑥告示第37号第2条第2号ハに該当しない場合

⑦告示第37号第2条第1号イ、ロおよびハならびに第2号イ、ロおよびハのすべてに該当するが、告示第37号第3条に該当する場合
ウ　労働者派遣事業を行う

　告示第37号第2条柱書は、「（次の各号のいずれにも該当する場合を除き）、労働者派遣事業を行う」と規定しています。

　したがって、告示第37号第2条の基準は、労働者派遣事業に該当するか否かの基準であって、請負事業に該当するか否かの基準ではありません。

　なお、「偽装請負」の基準という表現も、偽装請負＝労働者派遣事業と定義する場合に限って成り立つものであり、偽装請負＝労働者派遣事業という前提抜きで「偽装請負」の基準というのは、不適切です。

⑵　**請負事業主の雇用する労働者の労働力を請負事業主が自ら直接利用すること**
ア　労務管理の独立性

　告示第37号第2条第1号柱書は、「次のイ、ロおよびハのいずれにも該当することにより自己の雇用する労働者の労働力を自ら直接利用するものであること」と規定しています。

　告示第37号第2条第1号は、一般に「労務管理の独立性」と呼ばれています。その意味するところは、「自己の雇用する労働者を、（当該雇用関係の下に）、自己の指揮命令の下に、自己のために労働に従事させること」にあり、「自己の雇用する労働者を、（当該雇用関係の下に）、他人の指揮命令の下に、当該他人のために労働に従事させること（労働者派遣法第2条第1号）」に該当しないための基準となっています。

イ　包括的な趣旨を明らかにした規定で具体的な基準ではない

　告示第37号第2条第1号柱書自体は具体的な基準ではなく、労働者派遣事業に該当しないためには、「請負事業主が自己の雇用する労働者の労働力を自ら直接利用するものである」必要があるという包括的

な趣旨を明らかにしたものです。

そして、「請負事業主が自己の雇用する労働者の労働力を自ら直接利用するものである」ためには、「イ、ロおよびハのいずれにも該当する」ことが必要です。

ウ 「指示その他の管理」の方法

告示第37号第2条第1号においては、「指示その他の管理」という表現が多く用いられていますが、その方法については何も触れられていません。したがって、請負事業主がどのような方法で請負業務に従事する労働者に対して指示その他の管理を行うかは、請負事業主の裁量に委ねられています。

(3) **業務の遂行に関する指示その他の管理を自ら行うものであること**

告示第37号第2条第1号イ柱書では、「次のいずれにも該当することにより業務の遂行に関する指示その他の管理を自ら行うものであること」と規定しています。

ア 包括的な趣旨を明らかにした規定で具体的な基準ではない

告示第37号第2条第1号イ柱書自体は具体的な基準ではなく、労働者派遣事業に該当しないためには、「業務の遂行に関する指示その他の管理を請負事業主が自ら行う」必要があるという包括的な趣旨を明らかにしたものです。

そして、「業務の遂行に関する指示その他の管理を請負事業主が自ら行う」ためには、「イの(1)および(2)のいずれにも該当する」ことが必要です。

イ 業務

労働者派遣（偽装請負）とは「自己（請負事業主）の雇用する労働者を、……他人（注文主）の指揮命令を受けて、……労働させる」ことをいいます。また、告示第37号第2条第1号イ(1)では「労働者に対する」と規定されていますから、告示第37号第2条第1号イの「指示その他の管理」を行うのは請負事業主であり、「指示その他の管理」

を受ける「業務」は「労働者の業務」です。

この「業務」は作業と置き換えても良いのですが、その場合でも「労働者の作業」となります。

(4) 労働者に対する業務の遂行方法に関する指示その他の管理

告示第37号第2条第1号イ(1)は、「労働者に対する業務の遂行方法に関する指示その他の管理を自ら行うこと」と規定しています。

ア 労働者に対する

したがって、「労働者」に対するものであって、「請負事業主」に対するものではありません。

イおよびウで述べるように、この内容としては、仕事の割り付け、順序、緩急の調整、技術的な指導などがありますが、これらは、いずれも労働者に対する仕事の割り付け、労働者に対する仕事の順序の指示、労働者に対する仕事の緩急の調整、労働者に対する技術的な指導であって、請負事業主に対する仕事の割り付け、請負事業主に対する仕事の順序の指示、請負事業主に対する仕事の緩急の調整、請負事業主に対する技術的な指導ではありません。

労働者派遣（偽装請負）とは「自己（請負事業主）の雇用する労働者を、……他人（注文主）の指揮命令を受けて、……労働させる」ことですから、注文主による請負事業主に対する業務の遂行方法に関する指示その他の管理は、告示第37号が関知する問題ではありません。

したがって、注文主が請負事業主に対して仕事の割り付けを行っても、注文主が請負事業主に対して仕事の順序について指示を行っても、注文主が請負事業主に対して仕事の緩急の調整を行っても、請負事業主に対する技術的な指導を行っても、それだけで告示第37号に抵触することはありません。

告示第37号に抵触するのは、注文主のこれらの指示が請負事業主に対して行われているのではなく、実質的に請負労働者に対して直接行われている場合です。

イ　仕事の割り付け、順序、緩急の調整など

　労働者に対する業務の遂行方法に関する指示その他の管理の内容について、労働者派遣事業業務取扱要領は「この基準は、労働者に対する仕事の割り付け、順序、緩急の調整などについて総合的に勘案して行う」と記載しています。

ウ　技術的な指導

　労働者派遣事業業務取扱要領では、労働者に対する技術的な指導について、告示第37号第2条第1号イ(2)の「労働者の業務の遂行に関する評価などに係る指示その他の管理」に含まれる旨記載されていますが、「技術的な指導」は「評価」そのものではありませんし、「評価」のために行われるものでもありませんから、「業務の遂行に関する評価など」に含めることには無理があります。むしろ同号イ(1)の「業務の遂行方法に関する指示その他の管理」に含めて判断すべきです。

　ここでいう「技術的な指導」は「労働者の作業の遂行に直接関連した指揮監督」の1つであり、その範囲に限られていて、労働者の作業の遂行に直接関連しないものは含みません。

　このため、「技術的な指導」が問題となる場合には、それが労働者の作業の遂行に直接関連したものか否かで判断する必要があります。

　また、注文主は請負事業主に仕事を注文していますから、注文主として労働者の作業の遂行に関与することもあり、さらに請負事業主が注文主から機械・設備などを借り受ける場合には、機械・設備などの貸主としての立場もありますので、これらの要素も加味する必要があります。

　なお、「技術的な指導」については、仕事の割り付け、順序、緩急の調整などと合わせて、労働者に対する業務の遂行方法に関する指示その他の管理を請負事業主が行っているか否かで判断されますが、これに関して昭和27年の職業安定法施行規則第4条の改正時の通達（昭和27年7月23日職発第502の2）では、注文主がその発注した作業に

関する指示の限度について、次のような基準を示しています。
① 請負事業主またはその代理者に対する注文上の限られた要求または指示の程度を超えるものでないこと。
② 請負事業主側の監督者が有する労働者に対する指揮監督権に実質上の制限を加えるものではないこと。
③ 作業に従事する労働者に対して直接指揮監督を加えるものではないこと。

この基準は、今日の状況においても、同様に判断すべきです。

なお、告示第37号疑義応答集では、「一般的には、注文主が請負労働者に対して行う技術指導等のうち偽装請負と判断されるものではない」として、次の3つの事例を挙げています。
① 請負事業主が、発注者から新たな設備を借り受けた後初めて使用する場合、借り受けている設備に発注者による改修が加えられた後初めて使用する場合などにおいて、請負事業主による業務処理の開始に先立って、設備の貸主としての立場にある注文主が、借り手としての立場にある請負事業主に対して、設備の操作方法などについて説明を行う際に、請負事業主の監督の下で労働者に説明（操作方法などの理解に特に必要となる実習を含む）を受けさせる場合のもの
② 新製品の製造着手時において、注文主が、請負事業主に対して、請負契約の内容である仕様などについて補足的な説明を行う際に、請負事業主の監督の下で労働者に説明（資料などを用いて行う説明のみでは十分な仕様等の理解が困難な場合に特に必要となる実習を含む）を受けさせる場合のもの
③ 注文主が、安全衛生上緊急に対処する必要のある事項について、労働者に対して指示を行う場合のもの

これら3項目は例示であり、これらと同様のものは告示第37号には抵触しないと考えられます。

エ　混在

　労働者派遣（偽装請負）とは「自己（請負事業主）の雇用する労働者を、……他人（注文主）の指揮命令を受けて、……労働させる」ことをいいますから、注文主の労働者と請負労働者が混在しているか否かは、労働者派遣事業（偽装請負）に該当するか否かには直接関係しません。

(5)　労働者の業務の遂行に関する評価等に係る指示その他の管理

　告示第37号第2条第1号イ(2)は、「労働者の業務の遂行に関する評価などに係る指示その他の管理」と規定しています。

ア　労働者の業務の遂行

　告示第37号に規定されているとおり、「労働者」の業務の遂行に関するものであって、「請負事業主」の業務の遂行に関するものではありません。

　イで述べるように、この内容としては、業務の遂行に関する勤惰点検、出来高査定などが含まれますが、これらは、いずれも労働者に対する勤惰点検、労働者に対する出来高査定であって、請負事業主に対する勤惰点検、請負事業主に対する出来高査定ではありません。

　労働者派遣（偽装請負）とは「自己（請負事業主）の雇用する労働者を、……他人（注文主）の指揮命令を受けて、……労働させる」ことですから、注文主による請負事業主の業務の遂行に関する勤惰点検、出来高査定などは、告示第37号が関知する問題ではないのです。

　したがって、注文主が請負事業主の勤惰点検を行っても、注文主が請負事業主に対して出来高査定を行っても、それだけで告示第37号に抵触することはありません。

　告示第37号に抵触するのは、注文主のこれらの行為が請負事業主に対して行われているのではなく、実質的に労働者に対して直接行われている場合です。

イ 労働者の業務の遂行に関する評価などの範囲

「労働者の業務の遂行に関する評価など」の範囲について、労働者派遣事業業務取扱要領では、「労働者の業務の遂行に関する技術的な指導、勤惰点検、出来高査定などについて、総合的に勘案して行う」旨記載しています。

「出来高査定」は「業務の遂行に関する評価」と言えますし、「勤惰点検」については「業務の遂行に関する評価」のために行われるものですので、「評価など」に含まれます。

これに対して「技術的な指導」を「業務の遂行に関する評価など」に含めることには、(4)で述べたように無理があります。

(6) 労働時間などに関する指示その他の管理

告示第37号第2条第1号ロ柱書では、「次のいずれにも該当することにより労働時間などに関する指示その他の管理を自ら行うものであること」旨規定しています。

ア 労働時間と営業時間

労働者派遣（偽装請負）とは「自己（請負事業主）の雇用する労働者を、……他人（注文主）の指揮命令を受けて、……労働させる」ことをいいます。また、告示第37号第2条第1号ロでは「労働時間等」と規定されていますから、「労働者の労働時間等」、すなわち労働者の労働に関する始業・終業の時刻、休憩時間、休日、休暇、時間外労働、休日労働などです。

したがって、告示第37号第2条第1号ロに規定されているのは「労働時間」であり、「労働時間」とは「労働者の作業時間」です。これに対して、「請負事業主の作業時間」は請負事業主の営業時間をいいますので、「労働者の作業時間」と「請負事業主の作業時間」は別のものです。

イ 包括的な趣旨を明らかにした規定で具体的な基準ではない

告示第37号第2条第1号ロ柱書自体は具体的な基準ではなく、労働

者派遣事業に該当しないためには、「労働時間などに関する指示その他の管理を請負事業主が自ら行う」必要があるという包括的な趣旨を明らかにしたものです。

そして、「労働時間などに関する指示その他の管理を請負事業主が自ら行う」ためには、「ロの(1)および(2)のいずれにも該当する」ことが必要です。

(7) **労働者の始業および終業の時刻、休憩時間、休日、休暇などに関する指示その他の管理**

告示第37号第2条第1号ロ(1)では、「労働者の始業および終業の時刻、休憩時間、休日、休暇などに関する指示その他の管理（これらの単なる把握を除く）を自ら行うものであること」と規定しています。

ア 労働者の始業および終業の時刻、休憩時間、休日、休暇など

告示第37号第2条第1号ロ(1)で規定されているのは、「労働者の始業および終業の時刻、休憩時間、休日、休暇などに関する指示その他の管理」であって、「請負事業主の始業および終業の時刻、休憩時間、休日、休暇などに関する指示その他の管理」ではありません。

注文主が請負事業主に対して、その始業および終業の時刻、休憩時間、休日、休暇などに関する指示その他の管理を行うか否かは、告示第37号のまったく関知する問題ではなく、注文主が請負事業主の始業および終業の時刻、休憩時間、休日、休暇などに関する指示その他の管理について指示を行っても、それだけで告示第37号に抵触することはありません。

告示第37号に抵触するのは、注文主のこれらの指示が請負事業主に対して行われているのではなく、実質的に請負労働者に対して直接行われている場合です。

イ 労働者の始業および終業の時刻、休憩時間、休日、休暇などの単なる把握を除く

告示第37号第2条第1号ロ(1)では、「これらの単なる把握を除く」

と規定しています。「これら」とは「労働者の始業および終業の時刻、休憩時間、休日、休暇など」ですので、請負労働者の始業および終業の時刻、休憩時間、休日、休暇などの把握だけを請負事業主が注文主に依頼しても、そのことだけで告示第37号の基準に抵触することはありません。

(8) 労働者の労働時間を延長する場合または労働者を休日に労働させる場合における指示その他の管理

　告示第37号第2条第1号ロ(2)は、「労働者の労働時間を延長する場合または労働者を休日に労働させる場合における指示その他の管理（これらの場合における労働時間などの単なる把握を除く）を自ら行うこと」と規定しています。

ア　労働者の労働時間を延長する場合または労働者を休日に労働させる場合

1）労働者の労働時間

　「労働者の労働時間を延長する場合または労働者を休日に労働させる場合」は、労働者が所定時間外または所定休日において労働する場合のことで、請負事業主が営業時間外または営業休日において営業する場合のことではありません。

　したがって、注文主が請負事業主に対して営業時間外または営業休日において営業することに関して指示その他の管理を行っても、それだけで告示第37号に抵触することはありません。

　告示第37号に抵触するのは、注文主のこれらの指示が請負事業主に対して行われているのではなく、実質的に請負労働者に対して直接行っている場合です。

2）所定時間外または所定休日において労働させる場合

　「労働者の労働時間を延長する場合または労働者を休日に労働させる場合」とは、労働者に就業規則などで定められた所定時間外または所定休日において労働させる場合をいいます。

イ　労働者の労働時間を延長する場合または労働者を休日に労働させる場合における労働時間などの単なる把握を除く

　告示第37号第2条第1号ロ(2)は、「労働者の労働時間を延長する場合または労働者を休日に労働させる場合における労働時間などの単なる把握を除く」と規定しています。したがって、労働者の労働時間を延長する場合または労働者を休日に労働させる場合における労働時間などの把握だけを請負事業主が注文主に依頼しても、そのことだけで告示第37号の基準に抵触することはありません。

(9)　**企業における秩序の維持、確保などのための指示その他の管理**

　告示第37号第2条第1号ハ柱書では、「次のいずれにも該当することにより企業における秩序の維持、確保などのための指示その他の管理を自ら行うものであること」と規定しています。

ア　包括的な趣旨を明らかにした規定で具体的な基準ではない

　告示第37号第2条第1号ハ柱書自体は具体的な基準ではなく、労働者派遣事業に該当しないためには、「企業における秩序の維持、確保などのための指示その他の管理を請負事業主が自ら行う」必要があるという包括的な趣旨を明らかにしたものです。

　そして、「企業における秩序の維持、確保などのための指示その他の管理を請負事業主が自ら行う」ためには、「ハの(1)および(2)のいずれにも該当する」ことが必要です。

イ　企業における秩序の維持、確保などのための指示その他の管理

１)　人的要素に関する管理で物的要素に関する管理ではない

　「企業における秩序の維持、確保など」のための管理には、人的要素に関する管理のほか、物的要素に関する管理がありますが、労働者派遣法第2条第1号に照らせば、「請負事業主がその雇用する労働者を、自己の指揮命令の下に、自己のために労働に従事させる」ための基準ですので、告示第37号で基準を定めているのは人的要素に関する管理であって、物的要素に関する管理ではありません。

２）請負事業主による請負労働者に対する管理

　「企業における秩序の維持、確保など」のための管理を行うのは請負事業主であり、その管理を受けるのは労働者です。つまり、請負事業主が労働者に対して「企業における秩序の維持、確保など」のための管理を行うことを求めているのです。

　したがって、注文主が「企業における秩序の維持、確保など」のために請負事業主に対して行う管理については、告示第37号が関知しない問題です。

⑽　労働者の服務上の規律に関する事項についての指示その他の管理

　告示第37号第２条第１号ハ⑴は、「労働者の服務上の規律に関する事項についての指示その他の管理を自ら行うこと」と規定しています。

ア　労働者の服務上の規律に関する事項

１）「労働者の服務上の規律に関する事項」で「請負事業主の服務上の規律に関する事項」ではない

　告示第37号第２条第１号ハ⑴に規定されているとおり、ここで取り扱われているのは、「労働者の服務上の規律に関する事項」であって、「請負事業主の服務上の規律に関する事項」ではありません。

２）服務上の規律に関する事項の範囲

　労働者の服務上の規律に関する事項について、労働者派遣事業業務取扱要領は「労働者の事業所への入退場に関する規律、服装、職場秩序の保持、風紀維持のための規律」などを挙げています。

イ　注文主の有する施設管理権などとの調整

　特に構内請負の場合には、注文主がその施設に対して有する施設管理権（職場環境を適正良好に保持し規律ある業務の運営態勢を確保するように物的施設を管理利用する権限）など正当な権利の行使との調整が必要です。

　労働者派遣事業業務取扱要領においても、「安全衛生、機密の保持等を目的とするなどの合理的な理由に基づいて相手方が労働者の服務

上の規律に関与することがあっても、直ちに当該要件に該当しないと判断されるものではない」との記載がありますが、これも注文主の有する施設管理権などとの調整を意識したものです。

労働基準法第34条第3項の休憩時間の自由利用に関しても、①休憩時間の利用について事業場の規律保持上必要な制限を加えることは、休憩の目的を害わない限り差支えない（昭和22年9月13日発基第17号）、②休憩時間中の外出について所属長の許可を受けさせるのは、事業場において自由に休息し得る場合には必ずしも違法にはならない（昭和23年10月30日基発第1575号）という通達が出ています。

また、最高裁判例でも①休憩時間中の事業場内における政治的なビラの配布（電電公社目黒電報電話局事件　最高裁第三小法廷昭和52年12月13日　労判287号26頁）、②組合活動に際し職員詰所備付けのロッカーに要求事項などを記入したビラの貼付（国鉄札幌運転区事件　最高裁第三小法廷昭和54年10月30日　労判329号12頁）などについて、使用者の施設管理権を理由として、これらの行為を規制することは適法であるとするものがあります。

したがって、労働者の服務上の規律に関する事項については注文主がその施設に対して有する施設管理権など正当な権利の行使を十分考慮する必要があります。

このため、注文主がどのような権利を有しているのか、そしてその権利の正当な行使としてどのようなことが可能であるのかを、個別のケースごとに整理しておく必要があります。

ウ　服装

労働者の職場における服装については、告示第37号第2条第1号ハ(1)の「労働者の服務上の規律に関する事項」の1つです。また、告示第37号の問題だけでなく、労働者が誰に雇用されているかの問題とも関連します。すなわち、労働者が注文主の作業服を着用する場合には、外形的に注文主に雇用されているかのように映ります。そうなると、

本人としても、注文主に雇用されているという意識が高まることは避けられません。雇用関係をめぐるトラブルを防止するためにも、請負労働者の作業服については、請負事業主のものを着用させ、注文主のものを着用させることは避けるべきです。

エ　職場秩序の保持

　職場秩序の保持に関しても、労働者の事業所への入退場に関する規律と同様で、請負事業主は、注文主の有する施設管理権による規律の範囲内で、労働者に対して必要な規律を定め、管理することが必要です。

オ　風紀維持のための規律

　風紀維持のための規律に関しても、労働者の事業所への入退場に関する規律と同様で、請負事業主は、注文主の有する施設管理権による規律の範囲内で、労働者に対して必要な規律を定め、管理することが必要です。

カ　安全衛生

　労働安全衛生法第29条は、「元方事業者（1つの場所において行う事業の仕事の一部を請負人に請け負わせている注文主（請負契約が2つ以上あるため、これに該当する注文主が2人以上いるときは、当該請負契約のうちの最も先次の請負契約における注文主をいう）は、①発注した仕事に関し請負労働者が労働安全衛生法令に違反しないよう必要な指導を行わなければならない、②発注した仕事に関し請負労働者が労働安全衛生法令に違反しているときは是正のため必要な指示を行なわなければならない、③指示を受けた請負労働者はその指示に従わなければならない」旨規定しています。

　この規定に関し、労働基準監督署では、請負労働者が労働安全衛生法の就業制限の対象となる業務などについて免許の取得や技能講習の修了などの資格なしに就業している場合に請負労働者が有資格者であることを元方事業者が確認していないときなどに、労働安全衛生法第

29条違反として是正勧告を行う場合があります。

　労働安全衛生法第29条は法律上の義務ですので、元方事業者や請負事業主、請負労働者はこれに従う義務があります。したがって、この規定に基づいて行われる元方事業者の請負労働者に対する直接の指導、指示は、労働者派遣法や告示第37号に照らして何ら問題が生じることはありません。

⑾　労働者の配置などの決定・変更

　告示第37号第2条第1号ハ⑵は、「労働者の配置などの決定および変更を自ら行うこと」と規定しています。

ア　労働者の配置

1）労働者の配置で請負事業主の配置ではない

　告示第37号第2条第1号ハ⑵に規定されているとおり、ここで取り扱われているのは、労働者の配置であって、請負事業主の配置ではありません。

　したがって、注文主が請負事業主に対して、工場などの施設のどこで業務を行うのか、誰から注文を受けて行うのか、などについて指示を行っても、それらは告示第37号が関与する問題ではありません。

　問題となるのは、個々の労働者が工場などの施設のどこで業務を行うのか、誰から注文を受けて行うのか、などについての指示を請負事業主からではなく、注文主から受けている場合です。

2）労働者の配置の範囲

　労働者の配置について、労働者派遣事業業務取扱要領は「労働者の勤務場所、労働者に対して直接指揮命令する者」などを挙げています。

イ　労働者の勤務場所

1）労働者の勤務場所の特定

　労働者の勤務場所については、原則として請負事業主が請負労働者の個々具体的な現実の勤務場所を特定しなければなりません。

2）個々具体的な現実の勤務場所を請負事業主が決定・変更できない

場合の取扱い

これに関して、労働者派遣事業業務取扱要領は「勤務場所については、当該業務の性格上、実際に就業することとなる場所が移動することなどにより、個々具体的な現実の勤務場所を当該事業主が決定または変更できない場合はその業務の性格に応じて合理的な範囲でこれが特定されれば足りる」と記載しています。

この取扱いは、造船業などにおいて請負労働者の就業場所が移動する場合で、その個々具体的な現実の勤務場所について請負事業主が決定・変更できないときに関するもので、このような場合における労働者の配置の決定・変更の意味を明らかにしたものです。つまり、請負事業主が労働者の個々具体的な現実の勤務場所を特定することが困難な場合には業務の性格に応じて合理的な範囲で特定すればよいというものです。

ただし、この取扱いは、原則として労働者の就業場所が移動する場合に限られていて、しかも、請負事業主が労働者の個々具体的な現実の勤務場所について決定・変更できないときに限られていますので、それ以外の場合、すなわち、労働者の就業場所が移動しない場合や労働者の就業場所が移動しても、請負事業主が労働者の個々具体的な現実の勤務場所について決定・変更できる場合には、労働者の個々具体的な現実の勤務場所を特定しなければなりません。

ウ 労働者に対して直接指揮命令する者

労働者が誰の指揮命令を受けて労働するかについても、請負事業主が決定・変更しなければなりません。

(12) **請負契約により請け負った業務を請負事業主の業務として注文主から独立して処理すること**

ア 事業の独立性の意味すること

告示第37号第2条第2号柱書は、「次のイ、ロおよびハのいずれにも該当することにより請負契約により請け負った業務を自己の業務と

して当該契約の相手方から独立して処理するものであること」と規定しています。

　告示第37号第2条第1号が一般に「労務管理の独立性」と呼ばれているのに対し、同条第2号は「事業の独立性」と呼ばれています。

　「労務管理の独立性」については、労働者が請負事業主の指揮命令を受けて労働しているのか、それとも注文主の指揮命令を受けて労働しているのか、によって判別します。

　これに対して、「事業の独立性」は、請負事業主が請け負った業務を自らの業務として注文主から独立して処理していないときには、請負事業主の事業は注文主の事業の一部であると評価されます。この場合には、請負事業主は注文主の事業に労働者を提供しているに過ぎなくなり、その結果、請負労働者は請負事業主の事業に使用されているのではなく、注文主の事業に使用されていることになります。

　このため、事業の独立性については、請負事業主が注文主とは別個の事業を行っているのか、それとも注文主の事業に組み込まれてその一部を行っているに過ぎないのか、によって判別します。

　逆に言えば、請負事業主が注文主の支配下にあるか否か、注文主の指揮監督を受けているか否かは、告示第37号の事業の独立性には、直接関係ありません。告示第37号は労働者の使い方の問題です。これに対して、請負事業主が注文主の支配を受けているか否かというのは、企業と企業との間の問題です。

　もし、請負事業主が注文主の支配を受けていることが問題として生じるとした場合に、それを所管する行政機関は、厚生労働省や労働局ではなく、経済産業省や公正取引委員会になります。

　このため、どこまでが労働問題で、どこからが産業問題なのかを区別する必要があります。

イ　包括的な趣旨を明らかにした規定で具体的な基準ではない

　告示第37号第2条第2号柱書自体は具体的な基準ではなく、労働者

派遣事業に該当しないためには、「請負契約により請け負った業務を請負事業主の業務として注文主から独立して処理する」必要があるという包括的な趣旨を明らかにしたものです。

そして、「請負契約により請け負った業務を請負事業主の業務として注文主から独立して処理するものである」ためには、「イ、ロおよびハのいずれにも該当する」ことが必要です。

したがって、「イ、ロおよびハのいずれにも該当する」場合には、「請負契約により請け負った業務を請負事業主の業務として注文主から独立して処理するもの」であり、イ、ロおよびハのうちのいずれかに該当しなければ、「請負契約により請け負った業務を請負事業主の業務として注文主から独立して処理するもの」ではないことになります。

(13) 業務の処理に要する資金について、請負事業主の責任の下に調達し、支弁すること

告示第37号第2条第2号イは、「業務の処理に要する資金につき、すべて自らの責任の下に調達し、かつ、支弁すること」と規定しています。

ア　業務の処理に要する資金

「業務の処理に要する資金」とは、請け負った業務を処理して、仕事を完成させるために必要な資金のことで、事業資金とか、事業運転資金と呼ばれているものです。

「業務の処理に要する資金」には、請け負った業務を処理して仕事を完成させるために必要な資金全てが含まれますから、それぞれの事業に応じて、人件費、機械・設備費、原材料費、管理費、営業費などさまざまな経費が含まれます。

イ　請負事業主の責任の下に調達すること

事業資金については、請負事業主の責任の下に調達することが必要です。これについて、労働者派遣事業業務取扱要領は、「資金についての調達、支弁の方法は特に問わないが、事業運転資金などはすべて

自らの責任で調達し、かつ、支弁していることが必要である」と記載しています。

また、労働者供給事業業務取扱要領には、「運転資金などの調達は請負契約と無関係のものであれば必ずしも自己資金であることを要しない」との記載があります。

事業資金について請負事業主が金融機関などから融資を受けることは、当然のことながら、請負事業主の責任の下に調達することです。

労働者供給事業業務取扱要領に記載しているのは、請負事業主が注文主から事業資金を借り受ける場合でも、請負契約と無関係の契約であれば、請負事業主の責任の下に調達することになるという趣旨です。

労働者供給事業業務取扱要領には、「請負契約に基づく契約金の前渡しは自己資金である」との記載もあります。

請負契約に基づいて注文主から請負料金が支払われるのは、通常は仕事の完成後となりますが、契約自由の原則からすれば、請負契約に基づいて注文主から請負事業主に契約金を前渡しすることもできます。

請負契約に注文主が請負事業主に前渡金を支払うという条項がある場合には、注文主は請負事業主に対して支払義務が発生します。このようにして支払われた前渡金は、請負事業主の責任の下に調達したもので、請負事業主の自己資金となることを念の為に記載したものです。

ウ　請負事業主の責任の下に支弁すること

「請負事業主の責任の下に支弁する」とは、請負事業主の責任で事業資金の支払いを行うことをいいます。

例えば、労働者に対して請負事業主が賃金を支払う、機械・設備の賃借料について貸主に対して請負事業主が支払う、原材料費について売主に対して請負事業主が支払うなどが、これに当たります。

なお、請負事業主が債務を負う相手方に対して同種の債権を有する場合には、双方の債務を相殺することができます。

例えば、請負事業主が機械・設備を注文主から借り受けている場合

に、機械・設備の賃借料と注文主から支払われる請負料金と相殺する場合などです。

(14) **業務の処理について、法律に規定された事業主としてのすべての責任を負うこと**

告示第37号第2条第2号ロは、「業務の処理について、民法、商法その他の法律に規定された事業主としてのすべての責任を負うこと」と規定しています。

この規定は、職業安定法施行規則第4条の第1号のうち「作業の完成について事業主としての法律上のすべての責任を負うものであること」および第3号の「作業に従事する労働者に対し、使用者として法律に規定されたすべての義務を負うものであること」を包含して規定したものです。

ア　法律に規定された事業主としてのすべての責任

労働者供給事業業務取扱要領は、職業安定法施行規則第4条第1号の「作業の完成について事業主としての法律上のすべての責任」について「請負契約の締結に伴う請負業者として民法（第632条、第642条）、商法（第502条、第569条）等の義務の履行について責任を負うことをいう」と、同条第3号の「作業に従事する労働者に対し、使用者として法律に規定されたすべての義務を負うものであること」について「労働基準法、労働者災害補償保険法、雇用保険法、健康保険法、労働組合法、労働関係調整法、厚生年金保険法、民法などにおける使用者、または雇用主としての義務をいう」と記載しています。

したがって、これらの法律、あるいはこれらの後に制定された労働安全衛生法や最低賃金法、男女雇用機会均等法、育児・介護休業法などが「法律に規定された事業主としてのすべての責任」に含まれます。

イ　すべての責任を負う

労働者供給事業業務取扱要領は、「『法律上の責任を負う』ものであるかどうかの判定は、単に契約上の請負業者であるとの形式のみに

よって判断するのではなく、その責任を負う意思能力(理解と誠意)が判定の基礎となるものであるから、その契約内容と請負業者の企業体としての資格、能力及び従来の事業実績等の状況を総合的に判断すべきものである」、「『義務を負う』について、必ずしも現実にこれらの義務を履行することを要求するものではないが、義務に関する理解と誠意に欠け、履行能力のないものをも、単に形式上使用者の立場にある事実のみを理由として義務を負う者とすることは妥当ではないので、この判定をする場合には、義務に関する理解と誠意ならびにその履行状況、運営管理状況から総合的に判断すべきものである」と記載しています。

したがって、「法律に規定された事業主としてのすべての責任を負う」とは、これらの責任を負う能力があり、かつ、その意思がある場合をいいます。

⒂ **単に肉体的な労働力を提供するものでないこと**

告示第37号第2条第2号ハは、「次のいずれかに該当するものであつて、単に肉体的な労働力を提供するものでないこと」と規定した上で、次の⑴および⑵を規定しています。

　⑴　自己の責任と負担で準備し、調達する機械、設備もしくは器材(業務上必要な簡易な工具を除く)または材料もしくは資材により、業務を処理すること。

　⑵　自ら行う企画または自己の有する専門的な技術もしくは経験に基づいて、業務を処理すること。

ア　単に肉体的な労働力を提供するものでないこと

告示第37号第2条第2号ハでは「単に肉体的な労働力を提供するものでないこと」と規定していて、「単に労働力を提供するものでないこと」とは規定していません。

イ　5者択一の構成要素

この規定は、職業安定法施行規則第4条第1項第4号の「自ら提供

する機械、設備、器材（業務上必要なる簡易な工具を除く）もしくはその作業に必要な材料、資材を使用し、または企画もしくは専門的な技術若しくは専門的な経験を必要とする作業を行うものであつて、単に肉体的な労働力を提供するものでないこと」とまったく同じ内容の規定で、柱書に「次のいずれかに」とした上で、(1)および(2)を規定するというふうに表現を変えたものです。

職業安定法施行規則第4条第1項第4号の方がより明確ですが、
① 自己の責任と負担で準備し、調達する機械、設備、器材（業務上必要なる簡易な工具を除く）で業務を処理すること。
② 自己の責任と負担で準備し、調達する材料、資材を使用して業務を処理すること。
③ 自ら行う企画により業務を処理すること。
④ 自己の有する専門的な技術により業務を処理すること。
⑤ 自己の有する専門的な経験により業務を処理すること。
のどれか1つを満たし、単に肉体的な労働力を提供するものでないことが告示第37号第2条第2号ハの基準となっています。

告示第37号第2条第2号ハは、(1)および(2)の2項目建てになっているために、あたかも2者択一の印象を受けますが、実は5者択一となっていて、①から⑤までのどれか1項目に該当していれば、ほかの4項目に該当していなくても、告示第37号第2条第2号ハの基準は満たします。

請負事業といっても、その完成すべき仕事の中味は千差万別であり、必要とする要素もさまざまです。このため、請負事業を行うために必要な要素のうちのどれか1つでもあれば、労働者派遣事業（偽装請負）には該当しないという構成になっています。

労働者供給事業業務取扱要領では、職業安定法施行規則第4条第1項第4号について、「単に肉体労働力を提供するものではないと判断できる具体的要件としての物理的要件（自ら提供する機械、設備、機

材もしくはその作業に必要な材料、資材を使用すること）と技術的要件（企画もしくは専門的な技術もしくは経験を必要とすること）の2要件を掲げ、そのいずれか1つの要件に該当する作業を行うものであればよいものとしている。しかも、この2要件はいずれも併立的、かつ、択一的なものである。要するに、単に肉体的な労働力を提供する作業でないためには、当該2要件のうち、いずれか1つを具備していなければならないとの意味である」と記載していますので、物理的要件と技術的要件のどちらか1つを満たさなければならないことになりますが、物理的要件の内容をみると「機械、設備、機材」と「材料、資材」とが「もしくは」で結ばれていますので、そのどちらか1つ満たしていれば、他の1つは満たさなくても物理的要件は満たすことになります。同様に技術的要件内容をみると「企画」と「専門的な技術」、「専門的な経験」の3つが「または」「もしくは」で結ばれていますので、そのどちらか1つ満たしていれば、他の2つは満たさなくても技術的要件は満たすことになります。

ウ　5者択一の構成要素と「単に肉体的な労働力を提供するものでないこと」との関係

　労働者供給事業業務取扱要領に「単に肉体的な労働力を提供する作業でないためには、当該2要件のうち、いずれか1つを具備していなければならないとの意味である」と記載してあるように、イの①から⑤までのどれか1項目を満たしていれば、「単に肉体的な労働力を提供するものでない」ことになります。

　したがって、告示第37号第2条第2号ハについては、イの①から⑤までのどれか1項目に該当していればこの基準を満たし、イの①から⑤までのどの項目にも該当しなければこの基準を満たさないという関係です。

⑯　**物理的要件**

　告示第37号第2条第2号ハ(1)は、「自己の責任と負担で準備し、調

達する機械、設備もしくは器材（業務上必要な簡易な工具を除く）または材料もしくは資材により、業務を処理すること」と規定しています。

労働者供給事業業務取扱要領は、これを物理的要件と表現しています。

ア　物理的要件の意味すること

物理的要件の範囲について、労働者供給事業業務取扱要領は「機械、設備、器材」と「材料、資材」を挙げています。つまり、物理的要件については「機械、設備、器材」と「材料、資材」だけで判断します。

そして、上記のように「機械、設備、器材」と「材料、資材」とは「または」で結ばれていますので、「機械、設備、器材」を請負事業主が自己の責任と負担で準備し、調達するか、それとも「材料、資材」を請負事業主が自己の責任と負担で準備し、調達するか、していれば、物理的要件を満たします。

また、仮に物理的要件を満たしていなくても、(17)の技術的要件を満たしていれば、告示第37号第2条第2号ハの基準を満たします。

イ　自己の責任と負担で準備し、調達する

「自己の責任と負担で準備し、調達する」とは、請負事業主がその責任と負担で準備し、調達することをいいます。

1）別個の双務契約

これに関して、労働者派遣事業業務取扱要領は「機械、設備、資材等の所有関係、購入経路等の如何を問うものではないが、機械、資材等が相手方から借り入れまたは購入されたものについては、別個の双務契約（契約当事者双方に相互に対価的関係をなす法的義務を課する契約）による正当なものであることが必要である」と記載しています。

この記載は、労働者供給事業業務取扱要領の「所有関係や購入経路などの如何を問うものではない。したがって、その機械などが自己の

所有物である場合はもちろん、注文主から借入または購入したものでも請負契約に関係のない双務契約の上にたつ正当なものを提供使用する場合も含むものである」との記載を継承したものです。

別個の双務契約とは、機械、設備、器材を注文主から借り入れる場合には請負事業主が賃貸料を支払う賃貸借契約でなければならない、材料、資材を注文主から購入する場合には請負事業主が代金を支払う売買契約でなければならない、という意味です。

一方、機械、設備、器材を注文主から無償で借り入れる使用貸借契約や材料、資材を注文主から無償で譲り受ける贈与契約の場合には、請負事業主が自己の責任と負担で準備し、調達したことにはなりません。

このため、機械、設備、器材を注文主から借り入れる場合には賃貸借契約でなければならない、材料、資材を注文主から購入する場合には売買契約でなければならない、との指導が行われていますが、注意しなければならないのは、機械、設備、器材を注文主からの賃貸借契約によって請負事業主がその責任と負担で準備し、調達することや材料、資材を注文主との売買契約によって請負事業主がその責任と負担で準備し、調達することは、(17)の技術的要件（企画・専門的技術・専門的経験）と合わせて、その中の1項目を満たせば、告示第37号第2条第2号ハの基準を満たすということです。

その意味では、告示第37号第2条第2号ハは、「機械、設備、器材を注文主から借り入れる場合には賃貸借契約でなければならない」とも、「材料、資材を注文主から購入する場合には売買契約でなければならない」とも言っているわけではありません。

なお、別個の双務契約が必要なのは、注文主から機械、設備、器材を借り入れる場合や材料、資材を購入する場合に限られていて、注文主以外の者から機械、設備、器材を借り入れる場合や材料、資材を購入する場合には、別個の双務契約が必要な訳ではありません。

2）機械、設備、器材などの提供の度合

　労働者派遣事業業務取扱要領は「機械、設備、器材などの提供の度合については、単に名目的に軽微な部分のみを提供するにとどまるものでない限り、請負により行われる事業における一般的な社会通念に照らし通常提供すべきものが業務処理の進捗状況に応じて随時提供使用されていればよい」とも記載しています。

　この記載も、労働者供給事業業務取扱要領の「提供度合については、該当するそれぞれの請負作業一般における通念に照らし、通常提供すべきものが作業の進捗状況に応じて随時提供使用されており、総合的にみて各目的に軽微な部分を提供するにとどまるものでない限りはよい」との記載を継承したものです。

　したがって、機械、設備、器材を注文主から賃貸借契約で借り入れる場合に、そのごくわずか一部重要でない部分を形の上だけ賃貸借契約を締結するだけでは請負事業主が自己の責任と負担で準備し、調達したことにはなりませんが、請け負った業務を処理するために通常必要とするような機械、設備、器材を賃貸借契約で借り入れていれば、請負事業主が自己の責任と負担で準備し、調達したことになります。

　また、請け負った業務を処理するために通常必要とするような機械、設備、器材を請負契約締結時に賃貸借契約で借り入れなければならないということではなく、その進捗状況に応じて機械、設備、器材を必要とする段階ごとに賃貸借契約で借り入れれば、請負事業主が自己の責任と負担で準備し、調達したことにはなります。

　同様に、材料、資材を注文主から売買契約で購入する場合に、そのごくわずか一部重要でない部分を形の上だけ売買契約を締結するだけでは請負事業主が自己の責任と負担で準備し、調達したことにはなりませんが、請け負った業務を処理するために通常必要とするような材料、資材を売買契約で購入すれば、請負事業主が自己の責任と負担で準備し、調達したことにはなります。

また、請け負った業務を処理するために通常必要とするような材料、資材を請負契約締結時に売買契約で購入しなければならないということではなく、その進捗状況に応じて材料、資材を必要とする段階ごとに売買契約で購入すれば、請負事業主が自己の責任と負担で準備し、調達したことにはなります。

ウ　機械、設備、器材

　職業安定法施行規則第4条第1項は「機械、設備、器材……若しくは……材料、資材」と規定していますので、文章のかたまりとして見れば、「機械、設備、器材」が1つのかたまりとなっています。

　この「機械、設備、器材」の範囲について、労働者供給事業業務取扱要領では「作業の稼働力となる機械、器具及びその附属設備、作業のために必要な工場、作業場等の築造物及びそれに要する器材などをいい、作業に直接必要のない労働者の宿舎、事務所などは、これに該当しない」と記載しています。

　このうち「作業のために必要な工場、作業場等の築造物」を告示第37号第2条第2号ハの要件に含めることには、請負業務の処理自体に直接必要とされることからすれば一定の合理性はありますが、作業のために必要な工場、作業場等の築造物」は「施設」と呼ぶべきものであって、「機械、設備、器材」に含めることには無理があります。

　ただし、「作業のために必要な工場、作業場等の築造物」を請負事業主が自己の責任と負担で準備し、調達していれば、請負事業主が「機械、設備、器材」を自己の責任と負担で準備し、調達しているとして取り扱うという趣旨であれば、合理性があります。

　一方、「作業のために必要な工場、作業場等の築造物」を請負事業主が自己の責任と負担で準備し、調達しなければならないという趣旨であれば、告示第37号第2条第2号ハ(1)の規定を拡大解釈していることになります。

エ　業務上必要な簡易な工具

「業務上必要な簡易な工具」とは、労働者供給事業業務取扱要領によれば、個々の労働者の作業の補助的な役割を果たす工具のことで、のみ、かんな、シャベルなど通常個々の労働者が所持携行し得る程度のものをいいます。

このような簡易な工具を請負事業主がその責任と負担で準備し、調達しても、それだけでは、請負事業主は、その業務を処理するために必要な機械、設備、器材をその責任と負担で準備したことにならないというのが、「業務上必要な簡易な工具を除く」ということの意味することです。

オ　材料、資材

職業安定法施行規則第4条第1項は「機械、設備、器材……若しくは……材料、資材」と規定していますので、文章のかたまりとして見れば、「材料、資材」が1つのかたまりとなっています。

(17)　**技術的要件**

告示第37号第2条第2号ハ(2)は、「自ら行う企画または自己の有する専門的な技術もしくは経験に基づいて、業務を処理すること」と規定しています。

労働者供給事業業務取扱要領は、これを技術的要件と表現しています。

ア　技術的要件を満たす場合

労働者供給事業業務取扱要領は、「『企画もしくは専門的な技術、もしくは専門的な経験』とは、請負業者として全体的に発揮すべき企画性、技術性、経験を指すのであって、個々の労働者の有する技術または技能などや業務自体の専門性をいうのではない。そして、当該作業が『企画もしくは専門的な技術、もしくは専門的な経験』を必要とするかどうかの認定は、その作業が単に個々の労働者の技能の集積によって遂行できるものか、また、その請負業者が企業体として、その

作業をなし得る能力を持っており、かつ、現実にその技能、経験を発揮して作業について企画し、または指揮監督しているかどうかについて検討すべきものである」と記載しています。

労働者派遣事業業務取扱要領は、労働者供給事業業務取扱要領の記載のうち前半部分だけを継承して、「事業主が企業体として有する技術、技能などに関するものであり、業務を処理する個々の労働者が有する技術、技能などに関するものではない」と記載しています。

労働者供給事業業務取扱要領の記載のうち重要なのは後半部分で、①請負事業主が企業体としてその業務を行う能力を持っていること、および②①の能力を発揮してその業務について企画し、あるいは指揮監督していること、の2つの要件を両方とも満たしている場合に、告示第37号第2条第2号ハ(2)の基準を満たします。

逆にいえば、③請負事業主が企業体としてその業務を行う能力を持っていない場合、あるいは④請負事業主が企業体としてその業務を行う能力を持っていても、その能力を発揮してその業務について企画し、あるいは指揮監督していない場合には、告示第37号第2条第2号ハ(2)の基準を満たしていません。

イ　技術的要件の意味すること

告示第37号第2条第2号ハ(2)は「自ら行う企画<u>または</u>自己の有する専門的な技術<u>もしくは</u>経験」と規定し、職業安定法施行規則第4条第1項第4号は「企画もしくは専門的な技術、もしくは専門的な経験」と規定しています。

したがって、技術的要件は、①請負事業主が行う企画、②請負事業主の有する専門的な技術、③請負事業主の有する専門的な経験、という3つの要素で判断します。

そして、上記のように「請負事業主が行う企画」と「請負事業主の有する専門的な技術」、「請負事業主の有する専門的な経験」とは「または」、「もしくは」で結ばれていますので、「請負事業主が行う企画」

により業務を行っているか、それとも「請負事業主の有する専門的な技術」により業務を行っているか、それとも「請負事業主の有する専門的な経験」により業務を行っているか、どれか1つに該当すれば、技術的要件を満たします。

　また、仮に技術的要件を満たしていなくても、(16)の物理的要件を満たしていれば、告示第37号第2条第2号ハの基準を満たします。

ウ　技術的要件のレベル

　技術的要件のレベルに関して、労働者供給事業業務取扱要領では、「要するに『企画もしくは専門的な技術、もしくは専門的な経験』とは、請負業者として全体的に発揮すべき企画性、技術性、経験を指すのであって、個々の労働者の有する技術または技能などや業務自体の専門性をいうのではない。そして、当該作業が『企画若しくは専門的な技術、若しくは専門的な経験』を必要とするかどうかの認定は、その作業が単に個々の労働者の技能の集積によって遂行できるものか、また、その請負事業主が企業体として、その作業をなし得る能力を持っており、かつ、現実にその技能、経験を発揮して作業について企画し、又は指揮監督しているかどうかについて検討すべきものである」と記載しています。

　つまり、①請負事業主が企業体としてその業務をなし得る能力を持っていること、②現実にその企業体として持っているその業務をなし得る能力を発揮して、その業務について、a企画を行っていること、あるいはb指揮監督をしていること、のいずれかの要件を満たせば、告示第37号第2条第2号ハ(2)の要件を満たすことになり、それ以上のレベルを要求してはいません。

　告示第37号第2条第2号ハ(2)に規定されているのも「企画」、「専門的な技術」、「専門的な経験」であって、その技術レベルを問うような規定はどこにもありません。請負事業主として発揮すべき企画性、技術性、経験、すなわち、技術者や熟練技能者が技術的な監督や検査な

どを行っている、あるいは計画を立て、段取りを行っていれば、告示第37号第2条第2号ハ(2)の基準を満たします。

エ　企画

「企画」とは、広辞苑によれば「計画を立てること。もくろみ。くわだて。」とあります。したがって、「自ら行う企画により業務を処理すること」とは、「請負事業主が計画を立てて業務を処理すること」をいいます。

この「企画」に関しては、昭和27年の職業安定法施行規則第4条の改正において、それまでの「専門的な企画」から「企画」に改正されています。職業安定法施行規則改正当時の行政関係者の証言によれば、「段取り（＝企画）をしていれば、職業安定法施行規則第4条に抵触しない、つまり当時の労働者供給事業（現在の労働者派遣事業）には該当しないように改正された」というのが職業安定法施行規則第4条の改正の意図であったということです。

労働者派遣事業業務取扱要領にも労働者供給事業業務取扱要領にも「企画」とはどのようなことをいうかについての記述はありませんが、昭和27年頃の通達などに照らすと、「企画」とは、労働者の業務の遂行について必要な計画を立て、または段取りを行うことをいい、請負労働者の業務の遂行について計画を立てるために行う計測、調査、設計、仕様書の作成や作業間の調整段取りなどがこれに含まれると考えられます。

企画を行うためには必ず一定の技術または経験を必要としますので、そのような技術または経験を有する者で請負事業主の雇用するものがその技術または経験を駆使して企画を行っていれば、請負事業主が行う企画により業務を処理していることになります。

オ　専門的な技術

労働者派遣事業業務取扱要領には「専門的な技術」に関する記載はありませんが、労働者供給事業業務取扱要領には「『専門的な技術』

とは、当該作業の遂行に必要な専門的な工法上の監督技術、すなわち、通常学問的な科学知識を有する技術者によって行われる技術監督、検査などをいう」という記載があります。

ここでいう「学問的な科学知識を有する技術者」とは、大学、大学院などにおいてその業務に関連する科目を習得した者をいうものと考えられます。

このため、請負事業主の雇用する技術者で大学、大学院などにおいてその業務に関連する科目を習得したものが労働者の業務の遂行について技術的な監督や検査などを行っていれば、請負事業主が自己の有する専門的な技術に基づいて業務を処理していることになります。

なお、ここでいう「専門的な技術」は、請負事業主の有する専門的な技術ですので、請負業務に従事する個々の労働者の有する専門的な技術は含まれません。

したがって、個々の労働者が従事する業務が専門的な技術を必要としないものであっても、技術者が労働者の業務の遂行について技術的な監督や検査などを行っていれば、告示第37号第2条第2号ハ(2)の基準を満たします。

逆に、業務に従事する個々の労働者が専門的な技術を有していても、技術者が労働者の業務の遂行について技術的な監督や検査などを行っていなければ、告示第37号第2条第2号ハ(2)の基準を満たしません。

カ　専門的な経験

「専門的な経験」は、昭和27年の職業安定法施行規則第4条の改正により追加されたものです。追加された理由は、当時「学問的な科学知識を有する技術者」が少なかったこともあり、「学問的に体系づけられた知識に基づくものではないが、永年の経験と熟練により習得した専門の技能を有するいわゆる職人的技能者」が技術的な監督を行い、検査を行う場合についても対象とすることにあります。

労働者派遣事業業務取扱要領には「専門的な経験」に関する記載はありませんが、労働者供給事業業務取扱要領には「『専門的な経験』とは、学問的に体系づけられた知識に基づくものではないが、永年の経験と熟練により習得した専門の技能を有するいわゆる職人的技能者が、作業遂行の実際面において発揮する工法上の監督的技能、経験をいう。

　例えば、作業の実地指導、仕事の順序、割振、危険防止などについての指揮監督能力がこれであり、単なる労働者の統率ないしは一般的労務管理的技能、経験を意味するものではなく、また、個々の労働者の有する技能、経験をもって足りるような作業は『専門的な経験』を必要とする作業とはいえないものである」という記載があります。

　このため、請負事業主の雇用する職人的技能者で永年の経験と熟練により習得した専門の技能を有するものが労働者の業務の遂行について技術的な監督や検査などを行っていれば、請負事業主が自己の有する専門的な経験に基づいて業務を処理していることになります。

　なお、ここでいう「専門的な経験」は、請負事業主の有する専門的な経験ですので、請負業務に従事する個々の労働者の有する専門的な経験や技能は含まれません。

　したがって、個々の労働者が従事する業務が専門的な経験や技能を必要としないものであっても、職人的技能者が労働者の業務の遂行について技術的な監督や検査などを行っていれば、告示第37号第2条第2号ハ(2)の基準を満たします。

　逆に、業務に従事する個々の労働者が専門的な経験や技能を有していても、職人的技能者が労働者の業務の遂行について技術的な監督や検査などを行っていなければ、告示第37号第2条第2号ハ(2)の基準を満たしません。

5　労働者派遣法の規定に違反することを免れるために故意に偽装した場合の取扱い

(1)　告示第37号第３条の規定と職業安定法施行規則第４条第２項の規定

　告示第37号第３条は、「第２条各号のいずれにも該当する事業主でも、それが労働者派遣法の規定に違反することを免れるため故意に偽装されたもので、その事業の真の目的が労働者派遣事業を行うことにあるときは、労働者派遣事業を行う事業主であることを免れることができない」旨規定しています。

　この規定は、職業安定法施行規則第４条第２項の「第１項の各号のすべてに該当する場合でも、それが同法第44条の規定に違反することを免れるため故意に偽装されたもので、その事業の真の目的が労働力の供給にあるときは、労働者供給事業を行う者であることを免れることができない」旨の規定を継承したものです。

　労働者派遣事業業務取扱要領には告示第37号第３条に関する記載はありませんが、労働者供給事業業務取扱要領には職業安定法施行規則第４条第２項に関して、「第２項の規定は、第１項各号の要件が形式的には具備されていても、それが脱法を目的として故意に偽装しているものである限り、実質的には要件を欠くものであって、労働者供給事業を行う者であるとするものであり、この規定は、第１項の労働者供給事業に該当するものの範囲を拡張するものではなく、表面合法を装って脱法しようとするものであることから、第１項の解釈を注意的にさらに明確にしたものである」と記載しています。

　労働者供給事業業務取扱要領のこの記載は、告示第37号第３条にもそのまま当てはまります。

　したがって、告示第37号第３条の規定は、第２条の派遣事業に該当するものの範囲を拡張するものではありませんが、請負事業が第２条

各号の基準を形式的には満たしていても、それが脱法を目的として故意に偽装しているものである場合には、実質的に第2条各号の基準を満たしていないので、労働者派遣事業に該当するというもので、表面上合法を装って脱法しようとすることに対して、告示第37号第2条の解釈を注意的にさらに明確にしたものということになります。

(2) **労働者派遣法の規定に違反することを免れるために故意に偽装する具体的な例**

その上で、労働者供給事業業務取扱要領は、その具体的な例として、①請負契約の形式で合法化しようとするもの、②注文主が請負業務に従事していた労働者を直接雇用することによって職業安定法施行規則第4条第1項各号の要件の具備を全面的に免れようとするもの、という2つの例を挙げています。

ア　請負契約の形式で合法化しようとするもの

労働者供給事業業務取扱要領は、「請負契約の形式で合法化しようとするもの」について、「この場合は職業安定法施行規則第4条第1項各号の具備状況が形式的なもので、実質的には具備していないことの確認に基づいて判断される。例えば同項第4号の自ら提供すべき機械、設備、器材、もしくは材料、資材などを表面上は注文主から借用、または譲渡、購入したような形式をとり、その使用状況からみて事実は依然注文主の管理または所有に属しているようなごときである」旨記載しています。

労働者供給事業業務取扱要領のこの記載は、告示第37号第3条にもそのまま当てはまります。

したがって、仮に告示第37号第2条各号の基準を形式的には満たしていても、実質的に第2条各号の基準を満たしていない場合には、労働者派遣事業に該当すると判断されます。

例えば、①機械、設備、器材について、形式上は請負事業主が注文主から賃貸借契約によって借り受けていることになっているが、機

械、設備、器材の使用状況を見ると依然として注文主が実質的に管理しているとみられる場合、②材料、資材について、形式上は請負事業主が注文主から売買契約によって購入していることになっているが、材料、資材の使用状況を見ると依然として注文主が実質的に所有しているとみられる場合、などがこれに当たります。

イ 注文主が請負業務に従事していた労働者を直接雇用することによって告示第37号第2条各号の基準を満たすことを全面的に免れようとするもの

労働者供給事業業務取扱要領は、「注文主が請負業務に従事していた労働者を直接雇用することによって告示第37号第2条各号の基準を満たすことを全面的に免れようとするもの」について、「この場合は直接雇用していると称する者の使用者としての業務履行の状況と、請負ないし労働者供給の事実の確認に基づいて判断される。例えば二重帳簿の備付、賃金支払の方法、採用、解雇の実権の所在、手数料的性格の経費の支払などの傍証によって確認することができるものである」と記載しています。

労働者供給事業業務取扱要領のこの記載も、告示第37号第3条にもそのまま当てはまります。

したがって、注文主が請負業務に従事していた労働者を直接雇用していたとしても、二重帳簿が備え付けられていたり、賃金が注文主以外から支払われていたり、採用、解雇の実権が注文主以外の事業主にあったりするような場合には、実質的に告示第37号に抵触し、労働者派遣事業に該当します。

第2章 労務管理の基礎知識

1　注文主との黙示の労働契約

(1)　黙示の労働契約

　使用者と労働者の間に労働契約が存在するためには両者の意思の合致が必要ですが、労働契約の本質は使用者が労働者を指揮命令し監督することにありますので、明示された契約の形式だけではなく、労務供給の具体的な実態により、両者間に事実上の使用従属関係があるかどうかを判断し、使用従属関係があり、かつ、両者間に客観的に推認される黙示の意思の合致がある場合には、黙示の労働契約の成立が認められることがあります。

(2)　労働者が他の企業に派遣されて就労している場合の黙示の労働契約

　構内請負などにより労働者が他の企業に派遣されて就労している場合には、注文主の企業を使用者とする黙示の労働契約が成立しているか否かが問題となることがあります。このような場合に、労働契約が成立しているのは、一般に、注文主の企業が派遣された労働者の業務遂行について指揮命令や出退勤管理を行っているだけではなく、賃金額を決定して支払い、かつ採用を決定しているなど、使用者としての基本的要素を備えている場合であると解されています。

2　募集

「募集」のポイント
・委託募集は、報酬を受ける場合には厚生労働大臣の許可（報酬の額も

厚生労働大臣の認可）が、報酬を受けない場合には届出が必要。
・求人票記載の労働条件は、特段の事情がない限り労働契約の内容になる。

(1) 募集の方法

労働者の募集には、一般に、次の方法があります。

①ハローワークに求職者を雇用するために、求人の申込みをする。
②学校（専修学校、公共職業能力開発施設などを含む）に対しその学校の学生生徒またはその学校を卒業した者などを雇用するために、求人の申込みをする。
③商工会議所などの特別法による法人に求職者を雇用するために、求人の申込みをする。
④地方公共団体に求職者を雇用するために、求人の申込みをする。
⑤民間の職業紹介機関に求職者を雇用するために、求人の申込みをする。
⑥新聞、求人情報誌などの雑誌、テレビ、ラジオ、新聞の折り込みやちらし広告、求人情報サイトなどに求人広告を行う（文書募集）。
⑦募集主またはその雇用する従業員が求職者に直接働きかけて勧誘する、事業所の門前に求人の看板を出す、募集主のインターネットのホームページに求人欄を設ける（直接募集）。
⑧第3者に労働者の募集を委託する（委託募集）。
⑨親戚や知人などの縁故を通じて募集する（縁故募集）。

(2) 募集に当たっての労働条件の明示

ア　明示する事項

労働者の募集を行う者および労働者の募集の受託者は、求職者や募集に応じて労働者になろうとする者に対し、次の労働条件を明示します。また、求人の申込みに当たっては、求人者は、職業紹介機関に、あらかじめこれらの労働条件を明示します。

> ①従事すべき業務の内容
> ②労働契約の期間
> ③就業の場所
> ④始業・終業の時刻、所定労働時間を超える労働の有無、休憩時間および休日
> ⑤臨時に支払われる賃金、賞与などを除く賃金の額
> ⑥健康保険、厚生年金、労災保険および雇用保険の適用

イ　明示する方法

明示する方法は、次のいずれかです。

> ①書面の交付
> ②本人が希望した場合には、電子メールで送信し、コンピューターのファイルに記録する方法（ファイルへの記録を書面に作成することができるものに限る）

(3)　文書募集

　文書募集は、原則として自由に行うことができます。ただし、従事すべき業務の内容などを明示するに当たっては、誤解を生じさせることのないように平易な表現を用いるなど的確に表示します。

(4)　直接募集

　直接募集に従事する従業員に対しては、賃金、給料などを除き、報酬を与えることはできません。

(5)　委託募集

ア　許可・届出

　報酬を与える委託募集の場合には厚生労働大臣の許可を受けます。報酬を与えない場合には厚生労働大臣に届出をします。また、報酬を与える委託募集の場合の報酬の額は、あらかじめ厚生労働大臣の認可を受けます。

イ 報酬に関する制限

委託募集を行う者および委託募集受託者は、募集に応じた労働者から、その募集に関し、いかなる名義でも報酬を受けることはできません。また、委託募集を行う者は、委託募集受託者に対し、認可を受けて報酬を与える場合を除き、報酬を与えることはできません。

(6) 縁故募集

縁故募集の縁故の範囲は「募集主と親族の関係にある者および従前から募集主と直接親交のある者」であり、「募集主」は「個人経営企業の場合は事業主本人、会社組織企業の場合は会社の経営に参画している役員以上」、「親族」は「配偶者、6親等内の血族及び3親等内の姻族に」、「直接親交のある者」は「募集主と従前より現在まで相当期間親しい交際関係にあった間柄の者（その者の配偶者および1親等の血族を含む）」に限られています。

(7) 募集に関するそのほかの規制

ア 性別による均等な取扱い

性別にかかわりなく均等に募集します。このため、次の行為は禁止されています。

①対象から男女のいずれかを排除する
②募集条件を男女で異ならせる
③男女のいずれかを優先する

次の場合は間接差別に当たり、合理的な理由なしに行うことは禁止されています。

①一定以上の体力を有することを要件とする
②「総合職」の募集に当たり、転居を伴う転勤に応じることができることを要件とする

ただし、女性が男性と比較して相当程度少ない場合に、男性と比べ

女性に有利な取扱いをすることは、違法ではありません。

イ　年齢による差別的な取扱い

年齢にかかわりなく均等に募集します。ただし、次の場合はその例外です。

> ①定年の定めをしている場合に、その定年の年齢を下回ることを条件に、期間の定めのない雇用をするために募集する場合
> ②法令の規定により特定の年齢層の者の就業などが禁止または制限されている業務についてその年齢層以外の者を募集する場合
> ③長期勤続を目指して、期間の定めのない雇用をするために、新規学卒者などについて職業経験があることを求人の条件とせずに、新規学卒者と同等の処遇で特定の年齢を下回る者を募集する場合
> ④特定の職種の特定の年齢層の者の数が前後の年齢層の者の数の半数以下である場合に、期間の定めのない雇用をするためにその職種のその年齢層の者を募集する場合
> ⑤芸術・芸能の分野において特定の年齢層の者を募集する場合
> ⑥60歳以上の者の募集をする、または特定の年齢層の雇用促進のための国の施策を活用するため、その年齢層の者を募集する場合

ウ　募集に当たっての理由の明示

募集をする場合に、65歳未満の一定の年齢を下回ることを条件とするときは、求職者に対し、その理由を示します。

(8)　求人票記載の労働条件

求職者は求人票記載の労働条件が労働契約の内容になることを前提に労働契約の締結の申込みをしますので、求人票記載の労働条件は、当事者間においてこれと異なる別段の合意をするなどの特段の事情がない限り、労働契約の内容になります。

3 採用

> **「採用」のポイント**
> ・労働契約は、労働者の募集(申込みの勧誘)に対し、労働者が応募し(労働契約の申込み)、これに対し使用者が承諾することによって成立する。
> ・誰を採用するかは契約締結の自由が基本的に認められるが、性別や年齢にかかわりなく均等な機会を与えることなどの法規制が設けられているほか、公正な採用選考について行政指導が行われている。

(1) **採用とは**

労働者の募集(申込みの勧誘)に対し、労働者が応募するのが労働契約の申込みであり、この申込みに対し使用者が承諾することによって労働契約は成立します。

(2) **採用の自由**

誰を採用するかは原則として自由ですが、次のように法律などの制限があります。

ア 性別による均等な取扱い

2(7)のアと同様に、性別にかかわりなく均等に採用します。

イ 年齢による均等な取扱い

2(7)のイと同様に、年齢にかかわりなく均等に採用します。

ウ 労働組合に加入しないことなどを雇用条件としない

労働者が労働組合に加入せず、もしくは労働組合から脱退することを雇用条件とすることはできません。ただし、労働組合が特定の事業所に雇用される労働者の過半数を代表する場合に、その労働組合の組合員であることを雇用条件とする労働協約(ユニオン・ショップ協定)を締結することは差し支えありません。

エ 障害者の雇用

雇用する障害者の数は、雇用する労働者の1.8％以上となるようにします。

オ 公正な採用選考

採用選考に当たっては、「応募者の基本的人権を尊重すること」および「応募者の適性・能力のみを基準として行うこと」の2点を基本的な考え方として実施し、家族状況や、生活環境といった応募者の適性・能力とは関係ない事柄で採否を決定することはできません。

また、次の項目について面接時に質問したり、情報を収集したりすることはできません。

> ①本人に責任のない事項：本籍・出生地に関すること、家族に関すること（職業、続柄、健康、地位、学歴、収入、資産など）、住宅状況に関すること（間取り、部屋数、住宅の種類、近郊の施設など）、生活環境に関すること（生い立ちなど）
> ②本来自由である事項：宗教に関すること、支持政党に関すること、人生観、生活信条に関すること、尊敬する人物に関すること、思想に関すること、労働組合・学生運動など社会運動に関すること、購読新聞・雑誌・愛読書などに関すること

身元調査などの実施や合理的・客観的に必要性がない採用選考時の健康診断の実施は禁止されています。

(3) 採用時の労働条件の明示

採用に際し、労働者に対して、労働条件通知書などで次の労働条件を（特に①から⑤まで（昇給は除く）は必ず書面で）明示します。

> ①労働契約の期間、②就業の場所、従事すべき業務、③始業・終業の時刻、所定労働時間を超える労働の有無、休憩時間、休日、休暇、交代制勤務の場合の就業時転換、④賃金の決定、計算、支払方法、締切、支払

の時期、昇給、⑤退職（解雇の事由を含む）、⑥退職手当の定めが適用される労働者の範囲、退職手当の決定、計算、支払いの方法、支払いの時期、⑦臨時に支払われる賃金、賞与など、最低賃金額、⑧労働者に負担させる食費、作業用品など、⑨安全衛生、⑩職業訓練、⑪災害補償、業務外の傷病扶助、⑫表彰、制裁、⑬休職

なお、有期労働契約を更新する場合・しない場合の判断基準を書面で明示することを定めた改正が予定されています。

4　労働関係の基礎

「労働関係の基礎」のポイント

・労働条件は労働者と使用者が対等の立場において自由に決められるが、労働者と使用者が合意しても、①法令に違反する場合、②労働協約の定めに抵触する場合、③就業規則の定めを下回る場合、には無効となる。
・労働条件は、できるだけ書面で確認する。
・労働条件は、就業の実態に応じて、均衡を考慮しながら定める。国籍、信条、社会的身分、性別を理由とする差別的な取扱いは禁止されている。
・労働契約は、労働者と使用者が仕事と生活の調和に配慮しながら定める。
・試用期間中の解雇は、当初知ることができず、知ることが期待できないような事実を、試用期間中の勤務状態などにより知り、引き続き雇用することが適当でないと判断することに合理性がある場合に限って、可能である。
・有期労働契約の上限期間は原則として3年。また、有期労働契約基準が定められている。
・強制労働や中間搾取、違約金、賠償予定、前借金相殺は禁止されている。社内預金は、貯蓄金管理に関する労使協定を締結し、労働基準監督

> 署に届け出た場合に、労働者の委託を受けて行うことができる。
> ・労働者名簿と賃金台帳を作成し、3年間保存する。

(1) 労働契約の原則

労働契約は、労働者が使用者に使用されて労働し、使用者が賃金を支払うことについて、両当事者が合意することによって成立します。

労働条件は、労働者と使用者が対等の立場において自由に決められますが、両当事者が合意しても、次の場合には無効となります。

ア　法令に違反する場合

労働基準法や労働安全衛生法、最低賃金法など公の秩序を構成する法律に反する労働条件は無効です。労働基準法で定める基準に達しない労働条件を定める労働契約の部分は無効で、無効となった部分は同法で定める基準によります。

イ　労働協約の定めに抵触する場合

労働組合と使用者との間の労働協約に定める労働条件などに関する基準に違反する労働契約の部分は無効で、無効となった部分は労働協約に定める基準によります。

ウ　就業規則の定めを下回る場合

就業規則で定める基準を下回る労働条件を定める労働契約の部分は無効で、無効となった部分は就業規則で定める基準によります。

(2) 均衡処遇

労働契約は、就業の実態に応じて、均衡を考慮しながら、定めます。また、次のような制限があります。

ア　国籍、信条、社会的身分を理由とする差別の禁止

国籍、信条または社会的身分を理由として、賃金、労働時間その他の労働条件について、差別的取扱いをすることはできません。

イ　性別を理由とする差別の禁止

女性であることを理由として、賃金について、男性と差別的取扱い

をすることはできません。一般に、男女間に賃金の格差が存在する場合には、それが不合理な差別であることが推認され、使用者側で格差が合理的理由に基づくものであることを示す具体的かつ客観的な事実を立証できない限り、その格差は女性であることを理由として設けられた不合理な差別であるとされ、違法となります

　また、募集採用、配置、昇進、降格、教育訓練、福利厚生、職種・雇用形態の変更、退職の勧奨、定年、解雇、労働契約の更新について性別を理由とする差別的な取扱いは禁止されていて、「労働者の昇進に当たり、転勤の経験があることを要件とすること」は、間接差別として合理的な理由がなければ禁止されています。

(3)　**仕事と生活の調和**

　労働契約は、仕事と生活の調和に配慮しながら、定めます。

(4)　**労働契約の内容の理解の促進**

　労働契約の内容である労働条件は、できる限り書面で確認します。

(5)　**試用期間**

　試用期間は、一般にその期間中職務に就かせたうえで労働能力および適格性を判定し、不適格な事由があれば解雇できるということを内容とする特別な労働契約です。

　試用期間中労働者は不安定な地位に置かれるので、合理的な期間を設定した場合に限って、有効です。

　雇用が継続中に試用期間を設けることは、原則として許されません。

　試用期間中の解雇は、使用者が当初知ることができず、また知ることが期待できないような事実を、試用期間中の勤務状態などにより知るに至り、その者を引き続き雇用することが適当でないと判断することに合理性がある場合に限り、可能です。

(6)　**有期労働契約**

　有期労働契約については、労働者が不当な拘束を受けることを防止する趣旨で、上限期間が定められています。その上限期間は、通常の

労働契約の場合には3年です。ただし、次の場合には、それぞれに定める期間の労働契約を締結することができます。

> ①一定の「高度の専門的知識等を有する労働者に関する基準」に該当する者と当該高度の専門的知識などを要する業務に関する労働契約を締結する場合：5年
> ②満60歳以上の者と労働契約を締結する場合：5年
> ③一定の事業の完了に必要な期間を定める労働契約を締結する場合：その事業の完了に必要な期間

なお、有期労働契約が反復して更新して継続し5年を超えるに至った場合に、労働者が申し出たときは、その時点における労働条件と同一の労働条件を内容とする期間の定めのない労働契約を締結したものとする、同一の労働者と期間の定めのない労働契約への転換の対象とならない有期労働契約を再度締結できるようになるための期間（クーリング期間）を6月（1年未満の有期労働契約の場合には、契約期間の半分）とする法改正が検討されています。

ア　有期労働契約の中途解除

期間の定めのある労働契約について、やむを得ない事由がある場合でなければ、その契約期間が満了するまでの間に、労働者を解雇することはできません。

「やむを得ない事由」とは、「客観的に合理的な理由を欠き、社会通念上相当である」場合よりも狭いと解されています。

有期労働契約の上限が3年とされる労働者が1年を超える有期労働契約を締結する場合には、その労働者はやむを得ない事由がなくても、労働契約が1年を経過した日以後は、いつでも退職することができます。

イ　有期労働契約基準

有期労働契約の締結、更新、雇止めに際して発生するトラブルを防

止するため、次の有期労働契約基準が定められています。

> 1）契約締結時の明示など
> ① 契約の締結に際し、労働者に対して契約期間満了後における更新の有無を明示する。
> ② ①の場合に、契約を更新する場合があるときは、労働者に対して、契約を更新する場合・しない場合の判断の基準を明示する。
> 2）雇止めの予告
> 　3回以上更新をし、または1年を超えて継続勤務している者との有期労働契約を更新しない場合には、原則として契約期間満了の30日前までに、予告をする。
> 3）雇止めの理由の明示
> 　3回以上更新をし、または1年を超えて継続勤務している者との有期労働契約を更新しない場合に、労働者が請求したときは、更新しない理由の証明書を交付する。
> 4）契約期間についての配慮
> 　契約を1回以上更新し、かつ、1年を超えて継続勤務している者との有期労働契約を更新しようとする場合には、契約期間をできる限り長くする。

(7) 強制労働などの禁止

ア 強制労働の禁止

　暴行、脅迫、監禁その他精神・身体の自由を不当に拘束する手段によって、労働者の意思に反して労働を強制することは禁止されています。

イ 中間搾取の禁止

　法律に基づいて許される場合の外、業として他人の就業に介入して利益を得ることは禁止されています。

ウ 違約金の定めなどの禁止

　労働契約の不履行について違約金を定め、または損害賠償額を予定

する契約をすることは禁止されています。

エ　前借金相殺の禁止

前借金その他労働することを条件とする前貸しの債権と賃金とを相殺することは禁止されています。

オ　強制貯金の禁止

労働契約に附随して貯蓄の契約をさせ、貯蓄金を管理する契約をすることは禁止されています。ただし、所定の事項について、その事業所の労働者の過半数を代表する者（労働者の過半数で組織する労働組合があるときはその労働組合）との書面による労使協定を締結し、労働基準監督署に届け出た場合には、労働者の委託を受けてその貯蓄金を管理することができます。

「労働者の過半数を代表する者」は、次の要件を満たす必要があります（以下同じ）。

---

①監督・管理者でない。
②労使協定の締結当事者を選出することを明らかにして実施される投票、挙手、労働者の話合い、持ち回り決議など労働者の過半数がその者の選任を支持していることが明確になる方法により選出された。

労働者の過半数を代表する者ではない親睦会代表が締結した労使協定は無効です。

(8) **労働者名簿など**

ア　労働者名簿

日々雇い入れられる労働者を除き、その常時使用する労働者については、①氏名、②生年月日、③履歴、④性別、⑤住所、⑥従事する業務の種類（常時30人未満の事業では不要）、⑦雇入れの年月日、⑧退職の年月日・事由（解雇の場合は理由を含む）、⑨死亡の年月日・原因、を記入した労働者名簿を労働者ごとに作成します。

イ　賃金台帳

労働者各人別に、①氏名、②性別、③賃金計算期間（日々雇入れられる者は不要）、④労働日数、⑤労働時間数（農業・牧畜・養蚕・水産業、管理・監督者、監視・断続的労働従事者は不要）、⑥法定時間外労働時間数（所定時間外労働時間数でも可）、法定休日労働時間数（所定休日労働時間数でも可）および深夜労働時間数（農業・牧畜・養蚕・水産業、管理・監督者、監視・断続的労働従事者は不要）、⑦基本給、手当その他賃金の種類ごとにその額（通貨以外で支払われる賃金がある場合にはその評価額）、⑧賃金の一部を控除した場合にはその額、を記入した賃金台帳を作成します。

ウ　記録の保存

労働者名簿、賃金台帳および雇入れ、解雇、災害補償、賃金その他労働関係に関する重要な書類は、3年間保存します。

エ　労働基準法令などの周知

労働基準法令などの要旨、就業規則、労使協定および労使委員会の決議は、次のいずれかの方法により労働者に周知させます。

①常時各作業場の見やすい場所へ掲示し、または備え付ける。
②書面を労働者に交付する。
③磁気テープ、磁気ディスクその他これに準ずる物に記録し、かつ、各作業場に労働者が記録の内容を常時確認できる機器を設置する。

5　人事異動

「人事異動」のポイント

・①就業規則などに業務上の都合によりに転勤を命ずることができる旨の定めがある、②実際にもそれらの規定に従い配転が頻繁に行われてい

る、③採用時に勤務場所や職種などを限定する合意がなされていなかった場合には、労働者の個別の同意なしに勤務場所や職種を定め、転勤や配置換えを命じる権限があるが、権利の濫用は許されない。

・採用時の労働契約や就業規則などで職種や勤務地を限定する合意があった場合に、職種の変更や転勤を伴う配置換えを行うためには、原則として本人の承諾が必要。

・就業の場所の変更を伴う転勤をしようとする場合には、子の養育や家族の介護の状況に対する配慮をする。本人の病気や子の看護養育、親の介護に具体的な支障を生じるなど転勤命令が労働者に通常甘受すべき程度を著しく超える不利益を負わせる場合には、無効。

・出向は、就業規則などに明確な定めがない限り無効。出向命令がその必要性、対象労働者の選定などに照らして、権利を濫用した場合には、無効。

・転籍を命ずるためには、特段の事情がない限り、本人の同意が必要。

(1) 配置転換

　一般に、次のいずれにも該当する場合には、使用者には、労働者の個別の同意なしに勤務場所や職種を定め、転勤や配置換えを命じる権限があります。

①就業規則や労働協約などに業務上の都合により労働者に配置転換を命ずることができる旨の定めがある
②実際に①の規定に従い配置転換が頻繁に行われている
③採用時に勤務場所や職種などを限定する合意がなされていない

　転勤、特に転居を伴う転勤は労働者の生活に少なからぬ影響を与えるので、転勤命令の権利を濫用することは許されませんが、転勤命令が業務上の必要性がない場合や業務上の必要性があっても転勤命令が他の不当な動機や目的でなされるとき、労働者に対し通常甘受すべき程度を著しく超える不利益を負わせるときなどの特段の事情がない限

りは、転勤命令は権利の濫用にはなりません。

業務上の必要性は、余人をもっては容易に替え難いといった高度の必要性に限られるのではなく、労働力の適正配置や業務の能率増進、労働者の能力開発、勤務意欲の高揚、業務運営の円滑化など企業の合理的運営に寄与する点があることと解されています。

また、労働者が配置転換によって受ける不利益が通常甘受すべき程度を超えるか否かは、その配置転換の必要性の程度、配置転換を避ける可能性の程度、労働者が受ける不利益の程度、使用者がした配慮やその程度などが総合的に判断されます。

(2) 職種の変更

採用時の労働契約や就業規則などにより、あるいは継続的な雇用関係の過程で職種を限定する合意がある場合に、職種の変更を伴う配置換えを行うためには、原則として労働者本人の承諾が必要です。特に、医師や弁護士、公認会計士などの専門職やボイラー技師などの特殊な技術・技能・資格などのある労働者は一般に職種の限定があると考えられています。

(3) 転勤

ア　転勤の命令

一般に、(1)の①から③のいずれにも該当する場合には、使用者は、労働者に対して、転勤を命じることができます。特に、本社採用の大学卒の幹部要員の場合には、一般的に、勤務場所が特定しておらず、全国の支店・営業所・工場などのどこにでも勤務する旨の合意が成立していると解されています。

イ　勤務地の限定

労働契約上勤務地が限定されている場合には、原則として労働者の同意がなければ転勤を命じることはできません。勤務地限定の労働契約であるか否かは、採用時の合意のほか、就労実態が斟酌されます。例えば、①採用の際に家庭の事情などから転勤に応じられない旨を明

確に申し出て採用された場合、②現地採用で慣行上転勤がなかった工員の場合、③新聞掲載の募集広告において勤務場所が特定地域とされていたことを重視して応募し、採用された場合には、勤務地の限定が認められています。

ウ　転勤による不利益

　転勤命令が労働者に通常甘受すべき程度を著しく超える不利益を負わせるものである場合には、無効となります。

　就業の場所の変更を伴う配置転換をしようとする場合には、子の養育や家族の介護の状況に対する配慮をします。本人の病気や子の看護養育、親の介護に具体的な支障を生じる場合には、転勤命令が労働者に「通常甘受すべき程度を著しく超える不利益を負わせる」と評価される場合があります。

(4)　**出向**

ア　出向とは

　出向（在籍出向）は、出向元が、出向する労働者との間の労働契約に基づく関係を継続すること、出向先が出向労働者を使用すること、および出向先が出向労働者に対して負う義務の範囲について定める出向契約を出向先との間で締結し、出向労働者が、その出向契約に基づき、出向元との間の労働契約に基づく関係を継続しつつ、その出向先との間の労働契約に基づく関係の下に、出向先に使用されて労働に従事することをいいます。

イ　労働者派遣法や職業安定法との関係

　出向は、労働者派遣には該当しませんが、労働者供給の一類型に該当します。ただし、出向を行う目的が、①関係会社において雇用機会を確保するため、②経営指導や技術指導の実施のため、③人材開発の一環として、④企業グループ内の人事交流の一環として行われる場合は、形式的に繰返し行われたとしても、事業として行われていると評価されることはありませんので、違法ではありません。

これに対し、事業として行っている場合には、職業安定法に違反します。この場合、出向に伴う利益の有無などを含めて、一定の目的と計画に基づいて経営する経済的活動として行われるか否かについて、総合的に判断されます。

ウ　出向の定め

　出向命令が有効であるためには、就業規則などで出向義務を明確にし、出向先での労働条件の基本事項を就業規則などで定めたり、出向の実情や採用時の説明と同意、他の労働者の同種出向の受入れなどによって出向が労働契約の内容となっていることが必要です。

エ　出向権の濫用

　出向を命ずることができる場合に、出向命令が、その必要性、対象労働者の選定などの事情に照らして権利を濫用した場合には、無効となります。

　出向を命じる時には、①出向を命ずる業務上の必要性があること、②出向対象者の人選基準に合理性があり、具体的な人選についても不当性をうかがわせるような事情はないこと、③出向中の身分や賃金、退職金、各種手当、昇格・昇給などの査定、労働時間、休暇などの待遇、出向期間、復帰の仕方や復帰後の待遇などにおいて著しい不利益を受けるものではないことが必要です。

オ　出向の延長

　出向期間が長期化しても、出向元との労働契約の存続自体が形がい化していないときは、出向を延長することに合理性があり、出向者が著しい不利益を受けていない場合には、出向の延長は権利の濫用には当たりません。

カ　出向からの復帰

　出向元への復帰を命ずることについては、出向元へ復帰させないことを予定して出向が命じられ、労働者がこれに同意した結果、将来労働者が再び出向元の指揮監督の下に労務を提供することはない旨の合

意が成立したものとみられるなどの特段の事由がない限り、その同意を得る必要はありません。

(5) **転籍**

ア 転籍とは

転籍は、労働契約上の地位が転籍先に譲渡されたもので、在籍出向と転籍との違いは、出向（転籍）元との労働契約が続いているか否かという点にあります。

イ 本人の同意

転籍を行うためには、労働者本人の同意が必要です。

ウ 転籍からの復帰

転籍の場合、転籍元との当初の労働契約における合意は消滅していますので、再び転籍元で労働させるためには、労働者本人の同意が必要です。

6 労働者の権利と義務

「労働者の権利と義務」のポイント

・使用者は、プライバシーの保護やセクハラやパワハラの防止など労働者にとって働きやすい職場環境を保つように配慮すべき義務を負う。
・労働者は、労働時間の途中に、選挙権の行使などの公民としての権利を行使し、または裁判員などの公の職務を執行するために必要な時間を請求できる。
・労働者は、就業時間中は職務に専念すべき義務や使用者の利益に配慮し誠実に行動すべき義務、職場において風紀を保持する義務、使用者の名誉を保持する義務、業務上の秘密を洩らさない義務など職務を誠実に行う義務を負う。
・使用者は、企業秩序を維持確保するため、必要な規則を定め、あるいは具体的に労働者に指示、命令することができる。

・労働者は使用者の指揮命令に従う義務があるが、通常の労働において予想される範囲を超える生命や身体に対する危険がある場合など合理性を欠いている場合には、労働者は従う義務はない。使用者が危険回避の措置を怠り、労働者の生命や身体に現実的に重大な危険がある場合にも、労働者は命令を拒否できる。

・労働者の兼業は、兼業によって企業秩序をみだすおそれが大きく、あるいは会社に対する労働が困難になることを防止するために必要がある場合に限って就業規則で禁止することができる。

・労働者の退職後の競業避止義務は、その内容が必要最小限の範囲であり、その義務を負わせるに足る事情が存するなど合理的なものでなければならない。労働者の転職勧誘は、企業の正当な利益を侵害しないよう配慮がされている限り誠実義務に違反しないが、社会的相当性を著しく逸脱した引き抜き行為は違法である。

(1) プライバシーや個人情報の保護

使用者は、労働者のプライバシーが侵害されないよう職場環境を整える義務があります。

個人情報取扱事業者（過去6月以内のいずれかの日において5千人を超える個人情報を構成する個人情報データベース等を事業の用に供している者）は、個人情報に関して、次の措置を講じます。

①利用目的をできる限り特定する。
②利用目的の範囲を超えて個人情報を取り扱わない。
③不正な手段で取得しない。
④取得の際、利用目的を通知、公表、明示を行う。
⑤個人データを正確かつ最新の内容に保つよう努める。
⑥個人データの漏洩などを防止するため、安全管理措置を講ずる。
⑦従業者に必要かつ適切な監督を行う。
⑧委託するときは委託先に必要かつ適切な監督を行う。
⑨本人の同意なしに第三者に原則として個人データを提供しない。

⑩個人データの利用目的、開示などに必要な手続などを本人の知り得る状態に置く。
⑪本人からの求めに応じて、保有個人データの開示、訂正、利用の停止などを行う。
⑫苦情の適切かつ迅速な処理に努め、必要な体制を整備する。

人事・労務管理に関する個人情報は、その対象者数によって異なる扱いをする理由が乏しく、こうした情報の漏洩により労働者が被る不利益や企業に対する社会的信頼の低下などを未然に防止するために、個人情報取扱事業者に該当しない場合も、個人情報取扱事業者に準じて雇用管理などに関する個人情報の適正な取扱いの確保に努める必要があります。

(2) セクハラやパワハラの防止

職場におけるセクハラやパワハラを防止するために雇用管理上必要な措置を講じます。

具体的には、セクハラやパワハラに関する方針を明確にして、それを周知・啓発したり、セクハラやパワハラ行為を未然に防止するための相談体制を整備したりするなどその実情に応じて具体的な対応をします。

また、職場においてセクハラやパワハラ行為が発生した場合には、事実関係を迅速・正確に調査し、誠実・適切に事後措置を行います。

(3) 公民権の行使

労働者は、労働時間の途中に、選挙権の行使などの公民としての権利を行使し、または裁判員などの公の職務を執行するために必要な時間を請求することができます。

使用者は、この請求を拒否することはできません。ただし、公民としての権利の行使や公の職務の執行に妨げがない限り、請求された時刻を変更することはできます。

公民としての権利には、選挙権のほか、法令に根拠のある公職の被選挙権、最高裁裁判官の国民審査、憲法改正の国民投票、地方自治法による住民の直接請求権の行使、選挙人名簿の登録の申出などがあります。

　また、公の職務の執行には、裁判員のほか、衆議院議員などの議員、労働委員会などの委員、労働審判員、検察審査員、審議会委員、裁判所や労働委員会の証人、選挙立会人などの職務の執行があります。

(4) **職務の誠実な履行**

　労働者は、就業時間中は職務に専念し、使用者の利益に配慮し、誠実に行動しなければなりませんので、労働するに当たり、誠実に職務を行い、職務を利用して私利を謀ったりなどすることはできません。

　労働者に誠実義務に違反する行為があった場合には、その違反行為の内容、態様、程度などを明らかにして、企業秩序の回復に必要な業務上の指示、命令を発し、または違反者に対し制裁として懲戒処分を行うことができます。また、使用者に損害を与えた場合には、賠償義務が生じる場合があります。

　しかし、労働者は企業の一般的な支配に服するものではなく、企業が行う規則の制定や指示・命令、懲戒処分などがその権利の濫用に当たる場合や労働者の権利を不当に侵害する場合には、無効になります。

(5) **服務規律**

　企業秩序は企業の存立と事業の円滑な運営の維持のために必要不可欠なものであり、使用者は、企業秩序を維持確保するため、必要な規則を定め、あるいは具体的に労働者に指示、命令することができます。

　容姿、頭髪などに関しても企業経営の必要上から合理的な規律を定めることができますが、その制限はおのずと限界がありますので、企業の円滑な運営上必要かつ合理的な範囲内にとどめ、具体的な制限の内容は、その必要性、合理性、手段方法としての相当性を欠くことのないようにします。

(6) 風紀・秩序の保持

　労働者は、職場において風紀・秩序を保持しなければなりません。ただし、その地位や職務内容、交際の態様、会社の規模、業態などに照らして、職場の風紀・秩序を乱し、その企業運営に具体的な影響を与えない場合には、「職場の風紀・秩序を乱した」には該当しないと判断される場合もあります。

(7) 企業の名誉の保持

　労働者が就業時間外に職場外において行う職務遂行と直接関係のない私生活上の行為であっても、企業の円滑な運営に支障を来すおそれのある場合や企業の社会的評価を傷つけるおそれのある場合には、これを規制することができます。

　労働者の不名誉な行為が会社の体面を著しく汚したというのは、必ずしも具体的な業務阻害の結果や取引上の不利益の発生を必要としませんが、労働者の行った行為の性質、情状、企業の事業の種類や態様・規模、会社の経済界に占める地位、経営方針、会社における地位・職種などに照らして、その行為により企業の社会的評価に及ぼす悪影響が相当重大であると客観的に評価される場合に限られています。

　一般私企業の場合には、刑罰が罰金に止まっており、職務上の地位も指導的なものでない場合には、会社の体面を著しく汚したとまでは評価されません。

(8) 業務命令

　企業は、労働契約の範囲内で、労働の内容・遂行方法・場所などに関して必要な業務命令を行うことができるほか、健康診断の受診や、配置転換、担当業務の変更、教育訓練、昇進・昇格・降格、休職など業務の遂行全般について労働者に対して必要な指示・命令を行うことができます。ただし、それが違法な行為を行わせる指揮命令であったり、人格権を侵害するなどの場合は、無効です。

　労働者には労働契約の趣旨、内容および信義誠実の原則に基づいて

労働する義務がありますので、業務命令が就業規則の合理的な規定に基づく相当な命令である限り、その命令に従う義務がありますが、違法な業務命令に従う義務はなく、さらに、違法な業務命令に対しては損害賠償を請求できる場合もあります。

(9) 危険な業務への就労

労働者は、特別の事情がない限り、使用者の指揮命令に従う義務がありますが、使用者の指揮命令権には一定の限界があり、指揮命令がその内容に合理性を欠いている場合には、その命令には法的な拘束力はなく、命令を受けた労働者はこれを拒否することができます。特に、その命令を受けた業務が通常の労働において予想される範囲を超える生命や身体に対する危険がある場合は、労働者はこの命令に従う義務はありません。

また、使用者は労働において予想される危険に対して万全の対策を講じなければならないので、使用者が危険回避の措置を怠り、労働者の生命や身体に現実的に重大な危険がある場合にも、労働者はこのような業務命令を拒否することができます。

(10) 兼業

労働者は労働契約により1日のうち一定の限られた時間のみ労務に服するのを原則とし、就業時間外は本来労働者の自由な時間ですから、就業規則で兼業を全面的に禁止することは、特別な場合を除き、合理性を欠くと評価されます。

一般には、兼業することによって企業秩序をみだすおそれが大きく、あるいは会社に対する労務の提供が困難になることを防止する場合に限って就業規則で禁止することが認められ、企業秩序に影響せず、労働に格別の支障を生ぜしめない程度のものは禁止の対象とはなりません。ただし、労働者が就業時間外において適度な休養をとることは誠実な労務の提供のための基礎的条件であること、兼業の内容によっては使用者の経営秩序を害することもありうることから、労働者

の兼業を使用者の許可などにかからせることは一般的にできると解されています。

(11) **秘密の保持**

企業の内部において、秘密として管理されている（秘匿性）製造技術上のノウハウ、顧客リスト、販売マニュアルなどの有用な情報（有用性）で、公然と知られていない（非公知性）営業秘密を違法な手段で取得・使用したり他人に売却したりする行為は、不正競争の一類型として、労働契約の存続中であるか終了後であるかを問わず、労働者の「不正の競業その他の不正の利益を得る目的で、またはその保有者に損害を加える目的で、その営業秘密を使用し、または開示する行為」に該当しますので、差止めや損害賠償などの請求の対象となります。

労働者は労働契約にもとづき使用者の業務上の秘密を洩らさないとの義務を負っています。ただし、懲戒解雇事由としての秘密漏洩行為は、企業の存立にかかわる重要な社内機密や開発技術などの企業秘密に限られるとする裁判例もあります。

また、労働契約終了後も、労働契約の当事者間で秘密保持義務を一定の範囲で負わせる旨の合意は、その秘密の性質・範囲、価値、労働者の退職前の地位に照らし、合理性がある場合に限り、その効力が認められています。

(12) **内部告発**

労働者が、不正の利益を得る目的、他人に損害を加える目的などの不正の目的でなく、その労務の提供先または労務の提供先の役員、従業員などについて、個人の生命・身体・生活環境・公正競争などに関する犯罪の事実がある場合に、法令違反が生じていることなどを、①労務の提供先、②真実と信ずるに足りる相当の理由がある場合には処分などの権限を有する行政機関、③真実と信ずるに足りる相当の理由があり、かつ、企業内部・行政機関に通報したら不利益を受けたり、

証拠の隠滅の恐れがあるなどの事情がある場合にはマスコミなどに対し、通報する場合には、その通報を理由とする解雇などは無効とされ、降格、減給その他不利益な取扱いは禁止されています。

(13) 競業避止義務

　労働者は、在職中には競業避止義務があり、使用者と競業行為を行うことは、労働の義務の不履行に該当します。在職中の競業行為は、就業規則などに競業避止義務を定めた規定があるか否かは関係がなく違法です。

　退職後に競業避止義務を課すことは、一般的には、経済的弱者である労働者から生計の道を奪い、その生存を脅かすおそれがあると同時に労働者の職業選択の自由を制限し、また競争の制限による不当な独占の発生するおそれがありますので、競業避止の内容が必要最小限の範囲であり、また競業避止義務を労働者に負担させるに足りうる事情が存するなど合理的なものの場合に限り認められています。

　競業避止義務は、労働者の地位や職務如何によって事情が異なり、例えば、技術の中枢部にいる者など営業の秘密を知り得る立場にあるものに秘密保持義務を負わせ、また秘密保持義務を実質的に担保するために退職後における一定期間競業避止義務を負わせることは有効ですが、工場の作業員などに対しては、その職務の内容などから見て、競業避止義務を負わせることはできません。

(14) 労働者の転職勧誘・引き抜き行為

　労働者が他の労働者に対して同業他社への転職のため引き抜き行為を行ったとしても、これが単なる転職の勧誘にとどまる場合には、違法ではありません。転職の勧誘が、引き抜きの対象となっている労働者が在籍する企業の幹部職員によって行われたものであっても、企業の正当な利益を侵害しないよう配慮がされている限り、誠実義務に違反しません。

　しかし、社内での地位も高く、経営上重要な役割を担う者は、より

重い責任を負い、幹部社員が勤務先の会社を退職した後にその会社の労働者に対して行う引き抜き行為が社会的相当性を著しく欠くような方法や態様で行った場合には、違法と評価されます。

社会的相当性を逸脱した引抜行為であるか否かは、転職する労働者のその会社に占める地位、会社内部における待遇や人数、転職が会社に及ぼす影響、転職の勧誘に用いた方法などを考慮して判断されます。

7 懲戒と労働者に対する損害賠償の請求

「懲戒と労働者に対する損害賠償の請求」のポイント

・企業秩序を維持し企業の円滑な運営を図るために、労働者の企業秩序違反行為を理由として懲戒処分を課すことができるが、懲戒するにはあらかじめ就業規則に懲戒処分の対象となる事由と懲戒の種類や程度を定め、その内容を周知させることが必要。

・懲戒処分を課すには、①不遡及の原則、②一事不再理の原則、③平等取扱の原則、④相当性の原則、⑤適正手続の原則を満たすことが必要。

・減給は、1回の額が平均賃金の1日分の半額を超え、総額が1賃金支払期における賃金の総額の10分の1を超えることができない。

・懲戒解雇と予告なしに行うことのできる解雇の範囲とは一致しない。

・退職金には、功労報償的な性格とともに、賃金の後払い的な性格や退職後の生活保障の意味もあるので、不支給または減額するには、相当の合理的理由が必要。

・懲戒が対象となる行為の性質や態様などの事情に照らして、客観的に合理的な理由を欠き、社会通念上相当であると認められない場合は、無効となる。

・企業外の行為を理由とする懲戒処分も違法ではないが、就業規則に定める懲戒事由に該当する場合でも、企業秩序に影響せず、労働に格別の支障を生じないものは懲戒事由に該当しない。

・労働者の加害行為により直接損害を受けあるいは損害賠償責任を負担

したことにより損害を被った場合には、その事業の性格、規模、施設の状況、労働者の業務の内容、労働条件、勤務態度、加害行為の態様、加害行為の予防もしくは損失の分散についての使用者の配慮の程度などの事情に照らし、損害の公平な分担という見地から相当と認められる限度で、使用者は労働者に対し損害賠償または求償の請求をすることができる。

(1) 懲戒処分

労働者は企業秩序を守る義務を負うので、企業秩序を維持し、企業の円滑な運営を図るために、労働者の企業秩序違反行為を理由として、その違反者に対して懲戒処分を課すことができます。

懲戒するには、あらかじめ就業規則において懲戒処分の対象となる事由と懲戒の種類や程度を定め、その内容を適用される労働者に周知させておきます。

懲戒処分については、このほか、次のような要件を満たす必要があります。

　ア　不遡及の原則
　　懲戒処分の事由を就業規則に定める以前に遡って適用することはできない。
　イ　一事不再理の原則
　　同一の懲戒処分の事由に対し重ねて懲戒処分を行うことはできない。
　ウ　平等取扱の原則
　　同じ事由の同じ程度の違反に対する懲戒は同一種類で同一程度とする。
　エ　相当性の原則
　　懲戒処分の事由と種類や程度などに照らし社会通念上相当のものとする。
　オ　適正手続の原則
　　就業規則などで労働組合との協議や懲戒委員会における審査、本人の弁明などが必要な場合には、これらの手続きを経て行う。

ア 懲戒の種類

多くの企業では、次のような種類の懲戒処分が定められています。

> ①戒告：始末書を提出させることなく将来を戒める。②けん責：始末書を提出させて将来を戒める。③減給：労働者が受け取ることができる賃金から一定額を差し引く。④出勤停止：労働契約をそのままとして就労を禁止する。労働者には賃金を支払わず、最長10日ないし15日間の期間が多い。⑤懲戒休職：労働契約をそのままとして就労を禁止する。労働者には賃金を支払わず、出勤停止期間が数か月に及ぶ。⑥賞与の支給停止⑦昇給・昇格の停止・延期⑧降格⑨論旨解雇：退職願や辞表の提出を勧告し、即時退職を求め、期間内に勧告に応じない場合には懲戒解雇とする。⑩懲戒解雇：通常は解雇予告も予告手当の支払もせずに即時になされ、退職金の全部または一部が支給されない。

イ 減給の制限

減給は、1回の額が平均賃金の1日分の半額を超え、総額が1賃金支払期における賃金の総額の10分の1を超えることはできません。

ウ 懲戒解雇

懲戒解雇と解雇予告も予告手当の支払もせずに行うことができる即時解雇の範囲は必ずしも一致しません。

即時解雇ができるのは、重大または悪質な義務違反ないし背信行為が労働者にある場合で、具体的には、犯罪行為を行った場合や2週間以上無断欠勤した場合、会社の信用や名誉を著しく失墜させるような行為を繰り返した場合などであり、労働基準監督署の認定を受ける必要があります。

また、退職金には、功労報償的な性格とともに、賃金の後払い的な性格や労働者の退職後の生活保障という意味もありますので、退職金の減額や不支給ができるのは、就業規則に定めがあり、かつ、実際も永年勤続の功労を抹消ないし減殺するほどの不信行為がある場合に限られます。

エ　懲戒権の濫用

懲戒処分が懲戒の対象となる労働者の行為の性質や態様などの事情に照らして、客観的に合理的な理由を欠き、社会通念上相当でない場合は、無効となります。

オ　懲戒事由

１）企業外の行為を理由とする懲戒

私生活上の犯罪行為や会社を批判する行為などの企業外の行為を理由とする懲戒処分も違法ではありません。

２）懲戒事由と企業秩序への影響など

就業規則に定める懲戒事由に該当する場合でも、企業秩序に影響せず、労働に格別の支障を生ぜしめない程度のものは、懲戒の事由に該当しません。

３）懲戒当時に認識していなかった非違行為を理由とする懲戒処分

懲戒処分の効力はその理由とされた非違行為との関係で判断されますので、懲戒当時に認識していない非違行為を理由として懲戒処分を行うことはできません。

(2)　**労働者に対する損害賠償の請求**

ア　労働者に対する損害賠償の請求

労働者の加害行為により、直接損害を受けあるいは使用者としての損害賠償責任を負担したことにより損害を受けた場合には、その事業の性格、規模、施設の状況、労働者の業務の内容、労働条件、勤務態度、加害行為の態様、加害行為の予防もしくは損失の分散についての使用者の配慮の程度などの事情に照らし、損害の公平な分担という見地から相当と認められる限度において、使用者は、その労働者に対し損害の賠償または求償の請求をすることができます。

イ　身元保証

身元保証契約を締結する場合がありますが、身元保証人の損害賠償の責任や金額は、身元保証法に基づき一切の事情を斟酌して判断され

ます。

8　就業規則

> **「就業規則」のポイント**
> ・常時10人以上の労働者が就業する事業所では就業規則を作成する必要があるが、対象とする労働者には、パートタイム労働者や契約社員、派遣労働者などを含む。
> ・就業規則を作成・変更する場合には労働者の過半数を代表する者の意見を聴き、その意見書を添付した上で、労働基準監督署に届け出る。
> ・就業規則は、作業場の見やすい場所へ掲示するなどの方法で周知させる。
> ・就業規則は、合理的な労働条件を定めているものである限り、労働者は、就業規則の存在や内容を現実に知っていると否とにかかわらず、個別に同意をしていると否とを問わず、その適用を受ける。
> ・労働者と合意することなく、就業規則を変更することにより、労働者の不利益に労働条件を変更することは原則としてできないが、変更後の就業規則を労働者に周知させ、かつ、就業規則の変更が、労働者の受ける不利益の程度、労働条件の変更の必要性、変更後の就業規則の内容の相当性、労働組合などとの交渉の状況などの事情に照らして合理的なものであるときは、その労働条件は変更後の就業規則の定めによる。

(1)　就業規則の作成義務

常態として10人以上の労働者が就業している事業所では、就業規則を作成します。この労働者には、パートタイム労働者やいわゆる契約社員、派遣労働者などを含みます。

(2)　全社一括による就業規則の作成

複数の事業所のある企業が複数の事業所において同一の就業規則を適用する場合で、本社において一括して所定の手続きを経て作成し、

表 就業規則の記載事項

区　　分	記　載　事　項
絶対的必要記載事項	①始業・終業の時刻、休憩時間、休日、休暇、交替制勤務の場合の就業時転換 ②賃金（臨時の賃金などを除く）の決定、計算、支払いの方法、賃金の締切り、支払いの時期、昇給 ③退職（解雇の事由を含む）
相対的必要記載事項	①退職手当の定めをする場合、適用される労働者の範囲、退職手当の決定、計算、支払いの方法、退職手当の支払いの時期 ②臨時の賃金など（退職手当を除く）、最低賃金額 ③労働者に負担させる食費、作業用品など ④安全衛生 ⑤職業訓練 ⑩災害補償、業務外の傷病扶助 ⑪表彰・制裁の種類・程度 ⑫そのほか、その事業所の労働者のすべてに適用される事項
任意記載事項（例）	①就業規則の制定趣旨などの宣言 ②就業規則の解釈・適用

労働基準監督署に届け出ている場合には、本社以外の事業所にもその就業規則が適用されます。

(3) 別個の就業規則の作成と就業規則の適用

　同一の事業所において、一部の労働者についてのみ適用される別個の就業規則を作成することは差し支えありません。この場合には、就業規則の本則において別個の就業規則の適用の対象となる労働者に関する適用除外や委任規定を設けます。

(4) 就業規則の記載事項

　就業規則に定める事項には、前の表のように、いかなる場合であっても必ず記載しなければならない事項（絶対的必要記載事項）、定めをする場合においては必ず記載しなければならない事項（相対的必要記載事項）および任意に記載し得る事項（任意記載事項）があります。

　絶対的必要記載事項の一部または相対的必要記載事項のうちその事

業所が適用を受けるものを記載しない就業規則は、労働基準法第89条違反になるものの、作成された部分の効力には影響ありません。

(5) 労働者代表などからの意見の聴取

就業規則を作成・変更するに当たっては、事業所の労働者の過半数を代表する者（労働者の過半数で組織する労働組合がある場合にはその労働組合）の意見を聴きます。

(6) 労働基準監督署への届出

作成・変更した就業規則は、労働者の過半数を代表する者などの意見を記した書面を添付した上で、労働基準監督署に届け出ます。

(7) 就業規則の周知

就業規則が法的効力を生ずるためには、その内容を適用させる労働者に周知させることが必要ですので、就業規則は次のいずれかの方法により周知させます。

①常時各作業場の見やすい場所へ掲示し、または備え付ける。
②書面を労働者に交付する。
③磁気テープ、磁気ディスクその他これに準ずる物に記録し、かつ、各作業場に労働者が記録の内容を常時確認できる機器を設置する。

(8) 就業規則の効力

就業規則が合理的な労働条件を定めているものであるかぎり、その事業所の労働者は、就業規則の存在および内容を現実に知っていると否とにかかわらず、個別に同意を与えたかどうかを問わず、その適用を受けます。

ア　法令または労働協約に反する就業規則

法令またはその事業所に適用される労働協約に反する就業規則は、無効です。

イ　就業規則で定める基準に達しない労働契約

就業規則で定める基準に達しない労働条件を定める労働契約の部分

は無効で、無効となった部分は就業規則で定める基準によります。

ウ 合理的な労働条件が定められている就業規則を労働者に周知させた場合の効力

　労働者と使用者が労働契約を締結する場合に、使用者が合理的な労働条件が定められている就業規則を労働者に周知させた場合には、労働契約の内容はその就業規則で定める労働条件によります。

　このため、就業規則の内容は、合理的な労働条件を定めている限り、個々の労働者の労働契約の内容になります。例えば、36協定を締結し、労働基準監督署に届け出た場合に36協定の範囲内で一定の業務上の事由があれば時間外労働させることができる旨の就業規則の定めは合理的なものなので、労働者は時間外労働をする義務を負います。

エ 就業規則で定める基準を上回る労働契約

　労働契約で定める労働条件が就業規則で定める基準を上回る場合には、その労働契約の定めは有効です。

オ 就業規則の不利益な変更

　使用者は、原則として、労働者と合意することなく、就業規則を変更することにより、労働者の不利益になるような、労働契約の内容である労働条件を変更することはできません。

　ただし、使用者が就業規則の変更により労働条件を変更する場合に、変更後の就業規則を労働者に周知させ、就業規則の変更が、労働者の受ける不利益の程度、労働条件の変更の必要性、変更後の就業規則の内容の相当性、労働組合などとの交渉の状況などの事情に照らして合理的なものであるときは、労働条件は変更後の就業規則の定めによります。

9　賃金

「賃金」のポイント
・賃金とは、名称の如何を問わず、労働の対償として使用者が労働者に支払うすべてのものをいい、①任意的、恩恵的なものは一般に賃金ではない、②福利厚生施設は賃金ではない、③企業設備の一環とされるものは賃金ではない、④労働協約、就業規則、労働契約などによってあらかじめ支給条件が明確にされたものは賃金に該当する。
・平均賃金とは、原則として、平均賃金を算定すべき事由の発生した日以前3か月間にその労働者に対し支払われた賃金の総額をその期間の総日数で除した金額をいい、①解雇予告手当、②休業手当、③年次給休暇の手当、④労災補償、⑤減給の制裁の際に用いる。
・賃金は、原則として、通貨で、直接労働者に、その全額を、毎月1回以上、一定の期日を定めて支払う。
・非常の場合の費用に充てるために労働者が請求する場合には、支払期日前でもそれまでの労働に対する賃金を支払う。
・使用者の責めに帰すべき事由による休業の場合には、その休業期間中、平均賃金の6割以上の休業手当を支払う。
・賃金の支払が出来高払制その他の請負制による場合は、一定額の賃金保障を行う。また、最低賃金額以上の賃金を支払う。
・時間外・休日・深夜労働の場合には、割増賃金を支払う。

(1) 賃金とは

　賃金とは、賃金、給料、手当、賞与その他名称の如何を問わず、労働の対償として使用者が労働者に支払うすべてのものをいいます。したがって、労働者と使用者の間に使用従属関係があり、その使用従属関係の下で行う労働の対償として支払うものが賃金です。
　「労働の対償」に該当するか否かについては、次の基準によって判断します。

ア　任意的、恩恵的なもの

　労働者の個人的な吉凶禍福に際して、使用者が任意に与える慶弔見舞金や災害見舞金などは、一般に労働の対償ではありません。

　その支給について労働協約、就業規則、労働契約などによってあらかじめ支給条件が明確にされたものは権利として保障されますので、労働の対償である賃金に該当します。

イ　福利厚生施設

　実物給付はできるだけ広く福利厚生施設と解し、賃金としては取り扱いませんので、個人的利益に帰属しないものや使用者の支出が明確でないものは福利厚生施設であって賃金ではありませんが、社会保険料の労働者負担のように必然的な支出を補うものは賃金です。

ウ　企業設備の一環

　業務遂行に必要な費用の実費弁償である旅費や交際費などは、賃金には該当しません。

(2) **賃金支払いの5原則**

ア　通貨払いの原則

　賃金は、原則として通貨で支払います。ただし、法令もしくは労働協約に別段の定めがある場合または次の場合には、それぞれで定める方法により支払うことができます。

> ①労働者の同意を得た場合には、労働者が指定する銀行その他の金融機関のその労働者の預貯金への振込み
> ②労働者の同意を得た場合には、退職手当の支払について所定の小切手の交付

　通貨には、外国通貨は含みません。小切手による支払いも②による場合以外は禁止されています。

イ　直接払いの原則

　賃金は、労働者に直接支払います。労働者の代理人に支払うことは

直接払いの原則に違反します。

労働者が賃金の支払いを受ける前に賃金債権を他に譲渡した場合にも、賃金債権の譲受人は自ら使用者に対してその支払いを求めることはできません。ただし、賃金債権が法律に基づき差し押さえられたときは、賃金を差押債権者に支払うことは許されます。

ウ　全額払いの原則

賃金は、その全額を支払います。

1）賃金からの控除

賃金からの控除は原則としてできませんが、法令に別段の定めがある場合には賃金の一部を控除して支払うことができます。例えば、所得税や住民税の源泉徴収、社会保険料や雇用保険料の労働者負担分の控除などがこれに該当します。

また、労使協定がある場合には、その定めにより、賃金の一部を控除して支払うことができます。ただし、労使協定で定めることができるのは、社宅や寮などの費用など事理明白なものに限られており、その内容が明確でないものは、労使協定で定めても、賃金から控除することはできません。

2）賃金の相殺

労働者の賃金債権に対して、使用者が労働者に対して有する債権をもって一方的に相殺することはできませんが、労働者がその自由な意思に基づき相殺に同意した場合には、その同意が労働者の自由な意思に基づいてされたものであると認めるに足りる合理的な理由が客観的に存在するときは、同意を得た上で行う相殺は全額払いの原則には違反しません。

3）賃金額の精算

賃金支払事務では賃金の過払が生ずることがありますが、このような場合に、適正な賃金の額を支払うために行われる相殺は、その行使の時期、方法、金額などからみて労働者の経済生活の安定との関係上

不当と認められないものであれば、全額払いの原則に違反するものではなく、過払のあった時期と賃金の精算調整の実を失わない程度に合理的に接着した時期においてされ、また、あらかじめ労働者にそのことが予告されるとか、その額が多額にわたらないとか、労働者の経済生活の安定をおびやかすおそれのない場合であれば、可能です。

就業規則などに定めていれば、1か月の賃金支払額に100円未満の端数が生じた場合に四捨五入したり、1,000円未満の端数が生じた場合に翌月に繰り越して支払うことは、違法ではありません。

4）賃金債権の放棄

労働者による賃金債権の放棄は、その自由な意思に基づくものであると認められる合理的な理由が客観的に存在する場合に限って、全額払いの原則に違反しません。

エ　毎月1回払いの原則および一定期日払いの原則

賃金は、次の賃金を除き、毎月1回以上、暦月の特定された日に支払わなければなりません。

> ①臨時に支払われる賃金、②賞与、③1か月を超える期間の出勤成績によって支給される精勤手当、④1か月を超える一定期間の継続勤務に対して支給される勤続手当、⑤1か月を超える期間にわたる事由によって算定される奨励加給・能率手当

賃金が年俸制の場合にも、毎月1回払いの原則および一定期日払いの原則が適用されますので、毎月定期的に支払います。

(3) **非常時払い**

労働者またはその収入によって生計を維持する者が次のいずれかの場合にその費用に充てるために労働者が請求する場合には、支払期日前でも、非常時払いとして、それまでの労働に対する賃金を支払います。

> ①出産・疾病・災害の場合
> ②結婚・死亡の場合
> ③やむを得ない事由により１週間以上帰郷する場合

(4) 休業手当

　使用者の責めに帰すべき事由による休業の場合には、その休業期間中、平均賃金の６割以上の休業手当を支払わなければなりません。

ア　民法第536条第２項との違い

　民法でも「債権者の責めに帰すべき事由によって債務を履行することができなくなったときは、債務者は、反対給付を受ける権利を失わない」と規定しており、使用者の責任で就業ができなかった場合には、労働者は反対給付としての賃金の請求権を失うことはありませんが、労働基準法第26条の休業手当とは次の違いがあります。

> ①休業手当を支払わないと罰則が科され、付加金の支払いが命じられる場合がある。
> ②民法第536条第２項は任意規定でこれと異なる合意は有効だが、労働基準法第26条は強行規定でこれを下回る合意は無効である。
> ③民法第536条第２項の「債務者の責に帰すべき事由」よりも労働基準法第26条の「使用者の責に帰すべき事由」の方が範囲が広く、使用者側に起因する経営、管理上の障害を含む。

　なお、労働基準法第26条の規定は、使用者の都合による休業が民法第536条第２項の「債権者の責めに帰すべき事由」に基づく履行不能に該当し、全額賃金の支払いを請求できる場合にも、その請求権を平均賃金の６割に減縮しようとするものではありません。

イ　使用者の責めに帰すべき事由

　「使用者の責めに帰すべき事由」に該当するか否かは、休業になることを避けるために最善の努力をしたかどうかが判断の基準となり、

天災地変の場合、休電による場合、法令に基づくボイラーの検査のための休業、労働基準法第33条に基づく代休命令などの不可抗力の場合には使用者の責めに帰すべき事由による休業には該当しませんが、不可抗力以外の場合には使用者の責めに帰すべき事由による休業に該当します。

(5) 出来高払制その他の請負制による場合の賃金保障

賃金の支払いが出来高払制その他の請負制による場合は、一定額の賃金保障を行います。

(6) 最低賃金

最低賃金額は時間給により決定され、最低賃金の適用を受ける労働者には最低賃金額以上の賃金を支払います。

最低賃金には、地域別最低賃金と特定の産業や職業を対象とする特定最低賃金があり、複数の最低賃金の適用を受ける場合は、最高の最低賃金額が適用されます。

都道府県労働局の許可を受けたときは、精神または身体の障害により著しく労働能力の低い者や試用期間中の者などには、最低賃金において定める最低賃金額から労働能力などの事情を考慮して定める率を乗じて得た額を減額した額の最低賃金が適用されます。

(7) 割増賃金

非常災害や36協定により時間外・休日労働をさせた場合や深夜業をさせた場合には、通常の労働時間の賃金の計算額の一定割合以上の率で計算した割増賃金を支払います。

ただし、労使協定により、1か月60時間を超えて時間外労働をさせ、50％の割増賃金を支払うべき労働者に対して、このうちの25％の割増賃金の支払いに代えて、通常の労働時間の賃金が支払われる休暇（年次有給休暇を除く）を与えることを定めた場合で、労働者が労使協定の定めにより休暇を取得したときは、時間外労働のうち取得した休暇に対応する時間の労働については割増賃金を支払う必要はありません。

ア　割増率

　割増賃金の割増率は、原則として時間外労働については２割５分（時間外労働させた時間が１か月について60時間を超えた場合には中小事業主に該当する場合を除き５割）、深夜労働については２割５分、休日労働については３割５分です。また、時間外労働が深夜に及ぶ場合には５割（時間外労働させた時間が１か月について60時間を超えた場合には中小事業主に該当する場合を除き７割５分）、休日の労働時間（時間外労働が１か月について60時間を超えた場合には中小事業主に該当する場合を除き８割５分）が深夜に及ぶ場合にはその時間の労働については６割です。

イ　通常の労働時間の賃金の計算

　割増賃金の基礎となる賃金は、通常の労働時間または労働日の賃金です。この通常の賃金は、法定時間外労働ないし深夜ではない所定労働時間中に行われた場合に支払われる賃金であり、その基準賃金を基礎として算定します。

ウ　割増賃金の算定の基礎となる賃金

　割増賃金の算定に当たっては、①家族手当、②通勤手当、③別居手当、④子女教育手当、⑤住宅手当、⑥臨時に支払われた賃金、⑦賞与など１か月を超える期間ごとに支払われる賃金は算定の基礎となる賃金から除外されます。これらの除外賃金は制限列挙であり、また、名称が生活手当などでも、扶養家族の有無・数により算定される場合は、除外賃金に当たります。

エ　割増賃金の計算

　労働基準法第37条に定める額以上の割増賃金の支払いがなされる場合には、同条で定める計算方法を用いる必要はありません。その場合には、①労働基準法が定める計算方法による割増賃金額を下回らないこと、②割増賃金の部分とそれ以外の賃金部分とが明確に区別されていること、の２つの要件を満たす必要があります。

割増賃金の計算における端数処理については、1時間当たりの賃金額及び割増賃金額に円未満の端数が生じた場合には、50銭未満の端数は切り捨て、50銭以上1円未満の端数は1円に切り上げて処理することや給料計算期間を通じた労働時間の端数の合計を四捨五入することも、可能です。

10　労働時間・休憩・休日・休暇

「労働時間・休憩・休日・休暇」のポイント

・労働時間とは、労働者が使用者の指揮命令下に置かれている時間をいい、労働契約や就業規則、労働協約などの定めのいかんにより決定されるものではない。
・休憩時間を除き、原則として1週間について40時間を超えて、1週間のそれぞれの日について8時間を超えて、労働させてはならない。
・変形労働時間制とは業務の繁閑に応じて所定労働時間をあらかじめ傾斜的に配分することを可能とする制度をいい、1か月単位の変形労働時間制、1年単位の変形労働時間制、1週間単位の非定型的変形労働時間制、フレックスタイム制があり、それぞれの適用要件を具備しなければ、採用できない。
・みなし労働時間制には事業場外労働時間制、専門業務型裁量労働時間制および企画業務型裁量労働時間制があり、それぞれ一定の労働時間労働したものとみなされる。
・休憩時間は、労働者が権利として労働から離れることを保障されている時間をいい、①労働時間が6時間を超える場合には45分、②労働時間が8時間を超える場合には1時間以上を、労働時間の途中に原則として一斉に与え、労働者に自由に利用させる。
・毎週1回または4週間を通じ4日以上の休日を与える。
・法定時間外・休日労働をさせるには、原則として①36協定の締結と届出、②就業規則などに根拠となる定めがある、③法定の割増賃金を支払

うことが、所定時間外・休日労働をさせるには、②と通常の労働時間の賃金を支払うこと、が必要。
・災害などによって臨時の必要が発生した場合には、原則として労働基準監督署の許可により、その必要な限度で法定時間外・休日労働をさせることができる。
・限度基準に適合した労使協定をし、労働基準監督署に届け出た場合は、労使協定の範囲内で法定時間外・休日労働をさせることができる。
・①農業・畜産・養蚕・水産業従事者、②管理・監督者、機密事務取扱者、③労働基準監督署の許可を受けた監視・断続的労働従事者には、労働時間・休憩・休日に関する労働基準法の規定は適用されない。
・6か月間継続勤務し、全労働日の8割以上出勤した者には10労働日の有給休暇を与え、継続勤務期間の延長に応じて与える日数を増やす。
・労働者から請求された時季に有給休暇を与えることが事業の正常な運営を妨げる場合は他の時季に与えることができるが、有給休暇は労働者が自由に利用でき、休暇の利用目的のいかんによって時季変更権を行使することはできない。
・計画年休に関する労使協定を締結したときは、有給休暇のうち5日を超える部分は、その労使協定により与えることができる。
・労使協定を締結したときは、有給休暇のうち5日以内は時間単位で与えることができる。

(1) **労働時間**

ア 労働時間とは

　労働時間とは労働者が使用者の指揮命令下に置かれている時間をいうので、労働時間に該当するか否かは労働者の行為が使用者の指揮命令下に置かれたと評価できるか否かにより客観的に定まり、労働契約や就業規則などの定めのいかんにより決定されるものではありません。

　例えば、労働者が業務の準備行為などを事業所内で行うことを義務付けられる行為は、就業規則などで所定労働時間外に行うとされていても、特段の事情のない限り、使用者の指揮命令下に置かれたものと

評価されるので、労働時間に該当します。また、仮眠時間であっても労働からの解放が保障されていない場合には、労働時間に該当します。

出張中の移動時間は、一般的には、拘束性の程度が低く、労働時間には当たらないと解されています。また、寮から現場までの往復の時間は通勤時間の延長ないしは拘束時間中の自由時間である以上、労働時間に該当せず、資材置場に立ち寄っただけでは寮から現場までの往復が労働時間ではないとする裁判例もあります。

小集団活動や教育訓練は、一般的には、その費用を使用者が負担していても、労働者が参加するか否かの自由に委ねられ、参加を強制されていない場合には、労働時間には該当しないが、全労働者が参加する趣旨で設けられ、委員会の役員には手当が支給され、すべての労働者がいずれかの委員会に配属されている場合には、委員会に出席して活動した時間は労働時間であると解されています。なお、労災認定に関して、小集団活動が上司に管理され、その命令で業務に従事する可能性があった場合には、その労働時間性が肯定されるとする裁判例があります。

安全衛生教育は事業者の責任において実施しなければならないので、その時間は労働時間に該当します。安全・衛生委員会の会議の開催に要する時間も同様です。

一般健康診断は一般的な健康の確保を図ることを目的としており、その受診に要する時間は業務遂行との関連において行われるものではないので労働時間ではないが、労働者の健康の確保は事業の円滑な運営に不可欠な条件なので労働時間として取り扱うことが望ましい。また、特殊健康診断は業務の遂行のために当然に実施しなければならないので、その受診に要した時間は労働時間です。

使用者からの黙示の指示によって労働している場合にも、労働時間に該当します。

イ　労働時間に関する規制

休憩時間を除き、原則として1週間について40時間を超えて、また、

1週間のそれぞれの日について8時間を超えて、労働させることはできません。

1週間は、その事業所の就業規則などの定めによりますが、定めがないときには「日曜日から土曜日まで」の暦週、1日は原則として「午前0時から午後12時まで」です。

事業所を異にする場合でも、労働時間に関する規定の適用については通算されます。

(2) **変形労働時間制**

変形労働時間制とは、業務の繁閑に応じて、所定労働時間をあらかじめ傾斜的に配分することを可能とする制度をいい、1か月単位の変形労働時間制、1年単位の変形労働時間制、1週間単位の非定型的変形労働時間制およびフレックスタイム制があります。変形労働時間制は、それぞれの適用要件を具備しなければ、採用できません。

ア　1か月単位の変形労働時間制

労使協定または就業規則その他これに準ずるものにより、1か月以内の一定の期間を平均し1週間当たりの労働時間が40時間を超えない定めをしたときは、その定めにより、特定された週において40時間または特定された日において8時間を超えて、労働させることができます。

1か月単位の変形労働時間制を採用するためには、次の要件を満たす必要があります。

①変形期間におけるそれぞれの日、週の労働時間（始業・終業時刻）を定める。
②1か月以内の変形期間の労働時間を平均して1週間の労働時間は40時間を超えない。
③変形期間の起算日を定める。
④労使協定の有効期間の定めをする。
⑤労使協定は、労働基準監督署に届け出る。

イ　1年単位の変形労働時間制

　労使協定に次の事項を定め、労働基準監督署に届け出たときは、1か月を超え1年以内の対象期間を平均し1週間当たりの労働時間が40時間を超えない範囲内において労使協定で定めるところにより、特定された週において40時間または特定された日において8時間を超えて、労働させることができます。

①対象とする労働者の範囲
②対象期間
③特定期間（対象期間中の特に業務が繁忙な期間）
④対象期間における労働日および労働日ごとの労働時間（対象期間を1月以上の期間ごとに区分する場合には、当該区分による各期間のうち当最初の期間における労働日および労働日ごとの労働時間ならびに最初の期間を除く各期間における労働日数および総労働時間）
⑤有効期間の定め

　労使協定において④の区分をし、最初の期間を除く各期間における労働日数と総労働時間を定めたときは、各期間の30日以上前にその事業所の労働者の過半数を代表する者（労働者の過半数で組織する労働組合がある場合にはその労働組合）の同意を得て、書面によりその労働日数を超えない範囲内で各期間における労働日とその総労働時間を超えない範囲内で各期間における労働日ごとの労働時間を定めます。

　1年単位の変形労働時間制は、次の要件を満たします。

①変形期間の1週間の労働時間の平均が40時間を超えない。
②対象期間内の所定労働日数は、1年当たり280日までとする。
③所定労働時間は、原則として1日10時間、1週52時間以内とする。
④対象期間内において週48時間を超える所定労働時間の週は連続3週間以内とする。
⑤対象期間を起算日から3月ごとに区切った各期間において週48時間を

超える所定労働時間の週は3週以内とする。
⑥連続して労働させることができる日数は6日以内とする。ただし、特定期間については、週に1日の休日が確保できる範囲で所定労働日を設定できる。

中途採用者および退職者の取扱い

　対象期間の途中から採用されたり、途中で退職する者など対象期間を通じて勤務しない者に対象期間中労働させた期間を平均し1週間当たり40時間を超えて労働させたときは、その超えた時間について法定割増賃金の算定方式の例により割増賃金を支払います。

ウ　フレックスタイム制

　就業規則その他これに準ずるものにより、始業・終業の時刻をその決定にゆだねる労働者について次の事項を労使協定に定めたときは、その労使協定で1か月以内の清算期間を平均し1週間当たりの労働時間が40時間を超えない範囲内において、1週間において40時間または1日において8時間を超えて労働させることができます。

①対象労働者の範囲
②1か月以内の清算期間
③清算期間における総労働時間
④標準となる一日の労働時間
⑤労働者が労働しなければならない時間帯を定める場合はその時間帯の開始・終了の時刻
⑥労働者がその選択により労働することができる時間帯に制限を設ける場合は、その時間帯の開始・終了の時刻

　フレックスタイム制において、実際に労働した時間が清算期間における総労働時間として定められた時間に比べて過不足が生じた場合に、次の清算期間に繰り越すことについては、次のように取り扱います。

> ①清算期間における実際の労働時間に過剰があった場合に、総労働時間として定められた時間分はその期間の賃金支払日に支払うが、それを超えて労働した時間分を次の清算期間中の総労働時間の一部に充当することは、その清算期間内における労働の対価の一部がその期間の賃金支払日に支払われないことになり、賃金の全額払いに違反する。
> ②清算期間における実際の労働時間に不足があった場合に、総労働時間として定められた時間分の賃金はその期間の賃金支払日に支払うが、それに達しない時間分を、次の清算期間中の総労働時間に上積みして労働させることは、法定労働時間の総枠の範囲内である限り、その清算期間においては実際の労働時間に対する賃金よりも多く賃金を支払い、次の清算期間でその分の賃金の過払を清算するので、賃金の全額払いに違反しない。

このほか、常態として使用する労働者の数が30人未満の小売業、旅館、料理店、飲食店の事業においては、1週間単位の非定型的変形労働時間制があります。

エ　変形労働時間制を適用できない場合

1）妊産婦

妊娠中および産後1年を経過しない女性（妊産婦）が請求したときは、1か月単位の変形労働時間制、1年単位の変形労働時間制および1週間単位の非定型的変形労働時間制によって労働させる場合でも、その妊産婦を1週40時間または1日8時間を超えて労働させることができません。妊産婦がこの請求をし、または労働をしなかったことを理由とする不利益な取扱いは禁止されています。

2）年少者

満18歳未満の者については、1週間について48時間、1日について8時間の範囲内で、1か月単位の変形労働時間制および1年単位の変形労働時間制を適用することができますが、1週間単位の非定型的変形労働時間制およびフレックスタイム制を適用することはできません。ただし、1週間に40時間の範囲内で、1週間のうち1日の労働時

間を4時間以内に短縮する場合には、他の日の労働時間を10時間まで延長することができます。

3) 育児を行う者などに対する配慮

1か月単位の変形労働時間制、1年単位の変形労働時間制または1週間単位の非定型的変形労働時間制を、育児を行う者、老人などの介護を行う者、職業訓練または教育を受ける者などの特別の配慮を要する者に適用する場合は、これらの者が育児などに必要な時間を確保できるよう配慮します。

(3) みなし労働時間制

ア 事業場外労働

労働者が労働時間の全部または一部について事業所外で業務に従事した場合に、労働時間を算定し難いときは、所定労働時間労働したものとみなします。ただし、その業務を遂行するためには通常所定労働時間を超えて労働することが必要となる場合には、その業務の遂行に通常必要とされる時間労働したものとみなします。この場合に、労使協定を締結し、労働基準監督署に届け出たときは、労使協定で定める時間労働したものとみなします。

この制度は労働時間を算定し難いときに限り対象となりますので、例えば、次の場合には、事業所外で業務に従事しても、労働時間の算定が可能ですので、適用されません。

①何人かのグループで事業所外労働に従事する場合で、そのメンバーの中に労働時間の管理をする者がいる場合
②事業所外で業務に従事するが、携帯電話などによって随時使用者の指示を受けながら労働に従事する場合
③事業所において、訪問先、帰社時刻など当日の業務の具体的指示を受けたのち、事業所外で指示どおりに業務に従事し、その後事業所にもどる場合

イ　専門業務型裁量労働制

　所定の事項を定めた書面による労使協定を締結し、労働基準監督署に届け出た場合に、労働者を労使協定に定める専門業務に就かせたときは、その労働者は労使協定で定めた時間労働したものとみなします。

ウ　企画業務型裁量労働制

　所定の要件を満たす労使委員会がその委員の5分の4以上の多数による議決により所定の事項に関する決議をし、その決議を労働基準監督署に届け出た場合には、決議で定めた対象労働者を対象業務に就かせたときは、その労働者は決議に定めた時間労働したものとみなします。

　決議の届出をした使用者は、決議が行われた日から6月以内に1回、およびその後1年以内ごとに1回、労働者の労働時間の状況、労働者の健康・福祉を確保するための措置の実施状況について労働基準監督署に報告します。

(4)　始業・終業時刻の繰上げ・繰下げ

　就業規則などに定めがあれば、始業・終業時刻の繰上げ・繰下げは可能であり、その場合には労働者はこれに従う義務があります。

(5)　休憩時間

　休憩時間は、労働者が権利として労働から離れることを保障されている時間をいい、休憩時間中に訪問者があればその応対をするなど単に作業に従事していない手待時間は休憩時間ではありません。

　休憩時間は、次の時間以上を、労働時間の途中に与えます。

---
①労働時間が6時間を超える場合には45分
③労働時間が8時間を超える場合には1時間

　例えば、所定労働時間が1日8時間の者が時間外労働によって8時間を超える場合には、所定労働時間の途中の休憩時間を含めて少なくとも1時間の休憩時間が与えます。

休憩時間は、商業、運送業などの事業ならびに一斉に休憩を与えない労働者の範囲およびその労働者に対する休憩の与え方について定めた労使協定があるときを除き、一斉に与えます。

休憩時間は、労働者に自由に利用させます。ただし、休憩時間の利用について事業場の規律保持上必要な制限を加えることは、休憩の目的を害わない限り差し支えありません。また、休憩時間中の外出について所属長の許可を受けさせることは、事業所内において自由に休憩しうる場合には、違法ではありません。

生後満1歳に満たない生児を育てる女性は、休憩時間のほかに、1日に2回おのおの30分以上、その生児を育てるための育児時間を請求することができます。育児時間の請求をし、または育児時間を取得したことを理由とする不利益な取扱いは禁止されています。

⑹ **休日**

毎週1回または4週間を通じ4日以上の休日を与えます。

休日は特定することは要求されていませんが、就業規則に具体的に一定の日を休日と定めるよう指導が行われています。

休日は、暦日(午前0時から午後12時までの継続24時間)で与えることが原則ですが、次の要件を満たす交替制勤務については継続24時間とすることができます。

①番方編成による交替制が就業規則などで定められており、制度として運用されている。
②各番方の交替が規則的に定められていて、勤務割表などでその都度設定されるものではない。

法定の休日は週1日ですので、週休2日制の場合、法定休日に係る割増賃金は週1日の休日の労働についてのみ適用されます。

出張中の休日はその日に旅行するなどの場合でも、旅行中における物品の監視など別段の指示がある場合以外は休日労働として取り扱わ

なくても差し支えありません。
ア　休日の振替
　就業規則で休日が特定されている場合に他の労働日を休日にする代わりに特定されている休日を労働日とすることができるようにする休日の振替の定めをすることは可能であり、このような就業規則があるときは、あらかじめ別の日を休日として特定し、振り替えられた後の状態が法定基準を満たす限り、個々の労働者の同意がなくても休日を振り替えることができます。
イ　代休
　あらかじめ振替休日を特定しないまま、就業規則で休日とされている日に労働させ、事後的に休日を与える代休の場合には、休日は労働日に変更されていないので、休日労働になります。

(7)　時間外・休日労働
　法定時間外労働とは、法定労働時間（原則として1週40時間、1日8時間と法律で決められている労働時間）を超えた労働をいい、法定休日労働とは、法定休日（毎週1回または4週間を通じ4日と法律で決められている休日）に働くことをいいます。
　法定時間外・休日労働をさせるには、①36協定の締結と届出、②労働契約や就業規則などに根拠となる定めがあること、③法定の割増賃金を支払うことが、法定内の所定時間外・休日労働をさせるには、①労働契約や就業規則などに根拠となる定めがあること、②原則として通常の労働時間の賃金を支払うことがそれぞれ必要です。
ア　法定時間外・休日労働の範囲
　法定時間外労働の範囲は、変形労働時間制の場合には、次の時間です。
①　1日8時間を超える労働時間を定めている日はその時間を超える部分の時間、それ以外の日は8時間を超える部分の時間
②　1週40時間を超える労働時間を定めている週は、その時間を超え

る部分の時間、それ以外の週は40時間を超える部分の時間（①で時間外となる時間を除く）
③　変形期間の全期間は、変形期間における法定労働時間を超えて労働させた時間（①または②で時間外労働となる時間を除く）

　また、法定休日労働の範囲は、労働基準法に定める1週1日または4週を通じて4日の休日に行う労働です。

イ　時間外・休日労働を行う義務

　36協定そのものによっては時間外・休日労働を行う義務は発生しませんが、36協定を締結し、労働基準監督署長に届け出た場合には、36協定の範囲内で一定の業務上の事由があれば時間外労働をさせることができる旨定めた就業規則は、合理的なものとして労働契約の内容となりますので、その適用を受ける労働者は就業規則の定めるところにより時間外・休日労働を行う義務を負います。

ウ　非常災害の場合の時間外・休日労働

　災害その他避けることのできない事由によって臨時の必要が発生した場合には、労働基準監督署の許可（事態急迫のために許可を受ける暇がない場合には、事後に遅滞なく届出）により、その必要な限度において法定時間外・休日労働をさせることができます。

　「災害その他避けることのできない事由」には災害発生が客観的に予見される場合を含みます。また、「臨時の必要が発生した場合」に該当するのは、急病、ボイラーの破裂その他人命または公益を保護するために必要な場合や事業の運営を不可能ならしめるような突発的な機械の故障があった場合、電圧低下により保安などの必要がある場合、天災地変、急病、ボイラーの破裂など事業運営上通常予想し得ない場合などで、単なる業務の繁忙や事業所において通常発生するトラブルの場合、通常予見される部分的な修理、定期的な手入れなどは、該当しません。

　非常災害の事後の届出があった場合に、労働基準監督署がその時間

外・休日労働を不適当と認めたときは、その後にその時間に相当する休憩または休日を与えることを命ずることがあります。
エ　36協定による時間外・休日労働
１）36協定の締結
　次の事項を定めた労使協定（36協定）を締結し、労働基準監督署に届け出たときは、その定めにより時間外・休日労働をさせることができます。

> ①時間外・休日労働をさせる必要のある具体的事由
> ②業務の種類
> ③労働者の数
> ④１日および１日を超える一定の期間についての延長することができる時間または労働させることができる休日

　36協定は労働者に時間外・休日労働をさせても使用者が処罰されないという効果を生じさせるための条件にすぎず、それ自体としては労働者に時間外または休日の労働をする義務を生じさせるような民事上の効力を有しませんが、36協定がなければ労働者には時間外・休日労働の義務はありません。
　36協定を締結するか否かは、労働組合ないし労働者代表の自由ですから、労働組合などが超過勤務自体の労働条件に関する労使間の意見不一致のため、36協定の締結ないしは更新を拒否したとしても、違法ではありません。
　親睦会代表との間で締結している36協定は無効であり、労働者には時間外・休日労働命令に従う義務はありません。
２）限度基準
　「労働基準法第36条第１項の協定で定める労働時間の延長の限度、労働時間の延長に係る割増賃金の率等に関する基準（限度基準）」が定められていますので、36協定で労働時間の延長を定めるに当たり、

限度基準に適合したものとなるようにする必要があります。

限度基準には、次の定めがあります。

①業務の種類について定めるに当たっては、業務の区分を細分化することにより業務の範囲を明確にする。
②「1日を超える一定の期間」については、「1日を超え3月以内の期間」および「1年間」とする。
③36協定において一定期間についての延長時間は、④の場合を除き、次の表の区分に応じ、同表に定められた限度時間を超えない。
④限度時間を超えて労働時間を延長しなければならない特別の臨時的な事情が生じたときに限り、労使当事者間において定める手続を経て、限度時間を超える一定の時間まで時間外・休日労働ができる旨を定める特別条項がある場合は、その例外とすることができる。

表　限度基準に定める限度時間

期　間	一般労働者の場合	対象期間が3月を超える1年単位の変形労働時間制の対象者の場合
1週間	15時間	14時間
2週間	27時間	25時間
4週間	43時間	40時間
1カ月	45時間	42時間
2カ月	81時間	75時間
3カ月	120時間	110時間
1年間	360時間	320時間

オ　特別条項付き協定

限度時間を超えて時間外労働を行う「特別の事情」が予想される場合には、限度時間を超えて労働させることができる特別条項付き36協定を締結することができます。この特別条項付き36協定では、次の事項を定めます。

> ①限度時間以内の時間の一定期間についての延長時間
> ②限度時間を超えて労働時間を延長しなければならない特別の事情
> ③限度時間以内の時間を延長する場合に労使がとる手続
> ④限度時間を超える一定の時間

　このうち②の「特別の事情」は、一時的または突発的に時間外労働を行わせる必要があるもので、全体として1年の半分を超えないことが見込まれるものに限られています。

カ　時間外労働・休日労働の制限
1）健康上特に有害な業務
　著しく暑熱な場所や寒冷な場所における業務など健康上特に有害な業務の労働時間の延長は、1日について2時間を超えることはできません。
2）妊産婦
　妊産婦が請求したときは、妊産婦に時間外・休日労働をさせることはできません。妊産婦が請求し、または時間外・休日労働をしなかったことを理由とする不利益な取扱いは禁止されています。
3）年少者
　18歳未満の年少者には、非常災害の場合を除き、時間外・休日労働をさせることができません。
4）育児・介護を行う者
　小学校就学始期前の子の養育または要介護状態の対象家族を介護する者が請求したときは、1月24時間、1年150時間を超える時間外労働をさせさせることができません。

(8)　**深夜業**
　深夜業（午後10時から午前5時まで（厚生労働大臣が必要と認める地域または期間については午後11時から午前6時まで）の間の労働）には、次の制限があります。

ア　妊産婦

　妊産婦が請求したときは、深夜業をさせることはできません。妊産婦が請求し、または深夜業をしなかったことを理由とする不利益な取扱い禁止されています。

イ　年少者

　18歳未満の年少者には、原則として深夜業をさせることはできません。

ウ　育児・介護を行う者

　小学校就学始期前の子の養育または要介護状態の対象家族を介護する者が請求したときは、深夜業をさせることはできません。

(9) **労働時間・休憩・休日に関する規定の適用除外**

　労働基準法はあらゆる事業に適用されますが、次の労働者には、労働時間、休憩および休日に関する規定は適用されません。ただし、深夜業に関する規定は適用されます。

① 　農業、畜産・養蚕・水産業に従事する者
② 　管理・監督の地位にある者、機密の事務を取り扱う者
③ 　労働基準監督署の許可を得た監視・断続的な労働に従事する者

　宿日直勤務も、監視・断続的な労働の一類型として、労働基準監督署の許可があれば、労働時間・休憩・休日に関する規定が適用されません。

(10) **年次有給休暇**

　年次有給休暇は、労働者が法定の要件を満たした場合には当然にその権利が生じ、使用者には与える義務が生じますので、労働者が休暇の時季を請求したときには、使用者は、法定の事由がある場合に限って他の時季に変更させることができるだけで、年次有給休暇を取得するためには、労働者が休暇を請求するとか、使用者の承認が必要だとかいう余地はありません。

ア　年次有給休暇を与える要件

　6月間継続勤務し、全労働日の8割以上出勤した労働者には、10労働日の有給休暇の権利が生じます。

　継続勤務とは、会社に在籍している期間のことで、例えば、定年退職後に嘱託として勤務している場合や短期の契約を更新して勤務している場合、臨時社員が正社員に採用された場合、在籍出向、労働組合の専従者、長期間の病気療養などの場合には、継続勤務です。

　8割以上出勤は、雇入れの日から起算して6月間について判断し、その後は6月を超えて継続勤務する日から起算した継続勤務年数1年ごとについて判断します。

　全労働日とは、労働者が労働契約で労働義務を負う日数をいいますので、就業規則で「労働義務があるが欠勤として差し支えない日」と定めても、実質的に労働義務を課せられていない場合には、年次有給休暇権の要件について全労働日に含めることはできません。

　全労働日からは、次の日が除かれます。

①使用者の責めに帰すべき事由による休業日
②正当なストライキなどにより、労働しなかった日
③休日労働をした日

次の日は出勤したものとみなします。

①年次有給休暇を取った日
②業務上の負傷や病気の療養のため休業した日
③産前産後休業をした日
④育児休業・介護休業をした日

　年次有給休暇の日数管理が煩雑にならないように、全労働者について年次有給休暇の起算日を基準日に統一し、斉一的に取り扱う場合には、①労働基準法で定める水準を下回らないこと、②労働者の不利と

ならないようにすること、が必要です。

イ　与える日数

　年次有給休暇の付与要件を満たした通常の労働者に対する与える日数は10日で、雇入れ後2年6月までは10日に1年ごとに1日を追加した日数、3年6月目からは2日ずつ追加した日数で、最高20日を与えます。

通常の労働者に対する年次有給休暇の付与日数

継続勤務年数	6月	1年6月	2年6月	3年6月	4年6月	5年6月	6年6月
付与日数	10日	11日	12日	14日	16日	18日	20日

　パートタイム労働者に対しても、6月間継続勤務し、全労働日の8割以上出勤した場合には、年次有給休暇を与えます。このうち、所定労働日数の少ない者には、その所定労働日数に比例した日数の年次有給休暇を与えます。

　その対象となる者は、1週間の所定労働時間が30時間未満で、次の①または②のいずれかに該当する場合です。

> ①1週間の所定労働日数が4日以下
> ②週以外の期間によって所定労働日数が定められている場合は1年間の所定労働日数が216日以下

比例付与の対象となる労働者に対する年次有給休暇の付与日数

週の所定労働日数	1年間の所定労働日数	勤続年数						
		6月	1年6月	2年6月	3年6月	4年6月	5年6月	6年6月
4日	169日～216日	7日	8日	9日	10日	12日	13日	15日
3日	121日～168日	5日	6日	6日	8日	9日	10日	11日
2日	73日～120日	3日	4日	4日	5日	6日	6日	7日
1日	48日～72日	1日	2日	2日	3日	3日	3日	3日

ウ 付える単位

年次有給休暇は最低分割単位を労働日としており、半日年休を付与する取り扱いをすることは差し支えありません。

また、労使協定で次の事項を定めれば、5日以内は時間単位で与えることができます。

> ①時間単位で与える労働者の範囲
> ②時間単位で与える有給休暇の日数
> ③時間単位で与える有給休暇1日の時間数
> ④1時間以外の時間を単位として有給休暇を与える場合はその時間数

エ 時季変更権の行使

労働者が請求した時季に有給休暇を与えることが使用者の事業の正常な運営を妨げる場合には、他の時季にこれを与えることができます。

「事業の正常な運営を妨げる場合」とは、労働者が年休を取得しようとする日の仕事が、その労働者の担当している業務や一定の組織の業務運営に不可欠であり、代わりの者を確保することが困難な状態をいいますので、結果的には何とか事業の正常な運営が確保されたとしても、業務運営の定員が決められていることなどから、事前の判断で、事業の正常な運営が妨げられると考えられる場合には、時季変更権を行使することができます。

ただし、できるだけ労働者が指定した時季に休暇を取れるよう状況に応じた配慮をすることが要請されていますので、通常の配慮をすれば、勤務割を変更して代替勤務者を配置することが客観的に可能な状況にあるにもかかわらず、そのための配慮をしないことにより代替勤務者が配置されないときは、必要配置人員を欠くものとして事業の正常な運営を妨げる場合には当たりません。

時季変更権を3日前に行使することはやむを得ない特段の事情が認められない限り許されませんが、労働者が請求した時季が指定した期

間の始まりの時季にきわめて接近していたために、時季を変更するかどうかを事前に判断する時間的余裕がなかった場合に、客観的に時季変更権を行使できる理由があり、かつ、変更が速やかになされたのであれば、年休が始まってから、あるいはすでに年休の期間が過ぎてから、年休の時季を変更した場合でも、適法な時季変更権の行使になると解されています。

　また、長期かつ連続の年次有給休暇の時季指定をした場合には、時季変更権の行使については、休暇が事業運営にどのような支障をもたらすか、休暇の時期、期間につきどの程度の修正、変更を行うかに関し、ある程度の裁量的判断の余地が認められています。

オ　取る目的

　年次有給休暇をどのように利用するかは労働者の自由であり、休暇の利用目的のいかんによって時季変更権を行使するということは、できません。ただし、争議行為として行われる場合は、本来の年次有給休暇権の行使ではなく、時季変更権の行使もありません。

カ　計画的付与

　労使協定により有給休暇を与える時季やその具体的日数などを定めたときは、有給休暇日数のうち5日を超える部分は、その定めにより与えることができます。

計画的付与の労使協定がある場合には、その定めた時季の労働日が年次有給休暇として確定しますので、労働者が他の時季に指定したり、使用者が時季を変更したりすることはできません。

　事業所全体の休業により有給休暇の計画的付与を行う場合には、有給休暇が全くない者や日数が計画的付与をしようとする日数に足りない者に対して、与える日数を増やしたりするなどすることが必要で、これを行わずに労働者を休業させたときには、使用者の責めに帰すべき事情よる休業となり、休業手当の支払いが必要です。

キ　有給休暇の賃金

　有給休暇の期間には、就業規則などの定めにより、次のいずれかを支払います。

> ①平均賃金
> ②所定労働時間労働した場合に支払われる通常の賃金
> ③労使協定により定めた場合は健康保険の標準報酬日額

ク　取得を理由とする不利益取り扱いの禁止

　年次有給休暇を取った労働者に対して賃金の減額その他不利益な取り扱いをすることは、禁止されています。

　賃金引き上げ対象者や賞与の算定に当たり有給休暇を欠勤扱いにすることは、無効です。

(11)　育児休業、介護休業など

ア　育児休業

　育児休業は、日々雇用される者を除く労働者が法に定めるところにより、その子を養育するための休業をいい、期間の定めのない労働者および次のいずれの要件も満たす有期契約労働者は、その養育する1歳に満たない子について、使用者に申し出ることにより、育児休業をすることができます。

> ①引き続き雇用された期間が1年以上あること
> ②子が1歳に達する日（誕生日の前日）を超えて引き続き雇用されることが見込まれる（子が1歳に達する日から1年を経過する日までに雇用期間が満了し、更新されないことが明らかな者を除く）こと

　また、その子について、労働者またはその配偶者が、その子が1歳に達する日において育児休業をしている場合で、次のいずれかのときは、1歳6月まで育児休業ができます。

①保育所に入所を希望しているが、入所できない場合
②子の養育をし、1歳以降も子を養育する予定であった配偶者が、死亡、疾病、病気、心身の障害、離婚などの事情により子と同居しなくなったこと、6週間（多胎妊娠の場合には14週間）以内に出産予定かまたは産後8週間を経過しないことにより、子を養育することが困難になった場合

　育児休業の申出は、1歳までの育児休業については休業開始予定日の1月（出産予定日前に子が出生したことなどの場合は1週間）前までに1歳から1歳6月までの育児休業については休業開始予定日を1歳の誕生日とし、その2週間前までに行います。

　育児休業の申し出があったときは、労使協定で次の者のうち育児休業をすることができないと定めた者からあった場合を除き、使用者は労働者の申し出を拒否できません。

①引き続き雇用された期間が1年に満たない者
②配偶者である子の親が常態としてその子を養育することができる者
③育児休業の申し出をした日から起算して1年（1歳から1歳6月までの育児休業の申し出にあっては6月）以内に雇用関係が終了することが明らかな者
④週の所定労働日数が2日以下の者
⑤配偶者でない子の親が常態としてその子を養育することができる者

イ　介護休業

　介護休業は、日々雇用される者を除く労働者がその要介護状態にある対象家族を介護するための休業をいいます。「要介護状態」とは、負傷や病気、身体上・精神上の障害により2週間以上の期間にわたり常時介護を必要とする状態をいい、「対象家族」とは、配偶者（事実上の婚姻関係を含みます）、父母、子、同居し扶養している祖父母、兄弟姉妹および孫ならびに配偶者の父母をいいます。

期間の定めのない労働者および次のいずれの要件も満たす有期契約労働者は、使用者に申し出ることにより、対象家族1人について要介護状態に至るごとに1回、通算93日（勤務時間の短縮などの措置が講じられている場合はそれとあわせて93日）まで、介護休業をすることができます。

> ①引き続き雇用された期間が1年以上あること
> ②介護休業開始予定日から起算して93日を経過する日を超えて引き続き雇用されることが見込まれる（93日を経過する日から1年を経過する日までの間に、その雇用期間が満了し、かつ、更新されないことが明らかな者を除く）こと

　ただし、介護休業をしたことがある者は、介護休業に係る対象家族が次のいずれかに該当する場合には、その対象家族については、介護休業の申し出をすることができません。

> ①特別の事情がある場合を除き、対象家族が介護休業を開始した日から引き続き要介護状態にある場合
> ②対象家族について、介護休業をした日数と勤務時間の短縮などの措置が講じられた日数を合算した日数が93日に達している場合

　介護休業の申し出は、休業開始予定日の2週間前までに行います。
　介護休業の申し出があったときは、労使協定で次の者のうち介護休業をすることができないと定めた者からの申し出があった場合を除き、その申し出を拒否できません。

> ①引き続き雇用された期間が1年に満たない者
> ②介護休業の申し出をした日から93日以内に雇用関係が終了することが明らかな者
> ③週の所定労働日数が2日以下の者

ウ 子の看護休暇

小学校就学の始期に達するまでの子を養育する労働者は、使用者に申し出ることにより、1年度に5日（子が2人以上の場合は10日）まで、病気やけがをした子の看護休暇を取ることができます。

子の看護休暇の申し出があったときは、労使協定で次の者のうち子の看護休暇をすることができないと定めた者からの申し出があった場合を除き、その申し出を拒否できません。

①引き続き雇用された期間が6月に満たない者
②週の所定労働日数が2日以下の者

エ 介護休暇

要介護状態にある対象家族の介護などを行う労働者は、使用者に申し出ることにより、1年度において5日（要介護状態にある対象家族が2人以上の場合は10日）まで介護休暇を取得することができます。

介護休暇の申し出があったときは、労使協定で次の者のうち介護休暇をすることができないと定めた者からの申し出があった場合を除き、その申し出を拒否できません。

①引き続き雇用された期間が6月に満たない者
④週の所定労働日数が2日以下の者

オ 3歳に満たない子を養育する労働者に関する措置
1）短時間勤務制度

3歳に満たない子を養育する労働者が希望すれば利用できる短時間勤務制度を設けます。短時間勤務制度は、1日の所定労働時間を原則として6時間とします。

2）所定外労働の制限

3歳に満たない子を養育する労働者が申し出た場合には、原則として所定労働時間を超えて労働させることはできません。ただし、事業

の正常な運営を妨げる場合は、その申出を拒否することができます。

カ　産前産後休業

6週間（多胎妊娠の場合は14週間）以内に出産する予定の女性が請求したときは、その者を就業させることはできません。また、産後8週間を経過しない女性を就業させることもできません。ただし、産後6週間を経過した女性が請求したときは、医師が支障がないと認めた業務に就かせることはできます。

キ　不利益取扱いの禁止

労働者が育児休業、介護休業、子の看護休暇、介護休暇もしくは産前産後休業の申し出や請求をし、または育児休業、介護休業、子の看護休暇、介護休暇もしくは産前産後休業をしたことを理由とする不利益な取り扱いは禁止されています。

ク　生理日の就業が著しく困難な女性に対する措置

生理日の就業が著しく困難な女性が休暇を請求したときは、その者を生理日に就業させることはできません。

11　社会・労働保険

「社会・労働保険」のポイント
・健康保険・厚生年金保険・雇用保険・労災保険の適用事業所は、これらの保険を適用し、被保険者となるすべての労働者を加入させる。

(1)　健康保険

ア　適用事業所

健康保険は、次のいずれかに該当する事業所が強制適用事業所です。

①製造業、土木建築業、鉱業、電気ガス事業、運送業、清掃業、物品販売業、金融保険業、保管賃貸業、媒介周旋業、集金案内広告業、教育研

究調査業、医療保健業、通信報道業などの事業を行い、常時5人以上の労働者を使用する事業所
②常時労働者を使用する法人の事業所

　健康保険の強制適用事業所以外の事業所は、その事業所の半数以上の者が適用事業所となることに同意し、年金事務所長などの認可を受けて健康保険の適用を受けます。この場合には被保険者から除外される者を除き全員が加入します。
　なお、任意適用事業所については、被保険者の4分の3以上が脱退に同意した場合には、年金事務所長などの認可を受けて脱退することができます。
イ　保険者
　健康保険の保険者には、全国健康保険協会と健康保険組合の2種類があります。
　全国健康保険協会は、健康保険組合に加入している組合員以外の被保険者の健康保険を管掌しています。ただし、適用事務、保険料徴収事務は日本年金機構が行っています。
　健康保険組合は、その組合員である被保険者の健康保険を管掌しています。健康保険組合には、単一の企業で設立する健康保険組合、同種同業の企業が合同で設立する健康保険組合などがあります。
　健康保険組合を設立するためには、一定数以上の被保険者があって、かつ、組合員となる被保険者の半数以上の同意を得て規約を作り、厚生労働大臣の認可を受けることが必要です。健康保険組合は、健康保険法で定められた保険給付や保健福祉事業を行うほか、附加給付を行うなど自主的な事業の運営を行うことができます。
ウ　被保険者
　適用事業所に使用されている者は、次に該当する場合を除いて、健康保険の被保険者となります。

> ①船員保険の被保険者
> ②日々雇い入れられる者（1月を超え引き続き使用されるに至った場合を除く）
> ③2月以内の期間を定めて使用される者（2月を超え引き続き使用されるに至った場合を除く）
> ④所在地が一定しない事業所に使用される者
> ⑤季節的業務に使用される者（継続して4月を超えて使用される場合を除く）
> ⑥臨時的事業の事業所に使用される者（継続して6月を超えて使用される場合を除く）
> ⑦国民健康保険組合の事業所に使用される者
> ⑧後期高齢者医療の被保険者など
> ⑨厚生労働大臣、健康保険組合または共済組合の承認を受けた者

　パートタイム労働者が被保険者となるか否かは常用的使用関係にあるかどうかを労働日数や労働時間、就労形態、職務内容などを総合的に勘案して判断されますが、そのひとつの目安となるのが労働日数や労働時間で、次の2つの要件を満たすパートタイム労働者は被保険者となります。

> ①1日または1週間の所定労働時間が通常の労働者の4分の3以上であること。
> ②1か月の所定労働日数が通常の労働者の4分の3以上であること。
> （注）4分の3以上を2分の1に改正する法案が検討されています。

　また、適用事業所に使用されなくなったなどのために被保険者の資格を喪失した者で、喪失の日の前日まで継続して2月以上被保険者であったものについては、保険者に申し出て、継続してその被保険者となることができます。

エ　日雇特例被保険者

　ウの被保険者とならない者のうち②、③、⑤または⑥のいずれかに該当する者は、健康保険の日雇特例被保険者となり、本人が年金事務所に対し、手帳の交付申請を行います。

オ　被保険者の資格の取得・喪失の確認

　被保険者になったときや、退職などにより被保険者でなくなったときには、年金事務所や健康保険組合に届出をして、確認を受けます。

カ　保険料

　健康保険の保険料は、被保険者である期間の各月について徴収されます。その保険料の額は、被保険者の標準報酬月額および標準賞与額に保険料率をかけた額です。

　「標準報酬月額」は、被保険者が事業主から受ける賃金などの報酬の月額を区切りのよい幅で区分したもので、第1級の5万8千円から第47級の121万円までの全47等級に区分されています。また、「標準賞与額」は、3月を超える期間の賞与から千円未満を切り捨てたもので、年間累計額540万円が上限です。

　標準報酬月額については、4月から6月までに受けた報酬の平均額を標準報酬月額等級区分にあてはめて、その年の9月から翌年の8月までの標準報酬月額を決定する定時決定が行われています。

　一般保険料率は特定保険料率と基本保険料率から構成されており、このうち、特定保険料率は前期高齢者納付金や後期高齢者支援金などに充てるためのもので、基本保険料率は被保険者やその被扶養者に対する保険給付に充てるためのものです。

　保険料率は医療費に応じて各都道府県別に決定されています。

　健康保険の保険料は、原則として事業主と被保険者が折半で負担しますが、健康保険組合の場合は、規約で決めて事業主の負担割合を増すことができます。

　事業主は、事業主負担分と被保険者負担分をあわせた保険料を保険

者に納付しなければなりません。この場合、被保険者の負担分については、事業主は被保険者に支払う賃金から前月分の保険料を控除することができます。被保険者負担分を賃金から控除したときは、その旨を被保険者に知らせなければなりません。

毎月の保険料の納付期限は翌月の末日ですが、保険料を納付期限までに納めないと期限を指定した督促状が送られます。督促状の期限がきても納めないと、年率14.6％の割合で延滞金が徴収され、また滞納処分を受けることがあります。

なお、育児休業や１歳から３歳に達するまでの子を養育するための育児休業制度に準ずる措置による休業をしている被保険者を使用する事業主の申し出により、その育児休業などを開始した日の属する月からその育児休業などが終了する日の翌日が属する月の前月までの期間の被保険者負担分および事業主負担分の保険料は免除されます。

また、日雇特例被保険者に関する印紙保険料の納付は、日雇特例被保険者に賃金を支払うつど日雇特例被保険者に交付された日雇特例被保険者手帳に健康保険印紙をはり、これに消印して行います。

(2) **厚生年金保険**

ア　適用事業所

厚生年金保険は、健康保険の強制適用事業所のほか、船員として船舶所有者に使用される者が乗り組む船舶が強制適用事業所です。また、厚生年金保険の任意適用事業所の取扱いは、健康保険の場合と同じです。

イ　被保険者

適用事業所に使用されている70歳未満の者は、(1)ウの被保険者とならない者のうち②から⑥までのいずれかに該当する者を除いて、被保険者となります。

厚生年金保険の被保険者となるパートタイム労働者の範囲は、健康保険の場合と同じです。

ウ　保険料

　厚生年金保険の適用事業所に使用されている70歳未満の者は、厚生年金および国民年金（第2号被保険者）の費用に充当するため、原則として標準報酬月額および標準賞与額にそれぞれ保険料率を乗じて得た保険料を負担します。

　標準報酬月額は、現在1等級（9万8千円）から30等級（62万円）までの30等級に分かれています。また、標準賞与額は150万円を超えるときは150万円となります。

　保険料率は平成17年9月から毎年9月に引き上げられ、平成29年9月からは固定されます。

　厚生年金保険の保険料は、原則として事業主と被保険者が折半で負担します。そのほか、保険料に関する取扱いは、健康保険と同様です。

(3) 介護保険

ア　保険者

　介護保険の保険者は、市町村および特別区です。

イ　被保険者

　介護保険の被保険者は、次のいずれかに該当する者です。

① 市町村の区域内に住所を有する65歳以上の者（第1号被保険者）
② 市町村の区域内に住所を有する40歳以上65歳未満の医療保険加入者（第2号被保険者）

ウ　保険料

1）第1号被保険者

　第1号被保険者の保険料は、おおむね3年を通じ財政の均衡を保つことができるように市町村が条例で定めます。また、保険料の徴収は、老齢・退職年金から特別徴収（天引き）を行うほか、特別徴収が困難な者については市町村が国民健康保険料と併せて徴収します。

2）第2号被保険者

　第2号被保険者については、それぞれ加入する医療保険の保険者が

医療保険料と一括して介護保険料を徴収します。

(4) 雇用保険

ア 被保険者

　雇用保険は、常時4人以下の労働者を雇用する農林、畜産、養蚕または水産の事業など（**任意適用事業**）を除き、その業種や規模などにかかわらずすべて強制適用事業です。また、適用事業に雇用される労働者は、次の者を除き雇用保険の被保険者となります。

①65歳に達した日以後に雇用される者（同一の事業主の適用事業に65歳に達した日の前日から引き続いて65歳に達した日以後の日において雇用されている者、短期雇用特例被保険者、日雇労働被保険者に該当する者を除く）
②1週間の所定労働時間が20時間未満である者（日雇労働被保険者に該当する者を除く）
③同一の事業主の適用事業に継続して31日以上雇用されることが見込まれない者（前2月の各月において18日以上同一の事業主の適用事業に雇用された者、日雇労働者（日々雇用される者もしくは30日以内の期間を定めて雇用される者）で日雇労働被保険者に該当する者を除く）
④4か月以内の期間の予定の季節的事業に雇用される者（短期雇用特例被保険者に該当する者を除く）
⑤定時制の課程に在学する者などを除く学校の学生・生徒
⑥一定の漁船に乗り組むために雇用される船員（1年を通じて船員として適用事業に雇用される場合を除く）

イ 保険料

　雇用保険の保険料は原則として賃金総額の1000分の19.5（農林、畜産、養蚕、水産、清酒の製造の事業は1000分の21.5、建設の事業は1000分の22.5）で、失業等給付（原則として賃金総額の1000分の16（農林、畜産、養蚕、水産、清酒の製造、建設の事業は1000分の18）については事業主と被保険者が折半で負担し、雇用安定事業と能力開発事業

（原則として賃金総額の1000分の3.5（建設の事業は1000分の4.5）については事業主が負担します。ただし、料率は財政状況などにより増減されます。

(5) 労災保険

労働者が労働災害などに被災した場合には、使用者には、療養補償給付、休業補償給付、障害補償給付、遺族補償給付および葬祭料を支払う義務がありますが、業務上の事由または通勤による労働者の負傷、疾病、障害、死亡などに対して迅速公正な保護をし、必要な保険給付を行うため、労災保険制度が設けられています。

ア　適用事業

労災保険は、個人経営の農業、水産業で労働者数5人未満の場合、個人経営の林業で労働者を常時には使用しない場合などを除き、原則としてすべての事業に強制適用されます。

労災保険の適用単位である事業は、有期事業（建設工事、立木伐採事業など一定の期間が経過すれば当然に目的を達し終了するような事業）と継続事業（一般の工場、商店など特別の事情がない限り永続的に事業が存続することが予定される事業）に分かれます。

イ　保険料

労災保険の保険料は賃金総額に労災保険率を乗じて得た額で、事業主が負担します。労災保険率は、事業の種類ごとに、過去の災害率などを考慮して定められており、54業種について1000分の89から1000分の2.5となっています。

ただし、次のいずれかに該当する事故について保険給付が行われたときは、その保険給付に要した費用に相当する金額の全部または一部が徴収されることがあります。

> ①事業主が故意または重大な過失により保険関係の成立に係る届出をしていない期間中に生じた事故
> ②事業主が保険料を納付しない期間中に生じた事故
> ③事業主が故意または重大な過失により生じさせた業務災害の原因である事故

ウ　メリット制度

　事業の種類ごとに災害率などに応じて定められている労災保険率を個別事業に適用する際、災害の多寡に応じ、労災保険料を上げ下げするメリット制度が設けられています。

エ　休業補償給付

　労災保険では、休業3日目までの休業補償給付は支給されませんので、その間の休業補償給付は事業主が支払います。

12　退職と解雇

> 「退職と解雇」のポイント
> ・退職勧奨として許される限界を超える退職強要は違法。
> ・早期退職優遇制度は、一般に労働者が応募することで退職という法的効果が自動的に生じるのではなく、応募に対して使用者には承諾の義務はないので、退職の申出をしたが承認がされなかった労働者にはその効果は生じない。
> ・定年の定めをする場合には、その定年年齢は60歳を下回ることができない。65歳未満の定年の定めをしている場合には、その雇用する高年齢者の65歳までの安定した雇用を確保するため、①定年の引上げ、②継続雇用制度の導入、③定年の定めの廃止、のいずれかを行う。
> ・①業務上の災害の療養のために休業中の期間、②産前産後休業中の期間、③①、②の期間の後30日間は、解雇を行うことが禁止されている。

・妊産婦に対する解雇は、その解雇が妊娠・出産などの事由がその理由でないことを証明しなければ無効。
・解雇しようとする場合には、30日前までにその予告を行う。
・解雇は、客観的に合理的な理由を欠き、社会通念上相当であると認められない場合は無効。
・整理解雇が解雇権の濫用に当たるか否かは、①人員削減の必要性、②解雇回避の努力、③解雇対象者の合理性、④解雇手続の妥当性の4つの要素により判断される。
・有期労働契約の場合、やむを得ない事由がなければ、期間満了前には解雇できない。
・有期労働契約の更新拒否の効力は、一般に、従事する業務の種類、内容、勤務の形態（業務内容の恒常性・臨時性、業務内容について期間の定めのない労働者と同一性の有無など）、地位の基幹性・臨時性（嘱託、非常勤など）、労働条件について期間の定めのない労働者と同一性の有無、継続雇用を期待させる使用者側の言動・認識の有無・程度など（採用に際して有期労働契約の期間や、更新の見込みなどについての使用者側からの説明など）、契約更新の状況（反復更新の有無、回数、勤続年数）、契約更新時における手続きの厳格性の程度（更新手続の有無・時期・方法、更新の可否の判断方法など）、同様の地位にある他の労働者の雇止めの有無など、有期雇用契約を締結した経緯、勤続年数・年齢などの上限の設定などにより判断される。

(1) **退職**

ア 退職の意思表示

　退職の意思表示が、心裡留保（意思表明をする者が自分の表明した意思が真意ではないことを知っており、かつ、相手が自分の真意を知っているか知るはずであった場合）や要素の錯誤（意思表示の要素に意思表示をした者の内心の意思と表示した意思が一致しない場合）に該当する場合には、その意思表示は無効となり、強迫（他人に害悪を示し、脅かして恐怖心を生じさせ、その人の自由な意思決定を妨げ

る行為）による場合は、取り消すことができます。

イ　合意退職

労働者が退職願を提出し、これを承諾する意思表示をする権限がある者がその意思表示をした時点で合意解約により労働契約は終了します。権限ある者が了解や承諾をしない場合や所定の手続が取られていない場合には、合意解約は成立しません。

ウ　退職の手続

民法第627条は、次のように定めています。

> ①労働契約の当事者が雇用期間を定めなかったときは両当事者はいつでも解約の申入れをすることができる
> ②①の場合には解約の申入れの日から2週間を経過することによって終了する
> ③期間によって報酬を定めた場合には解約の申入れは次期以後についてすることができるが、その解約の申入れは当期の前半にしなければならない

退職の効力発生を使用者の承認にかからせることは、労働者の解約の自由を制約することになるので無効です。また、民法の定める期間を超えて退職の予告期間を延長することも、労働基準法が定める人身拘束防止の諸規定の趣旨に反し、労働者の退職の自由を制限するので無効とする裁判例があります。

エ　退職の勧奨

退職勧奨として許される限界を超える退職強要は違法です。退職勧奨を拒否した者に対して不利益な取扱いをすることも、一般に違法です。

オ　早期退職優遇制度

早期退職優遇制度は、一般に、転職や独立を支援するため通常の自己都合退職金に加え特別加算金を支給することを主な内容とするもの

で、一定の資格や条件を満たしていて一定期間内に応募をする場合に適用されます。

　早期退職優遇制度は、労働者が応募することで退職という法的効果が自動的に生じるものではなく、使用者には承諾の義務はないので、要件を満たした労働者が定年前に退職の申出をし、使用者が認めたときに定年退職扱いとし割増退職金を支給するとの制度が定められている場合には、退職の申出をしたが承認がされなかった労働者には原則としてその効果は生じません。

カ　休職期間満了後の退職

　休職期間満了による退職が、次の場合には、解雇ではなく、労働契約の自動終了事由になります。

①就業規則に解雇とは別に規定されている
②休職期間が満了し、なお休職事由が消滅しないときは退職とする旨規定されていて、その効力発生のために特段の意思表示が要件とされていない
③使用者に退職させるか否かを決定する裁量権が留保されていない
④①から③までと異なる慣行が存在しない

　しかし、従来使用者側が休職期間の延長を積極的な意思表示によって行ってきたという実情がある場合には、労働者側に休職期間延長の期待もありますので、何らの意思表示もしないで退職させることはできず、事前の予告が必要です。

キ　婚姻・妊娠・出産を退職理由として予定する定め

　女性が婚姻したこと、妊娠したこと、または出産したことを退職理由として予定する定めをすることはできません。「予定する定め」には、労働契約の締結に際し念書を提出する場合や婚姻、妊娠または出産した場合の退職慣行について、事実上退職する制度が運用されている実態がある場合も含みます。

ク 定年

定年の定めをする場合には、その定年年齢は60歳を下回ることができません。また、65歳未満の定年の定めをしている場合には、65歳までの①定年の引上げ、②継続雇用制度の導入、③定年の定めの廃止、のいずれかを行います。ただし、雇用の上限年齢は平成25年度までに段階的に引き上げることができます。

継続雇用制度は、現に雇用している高年齢者が希望するときは、その高年齢者をその定年後も引き続いて雇用する制度をいい、勤務延長制度と再雇用制度が該当します。勤務延長制度と再雇用制度の違いは、勤務延長制度が労働契約を終了させることなく雇用を延長するのに対して、再雇用制度はいったん労働契約を終了させた後に再び新しく労働契約を締結することにあります。

継続雇用制度は、原則として希望者全員を対象としなければなりませんが、労使協定により継続雇用制度の対象となる高年齢者の基準を定めることができます。この基準は、客観的で明確なものでなければなりません。

なお、労使協定に対象となる高年齢者の基準を定めることを廃止する法改正が予定されています。

(2) **解雇**

解雇とは、使用者側から労働契約を一方的に終了させることをいいます。

ア 解雇の制限

1）解雇制限

次の期間については、解雇を行うことが原則として禁止されています。

---

①労働者が業務上の災害の療養のために休業中の期間とその後30日間
②産前産後休業中の期間とその後30日間

2）女性の結婚・妊娠・出産などを理由とする解雇

女性の結婚や妊娠・出産などを理由とする不利益な取扱いは禁止されています。また、妊産婦に対する解雇は、その解雇が妊娠・出産や産前産後休業の取得などを理由としたものでないことを証明しなければ、無効です。

イ　解雇の予告

労働者を解雇しようとするときは、原則として30日前までにその予告をします。30日前に予告をしないときは、30日分以上の平均賃金を支払います。解雇予告の日数は、平均賃金を支払った日数だけ短縮できます。

ただし、次のいずれかの場合には、解雇の予告などをする必要はありません。

---

①日々雇い入れられる者で1月以内のもの
②2月以内の期間を定めて使用される者でその期間を超えないもの
③季節的業務に4月以内の期間を定めて使用される者でその期間を超えないもの
④試みの試用期間中の者で14日以内のもの

また、天災事変その他やむを得ない事由のために事業の継続が不可能となった場合または労働者の責に帰すべき事由に基づいて解雇する場合で労働基準監督署の認定を受けたときも、解雇の予告などをする必要はありません。

ウ　解雇権の濫用

解雇が有効になるためには、解雇について客観的合理的な理由と社会通念上相当であることが必要です。

解雇の客観的合理的な理由には、①疾病や負傷、高齢などによる労働能力の喪失や低下、②能力不足や適格性の欠如、③非違行為、④使用者の業績悪化などの経営上の理由、⑤ユニオン・ショップ協定に基

づく解雇などがあります。

社会通念上の社会通念上相当であるか否かの判断では、その事実関係の下で労働者を解雇することが過酷に過ぎないかなどの点が考慮され、労働者の行為が就業規則上の解雇事由に該当し、労働者の側に非がある場合にも、労働者側に有利な事情を列挙して解雇することは過酷に過ぎ、解雇が無効とされる場合があります。

1）労働者の責めに帰すべき事由による解雇

解雇の原因が主として労働者側にある場合の解雇の効力は、個々の事案ごとに解雇理由の重大性や改善の余地、使用者の対応のあり方などを総合的に考慮して判断されます。

労働者の能力不足を理由とする解雇については、その労働者の能力に対する評価が問題となりますが、一般的に、使用者の評価に違法や不当な点がないとしても、そのことから直ちに解雇に合理的理由や社会的相当であるとして解雇が有効であるとは限りません。一方、労働者の能力や適格性に重大な問題があり、教育訓練や配置転換などによる解雇回避の努力をしてもなお雇用の維持が困難である場合には、解雇は有効であると解されています。

疾病や負傷などによる労働能力の喪失や低下を理由とする解雇については、労働能力が職務遂行が不可能な程度にまで低下していたかが問題になりますが、更に、業務内容の変更による雇用維持の可能性などが問題となります。

2）整理解雇

人員整理のための解雇は、労働者に何ら責めに帰すべき事由がないにもかかわらず、使用者側の事情によって、一方的に従業員の地位を失わせるものですので、解雇権の濫用に当たるか否かは、次の4つの要素を総合考慮して判断されます。

① 人員削減を行う経営上の必要性

人員削減を行う経営上の必要性は、経営上の合理的理由が認められ

れば足り、人員削減が経営状況打開のための唯一残された手段であることまでは必要としません。
② 解雇を回避するための努力
　十分な解雇を回避するための努力としては、一般に、残業規制、配転・出向、新規採用の抑制・停止、非正規従業員の雇い止め、希望退職募集などがあります。
③ 被解雇者の選定基準
　被解雇者の選定に関しては、客観的な選定基準を設定することに加え、選定基準の合理性が必要です。合理的な基準としては、一般的には、懲戒処分歴や欠勤率などの会社への貢献度に基づく基準、扶養家族の有無などの労働者の生活への打撃の程度を考慮した基準などが考えられます。
④ 労働組合などとの協議
　被解雇者や労働組合との間の協議については、労働組合との労働協約などに協議に関する規定がない場合にも必要です。
エ　有期労働契約の解雇
　期間の定めのある労働契約については、やむを得ない事由がある場合でなければ、その契約期間が満了するまでの間において、労働者を解雇することができません。

(3) 有期労働契約の更新拒否（雇止め）

　有期労働契約の更新拒否（雇止め）の効力に関しては、次の要素を総合的に考慮して判断されています。

1）業務の客観的内容
　従事する業務の種類、内容、勤務の形態（業務内容の恒常性・臨時性、業務内容について正社員と同一性の有無など）
2）契約上の地位の性格
　地位の基幹性・臨時性（嘱託、非常勤など）

労働条件について正社員と同一性の有無
　3）当事者の主観的態様
　　継続雇用を期待させる使用者側の言動・認識の有無・程度など（採用に際して有期労働契約の期間や、更新の見込みなどについての使用者側からの説明など）
　4）更新の手続き・実態
　　契約更新の状況（反復更新の有無、回数、勤続年数）
　　契約更新時における手続きの厳格性の程度（更新手続の有無・時期・方法、更新の可否の判断方法など）
　5）他の労働者の更新状況
　　同様の地位にある他の労働者の雇止めの有無など
　6）その他
　　有期雇用契約を締結した経緯
　　勤続年数・年齢などの上限の設定など

　また、有期労働契約が期間の定めのない労働契約と実質的に異ならない状態に至っている場合または反復して更新する実態、労働契約締結時の経緯などに照らして労働契約が更新されると労働者が合理的に期待できる状態に至っている場合には、雇止めに解雇権濫用の法理が適用されます。

(4) **退職に当たっての措置**

ア　退職時の証明

　退職する者から退職時に請求があったときは、退職の理由の如何を問わず、使用期間、業務の種類、その事業における地位、賃金、退職の事由、退職の事由が解雇の場合にはその理由を記載した証明書を交付します。また、解雇の場合には解雇の予告がなされた日から退職の日までの間にも、その請求により解雇の理由を記載した証明書を交付します。

　証明書には、労働者が請求しない事項を記入しません。また、退職

者の再就職を妨げることにならないようにします。

イ　金品の返還

　退職者から請求があったときは、請求があった日から7日以内に賃金を支払い、積立金、保証金、貯蓄金など労働者の権利に属する金品を返還します。この金品には、保管したパスポートも含まれます。

　退職金も就業規則などで支給条件が明確なものは賃金なので、請求があれば7日以内に支払いますが、支払期日が定められている場合はその時期に支払います。

13　妊産婦や未成年者などに関するその他の措置

(1)　**妊産婦などに関するその他の措置**

ア　就業制限

　妊娠中の女性が請求したときは、他の軽易な業務に転換させます。

　妊産婦を一定の重量を超える重量物を取り扱う業務や妊娠、出産、哺育などに有害な業務に就かせることはできません。また、妊産婦以外の女性も、重量物を取り扱う業務や有害な業務について就業制限があります。

イ　保健指導または健康診査を受けるために必要な時間の確保

　妊産婦には、保健指導・健康診査を受けるための時間を確保するとともに、医師・助産師の保健指導・健康診査に基づく指導事項を守ることができるよう、勤務時間の変更、勤務の軽減などの措置を講じます。

(2)　**未成年者に関するその他の措置**

ア　最低年齢

　満15歳に達した日以後の最初の3月31日が終了するまでの児童は、原則として使用できません。

イ　年少者の証明書

　満18歳に満たない年少者を使用するときは、年齢を証明する住民票記載事項証明書を事業所に備え付けます。

ウ　未成年者の労働契約

　親権者・後見人は、未成年者に代わって労働契約を締結することができません。また、親権者・後見人、労働基準監督署は、労働契約が未成年者に不利な場合には、解除できます。

エ　就業制限

　満18歳に満たない年少者は、一定の重量を超える重量物を取り扱う業務や危険な業務、安全・衛生・福祉に有害な場所での業務に就かせることはできません。

オ　帰郷旅費

　満18歳に満たない年少者が解雇の日から14日以内に帰郷するときは旅費を負担します。

14　労働組合

「労働組合」のポイント

・労働組合には、法律による保護がある。

・労働組合は使用者に団体交渉を求める権利があり、使用者は応ずる義務がある。

・労働協約は労働組合と使用者との間で労働条件などについて定めた契約で、書面に作成し、両当事者が署名し、または記名押印することによって、効力が発生する。労働協約に定める労働者の待遇に関する基準に違反する労働契約の部分は無効で、無効部分は労働協約の定めによる。

・使用者は、次の不当労働行為を行ってはならない。

①労働組合員であること、労働組合に加入または結成しようとしたこと、労働組合の正当な行為をしたことを理由とする不利益な取扱い

②労働者の代表者と団体交渉をすることを正当な理由がなくて拒否すること。
③労働組合の結成または運営を支配し、介入すること。
④労働委員会への不当労働行為の救済の申立てなどを理由とする不利益な取扱い

(1) 労働組合

労働組合は、労働者が主体となって自主的に労働条件の維持改善その他経済的地位の向上を図ることを主たる目的として組織する団体またはその連合団体をいいますが、次のいずれかに該当する場合には、労働組合ではありません。

①役員、雇入れや解雇、昇進、異動などに関して直接の権限を持つ監督的地位にある労働者、使用者の労働関係についての計画と方針とに関する機密の事項に接し、そのためにその職務上の義務と責任とが労働組合の組合員としての誠意と責任とに直接に抵触する監督的地位にある労働者など使用者の利益を代表する者の参加を許すもの
②団体の運営のための経費の支出につき使用者の経理上の援助を受けるもの。ただし、労働者が労働時間中に時間または賃金を失うことなく使用者と協議し、または交渉することを使用者が許すことや厚生資金や経済上の不幸災厄の防止救済のための支出に実際に用いられる福利などの基金に対する使用者の寄附、最小限の広さの事務所を供与することは除かれる。
③共済事業など福利事業のみを目的とするもの
④主として政治運動または社会運動を目的とするもの

主として政治運動または社会運動を目的とするものは労働組合ではありませんが、労働者がその経済的地位の向上を図る目的達成に必要な政治活動や社会活動を行うことは構いません。
労働組合には、次のような保護が与えられています。

> ①労働組合の正当な行為についての刑事上の免責
> ②労働組合に対する不当労働行為の禁止
> ③労働組合の正当な争議行為についての民事上の免責
> ④労働組合の法人格の取得
> ⑤労働協約の締結など
> ⑥労働委員会に対する不当労働行為の申立ておよび救済

なお、労働組合には、特定の企業の労働者だけで組織される企業内の労働組合のほか、企業や職種などのいかんにかかわらず広く労働者が組織する企業横断的な労働組合（合同労組）があり、どちらも労働組合法で保護されています。

(2) **団体交渉**

正当な理由のない団体交渉の拒否は不当労働行為として禁止されています。

この禁止は労働組合と使用者との間でも私法上の効力もありますので、労働組合は使用者に対して団体交渉を求める法律上の地位にあり、使用者はこれに応ずべき法律上の地位にあります。

ア　団体交渉の当事者

団体交渉の当事者は、使用者側は個々の使用者および使用者団体であり、労働者側は労働組合です。この労働組合には合同労組などを含みます。また、使用者が特定の労働組合との間でその労働組合だけしか団体交渉を行わない唯一交渉団体条項を締結しても、それ以外の労働組合にも固有の団体交渉権がありますので、その労働組合からの団体交渉の要求を拒否することはできません。

イ　団体交渉の担当者

労働組合の代表者または労働組合の委任を受けた者は、労働組合または組合員のために使用者などと労働協約の締結などに関して交渉する権限があります。

使用者側の担当者は、使用者内部でその権限を有する者ですが、交渉委員として指名された者が労働協約締結権限まではなくても、団体交渉権限を与えられている場合には、労働協約締結権限がないことは、団体交渉を拒否する正当な理由にはなりません。

ウ　交渉事項

団体交渉の対象となる事項は、一般的には労働者の労働条件などの労働関係に関係する事項であり、純粋に企業の経営や管理運営に関する事項は団体交渉の対象とはなりませんが、企業の経営や管理運営に関する事項が労働者の労働条件や労働関係に影響を及ぼす場合には、その範囲で団体交渉の対象となります。

特定の労働組合員の解雇問題も団体交渉事項であり、解雇から6年10月を経過して組合に加入しその分会を結成した者について、分会結成4日後になされた解雇問題に関する団体交渉の申し入れを拒否する正当な理由にはならないという判例があります。

非組合員である労働者の労働条件に関する問題は、当然には団交事項に当たるものではありませんが、それが将来にわたり組合員の労働条件、権利などに影響を及ぼす可能性が大きく、組合員の労働条件と関わりが強い事項は、団体交渉事項になります。

エ　複数の労働組合との共同交渉

複数の労働組合併存下において複数の労働組合が共同交渉を申し入れたのに対して、個別交渉を行うことは、不当労働行為には該当しません。

オ　不誠実な団体交渉

団体交渉の申し入れに対しては誠実に対応しなければなりませんので、団体交渉において合意達成の意思が最初からないに等しい使用者の態度は、不当労働行為に該当します。

カ　団体交渉の打ち切り

会社再建と解雇撤回を求める組合と2月間に5回の交渉を行った場

合で、これ以上交渉を重ねても進展する見込みがない段階にいたったときは、使用者が交渉を打ち切ることは許されます。

(3) **労働協約**

労働協約は、労働組合と使用者などとの間で労働条件などについて定めた契約です。

ア　労働協約の効力の発生

労働協約は、書面に作成し、両当事者が署名し、または記名押印することによってのみ、その効力が発生します。

したがって、書面に作成され、かつ、両当事者がこれに署名または記名押印しない限り、仮に労働組合と使用者との間に労働条件その他に関する合意が成立したとしても、労働協約としての効力は生じません。

イ　労働協約の期間

労働協約には、3年をこえる有効期間の定めをすることができません。3年をこえる有効期間の定めをした労働協約は、3年の有効期間の定めをしたものとみなされます。

ウ　有効期間の定めのない労働協約の解約

有効期間の定めのない労働協約は、当事者の一方が署名または記名押印した文書によって、少なくとも90日前に相手方に予告することにより解約することができます。一定の期間の定めがあり、その期間の経過後も期限を定めずに効力を存続する旨の定めがある労働協約についても、その期間の経過後は、同様です。

エ　労働協約の効力

労働協約に定める労働条件などの労働者の待遇に関する基準に違反する労働契約の部分は無効となり、無効となった部分は労働協約の定めによります。

労働協約は、原則としてその労働協約を締結した労働組合の組合員にのみ適用されますが、1の事業所に常時使用される同種の労働者の

4分の3以上の数の労働者が1の労働協約の適用を受けるときは、その事業所に使用される他の同種の労働者についても、その労働協約が適用されます。

また、1の地域において従業する同種の労働者の大部分が1の労働協約の適用を受けるときは、その労働協約の当事者の双方または一方の申立てに基づき、労働委員会の決議により、厚生労働大臣または都道府県知事は、その地域において従業する他の同種の労働者およびその使用者もその労働協約の適用を受けることを決定することができます。

オ　労働協約の平和義務

労働協約を締結した当事者は、その労働協約の有効期間中その労働協約の中に定められた事項の改廃を目的とした争議行為を行わない義務（平和義務）を負っています。平和義務は、労働協約が労使間の平和協定としての意義を持つことや、信義則上も一定事項に合意した以上、その有効期間中はその内容を尊重するのが当然の義務であることから、労働協約に明示されていなくても当然に生じる義務です。

平和義務に違反した争議行為によって損害が発生した場合は、相手方に損害賠償を請求することができます。ただし、平和義務に違反する争議行為は、これに違反する争議行為は、単なる契約上の債務の不履行であって、これをもって、企業秩序の侵犯にはあたりません。また、労働協約の有効期間中でも、次期の労働協約の交渉期間に入ったときは、次期の労働協約の内容に関して争議行為をすることは平和義務には違反しません。

(4) **争議行為**

争議行為とは、同盟罷業、怠業、作業所閉鎖その他労働関係の当事者が、その主張を貫徹することを目的として行う行為およびこれに対抗する行為で、業務の正常な運営を阻害するものをいいます。

ア　争議行為に対する賃金のカット

　争議行為を行った時間については、ノーワーク・ノーペイの原則により、その対応する賃金がカットされるのが原則であり、賃金がカットされないときは、不当労働行為として禁止されている使用者による経費援助に該当します。

イ　労働組合の正当な争議行為に対する民事免責

　正当なストライキなどの争議行為によって損害を受けたことを理由に、労働組合またはその組合員に対し賠償を請求することができません。

ウ　労働組合の正当な行為に対する刑事免責

　法令または正当な業務による行為は罰せられませんが、労働組合が行う労働組合法の目的を達成するためにした正当な団体交渉などの行為には、この原則が適用されます。ただし、いかなる場合でも、暴力の行使は労働組合の正当な行為とは認められません。

エ　争議行為の目的

　政治目的のために争議行為を行うことは、正当な争議行為ではありません。

　非組合員の解雇反対を目的とする争議行為は、その理由が、公正な人事機構の確立を要求することにより、組合員その他従業員の労働条件の改善ないしその経済的地位の向上を図るための手段などとして行われる場合には、目的において正当です。

　所長の追放を主張して行う争議行為がもっぱら所長の追放自体を直接の目的とするものではなく、労働者の労働条件の維持改善その他経済的地位の向上を図る為の手段として主張する場合には、労働組合運動として正当な範囲を逸脱していないとする判例があります。

オ　争議行為の届出

　争議行為が発生したときは、その当事者は、直ちにその旨を労働委員会または都道府県知事に届け出なければなりません。

カ　安全保持施設に関する争議行為の禁止

　工場や事業所における安全保持の施設の正常な維持・運行を停廃し、または妨げる行為は、争議行為として行うことはできません。

(5)　**不当労働行為**

　使用者は、次の不当労働行為を行ってはなりません。

ア　不利益な取扱い

1) 労働者が労働組合の組合員であること、労働組合に加入し、またはこれを結成しようとしたこともしくは労働組合の正当な行為をしたことを理由として、その労働者を解雇するなどの不利益な取扱いをすること。

2) 労働者が労働組合に加入せず、もしくは労働組合から脱退することを雇用条件とすること。ただし、特定の事業所に雇用される労働者の過半数を代表する労働組合が、その労働者についてその労働組合の組合員であることを雇用条件とする労働協約を締結することは差し支えない。

　なお、不利益な取扱いには組合間差別も含まれる。

イ　正当な理由のない団体交渉の拒否

　その雇用する労働者の代表者と団体交渉をすることを正当な理由がなくて拒むこと。

ウ　支配介入

1) 労働者が労働組合を結成し、運営することを支配し、介入すること。

2) 労働組合の運営のための経費の支払いについて経理上の援助を与えること。ただし、次のことは差し支えない。

①　労働者が労働時間中に時間または賃金を失うことなく使用者と協議し、交渉することを許すこと。

②　厚生資金または経済上の不幸災厄を防止し、救済するための支出に実際に用いられる福利などの基金に対し寄附をすること。

③ 最小限の広さの事務所を供与すること。

エ 不当労働行為の救済手続きを理由とする不利益な取扱い

1）労働委員会に対し不当労働行為の救済の申立てをしたことや再審査の申立てをしたことを理由として、労働者を解雇するなどの不利益な取扱いをすること。

2）労働委員会が不当労働行為の救済などの申立てについて、調査や審問をしたり、当事者に和解の勧告をすることや労働争議の調整をする場合に証拠を提示したり、発言をしたことを理由として、労働者を解雇するなどの不利益な取扱いをすること。

15　労働紛争の解決システム

> 「労働紛争の解決システム」のポイント
>
> ・都道府県労働局は、労働条件などの労働関係や労働者の募集・採用について情報の提供や相談などの援助を行うほか、当事者から紛争の解決につき援助を求められた場合には必要な助言や指導を行い、申請があった場合に紛争調整委員会にあっせんを行わせるシステムがある。また、雇用機会均等法やパートタイム労働法に関しては、申請があった場合に紛争調整委員会に調停を行わせるシステムがある。
>
> ・裁判所において、裁判官と労働関係に関する専門的な知識経験を有する者で組織する委員会が、当事者の申立てにより、個別労働関係民事紛争事件を審理し、解決の見込みがある場合には調停を試み、解決に至らないときは、労働審判を行う労働審判手続がある。
>
> ・労働委員会は、不当労働行為事件の審査、労働争議のあっせん・調停・仲裁を行う。

(1) **労働局における個別労働紛争の解決**
ア　情報の提供など
　都道府県労働局は、労働者や求職者、事業主などに対し、労働条件などの労働関係や労働者の募集・採用について、情報の提供や相談などの援助を行うため、総合労働相談コーナーを設置し、労働問題に関する相談を受け付けています。
イ　助言・指導
　労働局は、個別労働関係紛争の解決について援助を求められたときは、当事者に対し必要な助言や指導をします。
ウ　あっせん
　労働局は、個別労働関係紛争の当事者の双方または一方からの申請があり、解決のために必要があるときは、紛争調整委員会にあっせんを行わせます。
　3人のあっせん委員は紛争当事者間をあっせんし、双方の主張の要点を確かめ、事件の解決に必要なあっせん案を作成し、当事者に提示します。あっせんによっては紛争の解決の見込みがないときは、あっせんを打ち切ります。
エ　調停
　男女の雇用機会の均等やパートタイム労働に関する紛争については、労働局は、当事者の双方または一方から調停の申請があり、その紛争の解決のために必要があるときは、紛争調整委員会に調停を行わせます。
　3人の調停委員は、調停案を作成し、当事者に対しその受諾を勧告します。調停による解決の見込みがないときは、調停を打ち切ります。
(2) **労働審判**
　裁判所において、裁判官と労働関係に関する専門的な知識経験を有する者で組織する委員会が、当事者の申立てにより、個別労働関係民事紛争に関する事件を審理し、解決の見込みがある場合には調停を試

み、その解決に至らない場合には労働審判を行う労働審判手続が設けられています。

ア　労働審判委員会

　労働審判手続は、地方裁判所の裁判官の中から指定する労働審判官1人と労働審判事件ごとに裁判所が指定する労働関係に関する専門的な知識経験を有する者のうちから任命する労働審判員2人で組織する労働審判委員会で行い、労働審判官が指揮し、3回以内の期日で審理を終結します。

イ　労働審判

　労働審判委員会は、当事者間の権利関係や労働審判手続の経過を踏まえて、労働審判を行い、原則として審判書を作成します。

ウ　異議の申立て

　異議の申立てがないときは、労働審判は裁判上の和解と同一の効力を生じますが、異議の申立てがあったときは、労働審判は効力を失い、訴えの提起があったものとみなされます。

エ　労働審判事件の終了

　労働審判委員会は、紛争の迅速・適正な解決のために適当でないときは、労働審判事件を終了させます。この場合も、訴えの提起があったものとみなされます。

(3) **労働委員会**

　都道府県労働委員会は、不当労働行為事件の審査、労働争議のあっせん・調停・仲裁を行います。

第3章 労働安全衛生管理の基礎知識

「労働安全衛生管理の基礎知識」のポイント

・労働災害や健康障害を防止し、労働者の安全と健康を確保するため、安全衛生管理体制などを整備し、安全衛生教育や職場に内在するさまざまな危険によって労働者に危害が及ぶことを防止するための安全衛生活動を適切に推進するとともに、労働者が就業し易い安全で快適な職場環境を形成する。

・請負事業主は安全衛生管理を元方事業者に依存せず、自ら請負労働者の安全衛生管理を行うほか、作業場所が元方事業者の事業所構内にあるから、両者の協力による総合的な安全衛生管理を確立することが必要。

・元方事業者は、労働者の危険や健康障害を防止するための措置を講じる能力がない、安全衛生管理体制を確保することができないなど労働災害を防止するための責任を果たすことのできない請負事業主には仕事を請け負わせることはできない。請負事業主は、そのことを十分に認識して安全衛生管理に取り組むことが必要。

・労働者の危険や健康障害を防止するため必要な措置を行うとともに、リスクアセスメントの結果に基づき労働者の危険・健康障害を防止するための措置を行う。

・個々の労働者の健康状態を把握し、適切な健康管理を行うため、健康診断を行う。

・労災事故が起きたときは、迅速な避難と緊急措置を適切に行って被害の拡大を図るとともに、被災者に対して適切な救急措置を行う。あらかじめ緊急事態の発生を想定した体制の整備、緊急時の手順を定めたマニュアルを作成し、訓練しておく。また、死傷病報告書を提出する。

・過重な労働を減らすとともに、疲労が蓄積するおそれがある場合には健康管理対策を強化する。また、メンタルヘルス対策や受動喫煙防止対策に取り組む。

1 労働者の安全衛生の確保

(1) 安全衛生管理の基本

　労働者が業務に従事するに当たっては、危険や健康障害を発生させるさまざまな要因が存在します。例えば、作業施設や設備、機械器具・機材などの生産設備や原材料などに不備や欠陥があり、危険なものであれば、労働者が作業を行う上で、労働災害に被災し、職業病にかかる可能性があります。同様に、労働者が作業を行う上で安全でない作業方法や行動を取った場合にも、労働災害が発生することもあります。複数の労働者や事業主がそれぞれ別の作業を行っている場合に、作業間の連絡調整が適切に行われないために、労働災害が発生することもあります。また、過重な労働などにより健康障害を引き起こすこともあります。

　このような労働災害や健康障害を防止し、労働者の安全と健康を確保するためには、安全衛生管理体制を整備し、安全衛生活動を適切に推進するとともに、労働者が就業し易い安全で快適な職場環境を形成することが重要です。

(2) 請負事業における安全衛生管理

　請負事業の場合、労働者の安全衛生管理は請負事業主が負わなければなりません。

　一方で、請負事業の場合には、その作業場所が元方事業者の事業所構内であることから、請負事業において労働災害を防止するためには、元方事業者と請負事業主が協力して総合的な安全衛生管理を行う必要があります。

　元方事業者とは、「事業者で、1つの場所において行う事業の仕事の一部を請負人に請け負わせているもの（仕事の一部を請け負わせる契約が2以上あるため、その者が2以上あるときは、最も先次の請負契約における注文者）、つまり、工場における請負の場合にはその工

場を運営する企業をいいます。

　元方事業者と請負事業主が協力して総合的な安全衛生管理を行うということは、請負事業主が安全衛生管理を元方事業者に依存してよいということではありません。請負事業主は、その雇用する労働者に対して安全衛生管理を行った上で、元方事業者が行う措置に対応した措置を行います。

　元方事業者は、労働者の危険や健康障害を防止するための措置を講じる能力がない請負事業主や必要な安全衛生管理体制を確保することができない請負事業主など労働災害を防止するための責任を果たすことのできない請負事業主には仕事を請け負わせることはできません。このため、請負事業主の側では、安全衛生管理に関する能力がない場合には仕事そのものを請け負うことができないという認識の下に安全衛生管理に取り組みます。

　このほか、発注者は、施行方法、工期などについて、安全で衛生的な作業の遂行を損なうおそれのある条件を付さないよう配慮します。また、元方事業者は、請負事業主やその労働者が労働安全衛生法令に違反しないよう必要な指導を行い、労働安全衛生法令に違反しているときは、是正のため必要な指示を行います。この指示を受けた請負事業主やその労働者は元方事業者の指示に従います。

(3) **職場に内在する危険**

　職場には、一般に次のような危険が内在しています（大関親著「新しい時代の安全管理のすべて」より）。

① 機械、器具その他の設備による危険（例）

危険の種類	事故の型	危険の多い機械の例
接触による危険	はさまれ・巻き込まれ	原動機、動力原動機構、工作機械、エレベーターなど
	切れ・こすれ	工作機械、食品機械、動力工具など
	激突・激突され	クレーン、荷役運搬機械、建設機械など

物理的な危険	飛来・落下	金属工作機械、クレーン、建設機械など
	墜落・転落	荷役運搬機械など
構造的な危険	破裂	ボイラー、圧力容器、配管など
	破断	高速回転機械など
	切断	ワイヤーロープなど

② 爆発性の物、発火性の物、引火性の物などによる危険（例）

種類	物質の例	性質
爆発性	硝酸エステル類、ニトロ化合物、有機過酸化物	可燃性であるとともに、酸素供給性があり、加熱、衝撃、摩擦などにより多量の熱とガスを発生して激しい爆発を引き起こす。
発火性	アルカリ金属、燐、燐化合物、セルロイド、カーバイドなど	通常の状態においても発火しやすく、水と接触して可燃物ガスを発生して発熱・発火を引き起こす。空気と接触して発火する場合もある。
引火性	ガソリン、メタノールなど	火を引きやすい可燃性で、その表面から蒸発した可燃性の蒸気と空気の混合気体に点火源が作用すると爆発を引き起こす。
酸化性	塩素酸塩類、過塩素酸塩類、無機過酸化物	単独では発火・爆発の危険はないが、可燃性の物や還元性物質と接触したときには、衝撃や点火源により発火・爆発を引き起こす。
可燃性	水素、アセチレン、メタン、可燃性粉じん（アルミニウム、硫黄、石炭、小麦粉など）など	空気中または酸素中で、ある一定範囲の濃度にあるときに、点火源により発火・爆発を引き起こす。
その他	硫酸その他の腐食性液体	薬傷などの危険がある。

③ 電気、熱その他のエネルギーによる危険（例）

危険の種類	事故の型	危険源の例
電気による危険	感電	電気機械器具、送配電線、配線
	発熱	
	発火	電気火花、静電気放電
	眼の障害	アーク
熱その他による危険	やけど	溶融高熱物、ボイラー、化学設備、乾燥設備
	放射線障害	エックス線、中性子線
	眼の障害	レーザー光線

④ 作業方法から生ずる危険（例）

事故の型	危険な作業の例
墜落、転倒	運搬作業、機械の据付・撤去作業
激突、激突され	運送作業、荷役作業
挟まれ、巻き込まれ	製造作業、運搬作業

⑤ 作業場所から生ずる危険（例）

事故の型	危険な作業場所の例
墜落	作業床、脚立
転倒	作業床、通路
崩壊、落下物に当たる	材料置場、路肩
激突、激突され	荷役現場、道路

(4) **物の不安全な状態による危険**

　機械設備などの欠陥など次のような物の不安全な状態による危険もあります（大関親著「新入社員・学生のための入門職場の安全衛生」より）。

区　分	不安全な状態
物の欠陥	①機械などの設計が悪い。 ②材料、工作要領が悪い。 ③物が老朽化している。 ④材料、部品が疲労している。 ⑤故障を修理していない。 ⑥整備不良
防護の欠陥	①危険部分をカバーしていない。 ②防護が不十分 ③電気機器のアースをしていない。 ④危険有害区域の区画をしていない。 ⑤危険有害区域に立入禁止などの表示をしていない。
作業場所の欠陥	①通路が確保されていない。 ②作業場所が狭い。 ③機械などの配置が悪い。 ④物の積みすぎ ⑤物のたてかけ
保護具などの欠陥	①不適切な服装や履物を着用している。 ②手袋を着用して機械を操作している。 ③保護具を着用していない。

作業環境の欠陥	①換気が悪い。 ②照明が十分ではない。 ③騒音が激しい。 ④温度の設定が適当ではない。
作業方法の欠陥	①不適当な機械を使用して作業を行っている。 ②不適当な工具や道具を使用して作業を行っている。 ③作業手順を誤っている。 ④技術的、肉体的に無理な作業をさせている。 ⑥安全であること、有害でないことを確認していない。

(5) **労働者の不安全な行動による危険**

　労働者自身が行う不安全な行動によって生じる危険もあります。労働者が不安全な行動を行う原因には、①作業に伴う危険に対する知識が足りない、②安全に作業を遂行する技能が足りない、③安全に対する意欲が欠けている、④人間の特性としてのエラー要因、が考えられますが、次のように区分されています（大関親著「新しい時代の安全管理のすべて」、「新入社員・学生のための入門職場の安全衛生」より）。

① 労働者の不安全な行動の要因

区　分	行動や状態の例
心理的な要因	①物忘れ ②考えごとをする。 ③無意識で行動する。 ④錯覚する。 ⑤決められたことを省略して行動する。 ⑥たぶん大丈夫だと考えて行動する。 ⑦最短の方法で行おうとする。 ⑧危険な箇所に接近していることを意識せずに行動する。 ⑨危険だと感じない。
生理的な要因	①疲れ ②睡眠不足 ③アルコールの影響がある。 ④病気をしている。 ⑤加齢による心身機能の低下 ⑥手足が短い、体の一部が不自由であるなど身体的機能に問題がある。
職場の要因	①職場の人間関係が良くない。 ②幹部職員のリーダーシップが不足している。 ③職場のチームワークが良くない。 ④職場のコミュニケーションが良くない。

労働者の不安全な行動としては、次のようなことが想定されています（大関親著「新入社員・学生のための入門職場の安全衛生」より）。

② 労働者の不安全な行動の例

	不安全な行動の例
安全装置を無効にする	安全装置を取り外す、無効にする、調整を誤る。
安全対策を実施しない	①点検時に機械を停止させないなど不意の危険に対する対策を実施しない。 ②機械設備などを不意に動かす。 ③合図や確認などをせずに車や物を動かす。
不安全な状態を放置する	①機械設備などを運転したまま離れる。 ②工具、材料、くずなどを不安定な場所に置く。
危険な状態を作る	①荷などを積みすぎる。 ②組み合わせては危険なものを混ぜる。 ③安全なものから不安全なものに取り替える。
機械・装置などを指定外に使用する	①欠陥のある機械、工具、用具などを使用する。 ②機械、工具などの選択を誤る。 ③機械などを指定された作業以外に使用する。 ④機械設備などを決められた速度を超えて動かす。
危険な箇所に接近する	①機械の運転中に掃除、点検、注油、修理などを行う。 ②危険物、加熱、加圧されたものが入っている容器に接近する。 ③動いている機械設備などに接近するまたは触れる。 ④吊っている荷に触れるまたは下に入る。 ⑤危険有害な場所に立ち入る。 ⑥崩れやすい物に触れる。
保護具・服装が不適切である	①保護具を着用しない。 ②保護具の選択や使用方法を誤る。 ③巻き込まれるおそれのあるものなど不安全な服装をする。
誤った動作	①荷を積みすぎる。 ②物の支え方、つかみ方、押し方、引き方などを誤る。 ③上がり方や降り方を誤る。 ④不必要に走る。
運転の失敗	制限速度をオーバーする。
その他の不安全な行動	①道具の代わりに手を使用する。 ②荷の中抜きや下抜きをする。 ③手渡しせずに投げる。 ④飛び乗り、飛び降りをする。 ⑤いたずらや悪ふざけをする。

(6) **健康障害が生じる危険**

次のような健康障害が生じる危険もあります。

健康障害の例

> ①原材料、ガス、蒸気、粉じん、酸素欠乏空気、病原体、放射線、赤外線、紫外線、レーザー火線、放電アークによる光線、レーザー光線、プラズマによる光線、高温、低温、超音波、騒音、振動、異常気圧、排気、排液、残さい物などの有害原因物による健康障害
> ②有害作業における保護具の不着用などによる健康障害
> ③計器監視、精密工作などの作業その他の作業の不適切な管理による健康障害
> ④作業環境測定を適切に行わないなど作業環境の不適切な管理による健康障害
> ⑤健康診断を適切に行わないなど不適切な健康管理による健康障害
> ⑥過重な労働による健康障害

2 安全衛生管理体制

(1) **安全衛生管理に関する基本組織**

労働災害の防止を図るためには、事業所における安全衛生を確保するための管理体制を確立することが必要です。安全衛生管理体制として、次の担当者を選任します。

> ①総括安全衛生管理者
> ②安全管理者（または安全衛生推進者）
> ③衛生管理者（衛生推進者）
> ④産業医
> ⑤作業主任者

また、安全衛生に関する調査審議機関として、次の協議機関を設置します。

①安全委員会（または安全衛生委員会）
②衛生委員会

(2) 業種および規模別の安全衛生管理体制

業種および規模別に選任する安全衛生管理担当者は、次のとおりです。

	林業、鉱業、建設業、運送業、清掃業	製造業、電気業、ガス業、熱供給業、水道業、通信業、各種商品卸・小売業、家具・建具・じゅう器等卸・小売業、旅館業、ゴルフ場業、自動車整備業、機械修理業	その他の業種
1,000人以上	総括安全衛生管理者 安全管理者 衛生管理者 産業医	総括安全衛生管理者 安全管理者 衛生管理者 産業医	総括安全衛生管理者 衛生管理者 産業医
300～999人			
100～299人		安全管理者 衛生管理者 産業医	衛生管理者 産業医
50～99人	安全管理者 衛生管理者 産業医		
10～49人	安全衛生推進者		衛生推進者

また、業種および規模別に設置する安全衛生に関する協議機関は、次のとおりです。

	林業、鉱業、建設業、木材・木製品製造業、化学工業、鉄鋼業、金属製品製造業・輸送用機械器具製造業、道路貨物運送業・港湾運送業、自動車整備業、機械修理業、清掃業	道路貨物運送業・港湾運送業以外の運送業、木材・木製品製造業、化学工業、鉄鋼業、金属製品製造業・輸送用機械器具製造業以外の製造業、電気業、ガス業、熱供給業、水道業、通信業、各種商品卸・小売業、家具・建具・じゅう器等卸・小売業、燃料小売業、旅館業、ゴルフ場業	その他の業種
100人以上	安全委員会 衛生委員会 （または安全衛生委員会）	安全委員会 衛生委員会 （または安全衛生委員会）	衛生委員会
50～99人		衛生委員会	

(3) **総括安全衛生管理者**

　総括安全衛生管理者には、その事業所において事業を統括管理する者、工場であれば工場長などその事業所のトップを選任します。総括安全衛生管理者を選任したときは、選任報告書を労働基準監督署に提出します。

　総括安全衛生管理者は、安全管理者、衛生管理者などを指揮するとともに、次の業務を統括管理します。

> ①労働者の危険・健康障害を防止するための措置
> ②労働者の安全衛生教育の実施
> ③健康診断の実施など健康の保持増進のための措置
> ④労働災害の原因の調査・再発防止対策
> ⑤安全衛生に関する方針の表明
> ⑥危険性有害性などの調査とその結果に基づき行う措置
> ⑦安全衛生に関する計画の作成・実施・評価・改善

(4) **安全管理者**

　安全管理者は、一定の学歴と実務経験があり、かつ、一定の研修を修了した者などの中からその事業所に専属の者を選任します。安全管理者を選任したときは、選任報告書を、研修の修了証の写しを添付して、労働基準監督署に提出します。

　安全管理者は、次の安全に関する技術的事項を管理します。

> ①労働者の危険を防止するための措置
> ②労働者の安全教育の実施
> ③安全に関する労働災害の原因の調査・再発防止対策
> ④安全に関する方針の表明
> ⑤危険性などの調査とその結果に基づき行う措置
> ⑥安全に関する計画の作成・実施・評価・改善

安全管理者は、作業場などを巡視し、設備、作業方法などに危険のおそれがあるときは、直ちに、その危険を防止するため必要な措置を行います。このために、安全管理者には、安全に関する措置を行うための権限を与えます。

(5) **衛生管理者**

衛生管理者は、次の表の業種の区分に応じて定められた免許を有する者などのうちから選任します。また、1,000人（著しく暑熱な場所における業務などに30人以上を従事させる場合は500人）以上の労働者を使用する事業所では、1人は衛生工学衛生管理者免許を有する者のうちから選任します。

業　　　種	免許の種類
①　農林畜水産業、鉱業、建設業、製造業、電気業、ガス業、水道業、熱供給業、運送業、自動車整備業、機械修理業、医療業および清掃業	第1種衛生管理者免許または衛生工学衛生管理免許
②　①以外の業種	第1種衛生管理者免許、第2種衛生管理者免許または衛生工学衛生管理者免許

選任する衛生管理者の数は、次の表の常時使用する労働者の数に応じて定める数以上です。常時1000人（著しく暑熱な場所における業務などに30人以上を従事させる場合は500人）以上の労働者を使用する事業所では、少なくとも1人は専任とします。

常時使用する労働者の数	衛生管理者の人数
50人以上200人以下	1人以上
200人を超え500人以下	2人以上
500人を超え1,000人以下	3人以上
1,000人を超え2,000人以下	4人以上
2,000人を超え3,000人以下	5人以上
3,000人を超える場合	6人以上

衛生管理者を選任したときは、選任報告書を労働基準監督署に提出します。
　衛生管理者は、次の衛生に関する技術的事項を管理します。

> ①労働者の健康障害を防止するための措置
> ②労働者の衛生教育の実施
> ③健康診断の実施など健康の保持増進のための措置
> ④衛生に関する労働災害の原因の調査・再発防止対策
> ⑤衛生に関する方針の表明
> ⑥有害性などの調査とその結果に基づき行う措置
> ⑦衛生に関する計画の作成・実施・評価・改善

　衛生管理者は、少なくとも毎週1回作業場などを巡視し、設備、作業方法、衛生状態に有害のおそれがあるときは、直ちに労働者の健康障害を防止するため必要な措置を行います。このために、衛生管理者には、衛生に関する措置を行うための権限を与えます。

(6) **安全衛生推進者または衛生推進者**

　安全衛生推進者は次の業務を、衛生推進者は次の業務のうち衛生に関するものを担当し、所定の講習を修了した者その他これらの業務を担当する能力を有するその事業所に専属の者から選任します。

> ①危険・健康障害を防止するための措置
> ②安全衛生教育の実施
> ③健康診断の実施など健康の保持増進のための措置
> ④労働災害の原因の調査・再発防止対策
> ⑤安全衛生に関する方針の表明
> ⑥危険性有害性などの調査とその結果に基づき行う措置
> ⑦安全衛生に関する計画の作成・実施・評価・改善

　安全衛生推進者または衛生推進者を選任したときは、その氏名を作

業場の見やすい箇所に掲示するなどにより関係の労働者に周知させます。

(7) **産業医**

産業医は、所定の研修を修了するなどの要件を満たす医師のうちから選任します。

常時1,000人（著しく暑熱な場所における業務や深夜業を含む業務に従事させる場合には500人）以上の労働者を使用する事業所では専属の産業医を、常時3,000人をこえる労働者を使用する事業所では2人以上の産業医を、それぞれ選任します。産業医を選任したときは、選任報告書を労働基準監督署に提出します。

産業医は、次の医学に関する専門的知識を必要とする事項を担当します。

> ①健康診断や面接指導などの実施、これらの結果に基づく労働者の健康を保持するための措置
> ②作業環境の維持管理
> ③作業の管理
> ④その他の健康管理
> ⑤健康教育、健康相談など労働者の健康の保持増進を図るための措置
> ⑥衛生教育
> ⑦健康障害の原因の調査・再発防止のための措置

塩酸、硝酸、硫酸、亜硫酸、フッ化水素、黄りんその他歯やその支持組織に有害な物のガス、蒸気または粉じんを発散する場所における業務に常時50人以上の労働者を従事させる事業所では、労働者の歯やその支持組織に関して、適時、歯科医師（産業歯科医）の意見を聴きます。

産業医などは、必要があるときは、事業主などに労働者の健康管理などに関する勧告をし、衛生管理者に指導助言を行います。勧告など

を受けたときは、尊重して対処します。

　事業主は、産業医がその職務を十分に行うことができるよう必要な権限を与えます。また、産業医が勧告などを行ったことを理由として、解任など不利益な取扱いをしないようにします。

　産業医は、少なくとも毎月1回作業場などを巡視し、作業方法や衛生状態に有害のおそれがあるときは、直ちに、労働者の健康障害を防止するため必要な措置を行います。このために、産業医には必要な権限を与えます。

　常時50人未満の労働者を使用する事業所でも、労働者の健康管理などを行うのに必要な医学知識を有する医師または地域産業保健センター（国が郡市区医師会に委託して行う労働者の健康管理等に係る業務についての相談、情報の提供などの援助の事業）が備える名簿に記載されている保健師に労働者の健康管理などを行わせるように努めます。

(8) **安全委員会**

　事業所全体の安全水準を向上させるためには事業所全体で取り組んでいくことが不可欠ですが、職場で作業を行っている労働者が参加して本音で協議することが必要ですので、安全委員会を設置します。

　安全委員会は、次の委員で構成され、その議長は①の委員がなります。

①総括安全衛生管理者またはこれに準ずる事業主が指名した者1人
②事業主が指名した安全管理者
③事業主が指名した安全に関し経験を有する労働者

　このうち①以外の委員の半数は、その事業所の労働者の過半数を代表する者（過半数で組織する労働組合があるときは労働組合）の推薦に基づき指名します。

　発注者の安全委員会に請負事業主の代表者がオブザーバー参加する

ことも効果的です。

　安全委員会は、次の事項について協議し、事業主に対し意見を申し出ます。

> ①危険を防止するための基本となるべき対策
> ②安全に関する労働災害の原因・再発防止対策
> ③安全に関する規程の作成
> ④危険性などの調査とその結果に基づき行う措置
> ⑤安全に関する計画の作成・実施・評価・改善
> ⑥安全教育の実施計画の作成
> ⑦危険の防止に関し行政機関から文書により命令・指示・勧告・指導を受けた事項

　安全委員会は毎月1回以上開催します。安全委員会の開催の都度、委員会における議事の概要を作成し、常時各作業場の見やすい場所に掲示し、備え付けるなどの方法で労働者に周知させます。委員会の議事で重要なものの記録を作成し、3年間保存します。

(9) **衛生委員会**

　安全委員会と同様の理由で、衛生委員会を設置します。衛生委員会は、次の委員で構成され、その議長は①の委員がなります。

> ①総括安全衛生管理者またはこれに準ずる事業主が指名した者1人
> ②事業主が指名した衛生管理者
> ③事業主が指名した産業医
> ④事業主が指名した衛生に関し経験を有する労働者
> 　作業環境測定士を指名することもできる。

　①以外の委員の半数は、労働者の過半数を代表する者などの推薦に基づき指名します。

　発注者の衛生委員会に請負事業主の代表者がオブザーバー参加する

ことも効果的です。

衛生委員会は、次の事項を協議し、事業主に対し意見を申し出ます。

> ①健康障害を防止するための基本となるべき対策
> ②健康の保持増進を図るための基本となるべき対策
> ③衛生に関する労働災害の原因・再発防止対策
> ④衛生に関する規程の作成
> ⑤有害性などの調査とその結果に基づき行う措置
> ⑥衛生教育の実施計画の作成・実施・評価・改善
> ⑦有害性などの調査の結果に対する対策の樹立
> ⑧作業環境測定の結果に対する対策の樹立
> ⑨健康診断、医師の診断・診察・処置の結果に対する対策の樹立
> ⑩健康の保持増進を図るため必要な措置の実施計画の作成
> ⑪長時間にわたる労働による健康障害の防止を図るための対策の樹立
> ⑫精神的健康の保持増進を図るための対策の樹立
> ⑬健康障害の防止に関し行政機関から文書により命令・指示・勧告・指導を受けた事項

衛生委員会は毎月1回以上開催します。衛生委員会の開催の都度、委員会の議事概要を作成し、常時各作業場の見やすい場所に掲示し、備え付けるなどの方法で労働者に周知させます。委員会の議事で重要なものの記録を作成し、3年間保存します。

(10) **安全衛生委員会**

安全委員会と衛生委員会を設けなければならない場合には、それぞれの委員会の設置に代えて、安全衛生委員会を設置することができます。

衛生委員会や安全衛生委員会を設けていない事業者も、安全衛生に関する事項について、関係する労働者の意見を聴くための機会を設けるようにします。

(11) **作業主任者**

　労働災害を防止するための管理を必要とする次の作業については、作業の区分に応じて、免許を受けた者または技能講習を修了した者のうちから、作業主任者を選任します。

製造業で作業主任者を選任すべき作業（例）

①高圧室内作業
②アセチレン溶接装置・ガス集合溶接装置を用いて行う金属の溶接・溶断・加熱の作業
③ボイラーの取扱いの作業（小型ボイラーを除く）
③放射線の作業
④ガンマ線照射装置を用いて行う透過写真の撮影の作業
⑥木材加工用機械を5台（自動送材車式帯のこ盤が含まれる場合は3台）以上有する事業所におけるその機械による作業
⑦動力により駆動されるプレス機械を5台以上有する事業所におけるその機械の作業
⑧乾燥設備による物の加熱乾燥の作業
⑨高さが2メートル以上のはい（倉庫などに積み重ねられた小麦、大豆などの荷の集団）のはい付け・はいくずしの作業（荷役機械の運転者のみによって行われるものを除く）
⑩第一種圧力容器の取扱いの作業（小型圧力容器などを除く）
⑪特定化学物質を製造し、取り扱う作業（試験研究目的を除く）
⑫鉛作業（遠隔操作によって行う隔離室におけるものを除く）
⑬四アルキル鉛等作業（遠隔操作によって行う隔離室におけるものを除く）
⑭酸素欠乏危険場所における作業
⑮屋内作業場またはタンク、船倉もしくは坑の内部などの場所で有機溶剤などを製造し、取り扱う作業
⑯石綿などを取り扱う作業（試験研究目的を除く）または石綿などを試験研究のため製造する作業

作業主任者は、その作業に従事する労働者を直接指揮するほか、作業開始前の作業方法の決定、安全装置の点検、作業中の安全帯の使用状況の確認などを行います。

　1つの作業を同一の場所で行う場合にその作業について作業主任者を2人以上選任したときは、それぞれの作業主任者の職務の分担を定めます。また、作業主任者を選任したときは、氏名を作業場の見やすい箇所に掲示するなどにより関係の労働者に周知させます。

　なお、作業主任者のように資格は求められていませんが、次のような作業については、作業指揮者を定め、その者に作業の指揮をさせます。

製造業で作業指揮者の指名が必要な作業（例）
①車両系建設機械の修理などの作業
②高所作業車を用いた作業、高所作業車の修理の作業
③危険物の製造・取扱い作業
④化学設備の改造・修理などの作業
⑤液化酸素製造設備の改造・修理・清掃の作業
⑥停電作業、高圧活線作業など

---

(12) 製造業における元方事業者による総合的な安全衛生管理体制

　製造業の元方事業者は、次のような安全衛生管理体制を整備します。

ア　作業間の連絡調整などを統括管理する者の選任

　元方事業者の労働者と請負事業主の労働者を合わせた労働者数が常時50人以上である場合には、作業間の連絡調整などを統括管理する者（連絡調整統括管理者）を選任し、統括管理させます。

イ　元方事業者と請負事業主とによる安全衛生協議会の設置・運営

　元方事業者は、請負事業主との安全衛生協議会を設置し、定期的に開催するとともに、関係する労働者に協議結果を周知させます。

　協議会の参加者は、次のとおり。

> (1) 元方事業者側
> ①連絡調整統括管理者
> ②安全管理者・衛生管理者
> ③職長など
> (2) 請負事業主側
> ①請負事業所の業務統括責任者
> ②請負事業所の安全管理者、衛生管理者、安全衛生推進者

協議の内容は、次のような項目です。

> ①混在作業が原因となる労働災害の防止措置
> ②作業に際して安全衛生法令違反が生じないような措置
> ③安全衛生教育の実施
> ④健康診断の実施
> ⑤元方事業者が行う措置に関し請負事業主が行うべきことやその労働者への徹底

　安全衛生協議会は、月1回程度定期的に開催するほか、機械などの導入・変更時、作業計画・仕事の段取りの変更時、輻輳した作業の開始時、請負事業主の交替時、過去の例から労働災害の発生のおそれのある作業の開始前などにも開催します。
ウ　元方事業者との連絡などを行う責任者の選任
　請負事業主は、その事業所の業務統括責任者を、元方事業者側の連絡調整統括管理者との連絡を行い、必要な事項を実施する責任者として選任します。
エ　元方事業者による請負事業主の責任者の把握
　請負契約の成立後速やかに、元方事業者は、請負事業主に対し、元方事業者側の連絡調整統括管理者との連絡を行う業務統括責任者や安全管理者の選任状況を通知させ、これを把握しておきます。

3　安全衛生教育

　労働者の知識、経験の不足などによって発生する労働災害を防止するため、労働者に対して安全衛生教育を行います。

　機械設備の安全化や作業環境、作業方法を改善しても、作業者のミスによって労働災害が発生するおそれがあり、実態としても人の不安全行動が関係する労働災害は全労働災害の約90％にのぼります。しかも、その要因としては、①作業上の危険を知らなかった、②知っていたが能力不足のためにできなかった、③やる気がなかった、④勘違い、思い込みなどがあり、このような問題を解決する基本的な方法の1つが安全衛生教育です。

　人は不安全な行動をしますが、その原因の中には人間としての特性に根ざしたものもあり、簡単に直すことができないものもあります。知識を学習し、経験を積めば、危険を認知し、回避する能力を身につけることができますので、安全衛生教育は重要です。

　安全衛生教育は、計画的に進めることが重要です。特に現在のように技術革新の著しい時代には、定期的に行う必要があります。また、安全衛生教育を行うに当たっては、教育の内容、教材、時間、方法、講師などを適切に設定するほか、その効果を検証し、持続させるようにします。

　その際、受講者が参加意識を持ち活発に意見を出すようにする、実技を行う際は講師が最初に実技を行った上で、受講者にこれを行わせるなどの工夫が重要です。

(1)　雇入れ時などの安全衛生教育

　労働者を雇い入れたときには、その業務に関して次の安全衛生教育を行います。

①機械・原材料などの危険性・有害性とその取扱い方法
②安全装置や有害物抑制装置、保護具の性能とその取扱い方法
③作業手順
④作業開始時の点検
⑤その業務に関し発生のおそれのある疾病の原因や予防
⑥整理、整頓、清潔の保持
⑦事故時などの応急措置と退避

労働者の作業内容が変った時も、同様の安全衛生教育を行います。

新たに就業する労働者には、次のような職場のルールなどを教育することも重要です。

・禁止事項：立入り禁止、工場内の交通ルール、喫煙場所など
・危険性・有害性の周知：機械設備、取扱物質の危険性・有害性の絵文字による表示など
・作業手順の遵守：作業手順書、作業マニュアルなどの遵守訓練
・保護具などの使用：保護具の正しい使用方法の訓練、AED（自動対外除細動器）の使用訓練など
・機械設備のトラブル処理：非定常作業における労働災害防止措置の訓練、緊急時の連絡経路の徹底など

(2) 危険有害業務に関する特別の安全衛生教育

次の危険有害な業務に労働者を就かせるときは、その業務に関し特別の教育を行います。

製造業関係の主な特別の安全衛生教育（例）
①研削といしの取替え、取替え時の試運転の業務
②動力プレスの金型、シャーの刃部、プレス機械、シャーの安全装置、安全囲いの取付け・取外し・調整の業務

③アーク溶接機を用いて行う溶接、溶断などの業務

④高圧（直流で750Ｖを、交流で600Ｖ超7,000Ｖ以下の電圧）もしくは特別高圧（7,000Ｖを超える電圧）の充電電路、その支持物の敷設、点検、修理、操作の業務、低圧（直流で750Ｖ以下、交流で600Ｖ以下の電圧）の充電電路（対地電圧が50Ｖ以下であるもの、電信用のもの、電話用のものを除く）の敷設、修理の業務、配電盤室、変電室等区画された場所に設置する低圧の電路（対地電圧が50Ｖ以下であるもの、電信用のもの、電話用のものを除く）のうち充電部分が露出している開閉器の操作の業務

⑤最大荷重１ｔ未満のフォークリフトの運転の業務

⑥作業床の高さが２ｍ以上10ｍ未満の高所作業車の運転の業務

⑦動力により駆動される巻上げ機（電気ホイストなどを除く）の運転の業務

⑧人または荷を運搬する動力車、動力により駆動される巻上げ装置の運転の業務

⑨小型ボイラーの取扱いの業務

⑩つり上げ荷重が５ｔ未満のクレーン、つり上げ荷重が５ｔ以上の跨線テルハの運転の業務

⑪つり上げ荷重が１ｔ未満のクレーン、移動式クレーンまたはデリックの玉掛けの業務

⑫ゴンドラの操作の業務

⑬産業用ロボットの可動範囲内において産業用ロボットについて行うマニプレータの動作の教示などまたは教示などを行う労働者と共同して産業用ロボットの可動範囲外において行う教示などの機器の操作の業務（産業用ロボットの駆動源を遮断して行うものを除く）

⑭産業用ロボットの運転中に産業用ロボットの可動範囲内において行う産業用ロボットの検査などまたは検査などを行う労働者と共同して産業用ロボットの可動範囲外において行う検査などの機器の操作の業務

⑮自動車用タイヤの組立てにおいて空気圧縮機を用いての空気の充てん業務

特別の安全衛生教育の教育項目や教育時間は、それぞれの業務に応じて定められています。また、特別の安全衛生教育は外部の講習会に参加させる方法もあります。

特別の安全衛生教育を行ったときは、受講者、科目などの記録を作成し、3年間保存します。

(3) **職長などの安全衛生教育**

次の表の業種において、新たに職務に就く職長など作業中の労働者を直接指導監督する者に対して、同表の項目を定められた時間の安全衛生教育を行います。

業種	建設業、製造業ただし次のものを除く〔食料品・たばこ製造業（うま味調味料製造業、動植物油脂製造業を除く）、繊維工業（紡績業、染色整理業を除く）、衣服その他の繊維製品製造業、紙加工品製造業（セロファン製造業を除く）、新聞業、出版業、製本業、印刷物加工業〕、電気業、ガス業、自動車整備業、機械修理業
項目および時間	①作業方法の決定・労働者の配置に関すること：2時間 ②労働者に対する指導監督の方法に関すること：2.5時間 ③危険性または有害性等の調査およびその結果に基づき講ずる措置に関すること：4時間 ④異常時などにおける措置に関すること：1.5時間 ⑤その他現場監督者として行うべき労働災害防止活動に関すること：2時間

(4) **元方事業者の協力**

元方事業者は、請負事業主が行う安全衛生教育について、必要に応じ、場所の提供、資料の提供などの協力をします。

4　安全衛生管理

職場にはさまざまな危険が内在していますので、その危険によって労働者に危害が及ぶことを防止するために、適切な安全衛生管理を行

います。その際、次の点に留意します。

> ①職場の一人ひとりが安全衛生の重要性を理解し、全員が積極的に参加し、みんなで考えるようにする。
> ②安全衛生について、常に問題意識を持たせる。
> ③管理職が常に職場の問題点を鋭く観察し、その上で労働者の意見を引き出すように努力するなど率先して活動する。
> ④そのときどきで重点を定めて実施する。

(1) **安全衛生管理計画や安全衛生管理規程の作成**

職場の危険を防止するためには、その職場の実情にあった安全衛生管理システムを構築し、機能させるためには、安全衛生活動を計画的に進めることが重要です。

また、法令の定めとは別に、安全衛生に関するルールとして管理規程を定めておき、安全衛生に関する責任と権限の所在を明確にした上で、安全衛生施策を推進します。

(2) **安全な機械設備の設置**

製造業においては機械設備に関連する労働災害が労働災害全体の4割以上を占めていますので、労働災害を防止するためには、安全な機械設備を設置します。

機械設備のメーカーにおいては、製造する機械のリスクの評価を行い、

> ①労働者が触れるおそれのある箇所に鋭利な端部、角、突起物などがないようにするなど本質的に安全な設計を行う
> ②インターロック付きのガードや光線式の安全装置、非常停止装置などを取り付けるなどの安全防護などのための方策を実施する
> ③安全装置の取り付けなどによっても残留するリスクを取扱説明書に記載する、危険や警告の表示をするなど使用上の情報を作成する

などを行う必要があります。

労働者に機械を使用させる事業主は、取扱説明書に記載された残存するリスクなどのその機械設備の使用上の情報を確認するとともに、機械と作業場所の環境や作業方法などとの関連を含めてリスクの評価を行った上で、次のことを行います。

> ①加工品の供給や取出しの自動化
> ②安全装置の取り付け
> ③安全作業手順の作成
> ④安全衛生教育の実施

　元方事業者の機械設備を借り受けて使用する場合には、その機械設備が安全衛生法令で定められた危害防止措置が適切に行われていることを確認するとともに、元方事業者が機械設備についてリスクの調査を行い、その低減のための措置を行った場合には、その後に見込まれる残留リスクなどの情報の提供を求めます。

(3) **作業手順書の作成と実施**

　仕事を生産計画に沿って円滑・適正に進めるためには、無理なく、ムラなく、無駄なく行うために、機械や材料の取扱いや作業の順序などを盛り込んだ作業手順書を作成しますが、作業手順書には作業の各段階に潜む不安全な状態や労働者の不安全な行動に対応した安全衛生のポイントも盛り込みます。

　作業手順書の作成に当たっては、法令で定められた事項を必ず盛り込むとともに、実際に作業に従事する者の意見を反映させます。

　作業手順書は、確実に実施するように必要な訓練を行うとともに、作業手順通りに適切な作業を行っているかを確認する者を定め、その者に作業状況の確認と指導などを行わせます。

　実際の作業において作業のしやすさや効率性、個々人の動作の特性などに照らし最適とはいえない場合や新たな生産システムや機械設備の導入などに伴い作業手順を変更する場合には、作業手順書も必要な

修正を行います。

(4) **安全点検の実施**

　機械設備などの強度や性能、作業方法、作業環境などをチェックし、不具合を整備、補修、改善などを行うために、安全点検を行います。

　特に危険度の高いボイラーやクレーンなどは定期的に国が指定した機関の性能検査を受けますが、それ以外の機械設備も、その種類に応じて自主検査や資格を有する者や検査業者に実施させる特定自主検査、作業開始前点検と必要な整備、補修を行います。

　安全点検を行うに当たっては、事前に作成したチェックリストなどを使って漏れなく点検し、異常を発見したときはただちに作業を中断し、所定の措置を行います。

　元方事業者の機械設備を借り受けて使用する場合で、機械設備の安全点検などの結果、機械設備の補修などの改善を行う必要があるときは、請負事業主は、元方事業者に必要な権限を求め、所定の改善を行うか、元方事業者と協議の上元方事業者に改善を行ってもらいます。

(5) **作業環境の改善**

　劣悪な作業環境は、労働災害の原因となり、労働者の不安全行動を誘発する要因ともなるので、作業環境を改善し、安全化を図ります。

ア　現場のレイアウト

　作業の無理やムラ、無駄をなくすために、作業の流れに応じた機械設備の配置を行います。たとえば、人が1m移動するのには1.1秒かかりますが、移動時間はムダに直結しますので、次の点に留意して、出きる限り人の動きにムダのない配置にします。

①不必要な動作を伴う工程をなくす。
②交差した動線を排除する。
③運搬の機械化・自動化を取り入れる。
④作業場所を広く確保する。

⑤材料や加工品などの機械の運動範囲などを考慮して十分なスペースを確保する。
⑥作業の流れが容易に把握できる配置とする。
⑦能率よく、安全に作業できるように、機械設備の位置、材料や加工品の置場、工具類などが適正に配置されるようにする。
⑧保守点検を考慮し、点検整備のやりやすさや他の機械との接触防止などを考慮した配置とする。
⑨安全な通路を確保する。

　労働者一人ひとりの作業を改善していくことも必要で、作業員の動きを継続してビデオに録画し、分析します。たとえば、足１歩の移動は0.6秒で、90度振り向く作業は0.8秒です。作業の改善は、材料の置き場所や工具の位置などを工夫することで可能となります。

イ　整理・整頓（５Ｓ）

　５Ｓ（整理・整頓・清掃・清潔・しつけ）は、作業や安全衛生の基本です。工場などの職場空間の能率的・効果的な利用を図り、生産コストを減らし、加工精度を上げ、製品の品質を高めるための基本で、無理やムラ、無駄を改善できない職場は整理・整頓が不十分なところが多く、また、労働者の不安全な行動が多いのが通例です。

　５Ｓの意味することは、次の表のとおりです。

事項	意　　　味
整理	要るものと要らないものを分け、要らないものを処分する。
整頓	必要なものを必要なときに取り出し使える状態にする。
清掃	ゴミなし汚れなしの状態にする。
清潔	ゴミなし汚れなしの状態を保つ。
しつけ	決められたことを守る習慣をつける。

ウ 換気、採光、照明、保温、防湿、休養、避難、清潔などに関する措置

　作業場の換気、採光、照明、保温、防湿、休養、避難、清潔などについて、法令で定める措置を行います（181頁参照）。

エ 標識や警告表示の掲示

　立入禁止場所や危害を生ずるおそれのある箇所などにはわかりやすい標識や警告表示を掲示します。

オ 快適な職場環境の形成

　次のことを継続的・計画的に行い、快適な職場環境を形成するようにします。

> ①作業環境を快適な状態に維持管理
> ②労働者の従事する作業の方法を改善
> ③作業に従事することによる疲労を回復するための施設・設備の設置・整備

(6) 職場巡視・安全衛生パトロール

　職場巡視や安全衛生パトロールは、職場に潜在する危険を日常的に抽出し、その結果に基づいて職場や作業の改善を行うことにより労働災害の未然防止を図るためのもので、次のような効果が期待されます。

> ①安全衛生管理に関する企業の方針が現場にどのように浸透しているか、法令や企業の安全規程などが作業の中でどう守られているかを直接現場で確認できる。
> ②対話などによる相互の意思疎通により、その安全衛生意識や安全衛生教育の効果を把握し、参加意識を高揚させる。
> ③外部の者による職場巡視は、異なった視点で評価、指摘をすることができ、水平展開により企業全体の安全衛生水準の向上に寄与できる。

(7) その他の安全衛生管理

安全衛生管理などの方法としては、次のようなものもあります。

項　目	内　　　容
安全朝礼	毎朝作業にかかる前に、各職場で職長などを中心として行う朝礼で、その日の仕事の内容やそれに伴う安全衛生上の留意点を職長などが指示し、全員で確認する。
安全ミーティング	安全に関して会社が決めたことや職場での方針について話し合い、安全や作業の進め方について納得するように使う。気楽にまじめな話のできる場作りが大切。
ツールボックスミーティング（TBM）	朝作業にかかる前に5～10分くらい、職場の中で工具箱を椅子代わりにし、くるま座になって安全について話し合う。各職場のより短い問題について全員で話し合い、安全に対して具体的な行動を実行に移していく。
ヒヤリハット	職場の中で作業中や歩行中などに危険を感じて、"ハット"したり、背筋が寒くなるように"ヒヤリ"とした経験をどんな状況や状態の時にしたのかを記入し、改善に結びつけていく。
危険予知訓練（KYT）	①職場や作業状況の中に潜む危険要因とそれを引き起こす現象を ②職場または作業の状況を描いたイラストを使って ③職場で実際作業させたり、作業してみせながら ④職場小集団で本音で話し合い、考え合い、わかりあって ⑤危険ポイントや重点実施項目を指差唱和・指差呼称で確認して ⑥行動する前に解決する
改善提案	労働者から業務の改善について提案を求める。
見える化	漠然とした部分を数字など客観的に判断できる指標で把握し、作業についての情報を組織内で共有させることにより現場の問題などの早期発見や効率化や改善に役立てる。

(8) 元方事業者が行うこと

元方事業者は、次のようなことを行います。

ア　請負事業主に対して実施する事項を含め労働災害防止対策として実施すべき主要な事項を定めた安全衛生計画を作成し、請負事業主に周知させて、安全衛生計画に沿って労働災害防止対策を行う。

イ　混在作業による労働災害を防止するため、随時、元方事業者と請負事業主との間や請負事業主相互間における作業間の連絡・調整を

行う。
ウ　定期的に、混在作業による労働災害を防止するため必要な範囲について作業場所を巡視する。
エ　クレーンなどの運転についての合図、事故現場などの標識、有機溶剤などの容器の集積箇所、警報の統一とその周知を行う。
オ　請負事業主が防爆構造の電気機械器具、車両系荷役運搬機械などの労働災害発生のおそれのある機械等を持ち込む場合には、請負事業主に事前に通知させこれを把握しておくとともに、定期自主検査、作業開始前点検などを確実に実施させる。
カ　次の設備の改造、修理、清掃などでその設備を分解する作業またはその設備の内部に立ち入る作業の注文者は、取扱う設備の中の化学物質の危険有害性、作業の注意事項、安全衛生確保のための措置、事故発生時の応急措置などの危険・有害情報を文書などにより請負事業主に提供する。

①爆発性・発火性・酸化性・引火性・可燃性のある化学物質の製造・取扱い設備
②引火点が65度以上の物を引火点以上の温度で行う製造・取扱い設備
③特定化学物質の製造・取扱い設備

請負事業主は、元方事業者が行うことに対応して、必要なことを行います。

5　危険や健康障害を防止するための措置

(1) 次の危険を防止するため必要な措置を行います。
ア　機械、器具などの設備による危険
・機械、器具などには、覆いを設ける、安全装置を取り付ける、所定の安全な構造規格を備えるなどの措置を行う。

・機械の運転開始の合図を定め、そうじなどの場合には運転を停止するなどの措置を行う。
・頭髪・被服が巻き込まれないよう作業帽・作業服を着用させる。
・機械・器具などは、定期検査、作業開始前点検などを行う。

(1) 機械設備に関する安全基準
① 一般基準（労働安全衛生規則（則）第101条～第111条）
② 工作機械（則第112条～第121条）
③ 木材加工用機械（則第122条～第130条）
④ プレス機械・シャー（則第131条～第137条）
⑤ 遠心機械（則第138条～第141条）
⑥ 粉砕機・混合機（則第142条、第143条）
⑦ ロール機など（則第144条～第148条）
⑧ 高速回転体（第149条～第150条の2）
⑨ 産業用ロボット（則第150条の3～第151条）

(2) 荷役運搬機械など
① 車両系荷役運搬機械などの総則（則第151条の2～第151条の15）
② フォークリフト（則第151条の16～第151条の26）
③ ショベルローダーなど（則第151条の27～第151条の35）
④ ストラドルキャリヤー（則第151条の36～第151条の42）
⑤ 不整地運搬車（則第151条の43～第151条の58）
⑥ 構内運搬車（則第151条の59～第151条の64）
⑦ 貨物自動車（則第151条の65～第151条の76）
⑧ コンベヤー（則第151条の77～第151条の83）

(3) ボイラー・圧力容器
① ボイラー（ボイラー及び圧力容器安全規則（ボイラー則）第3条～第48条）
② 第一種圧力容器（ボイラー則第49条～第83条）
③ 第二種圧力容器（ボイラー則第84条～第90条）
④ 小型ボイラー・小型圧力容器（ボイラー則第90条の2～第96条）

(4) クレーンなど
①クレーン（クレーン等安全規則（クレーン則）第３条～第52条）
②移動式クレーン（クレーン則第53条～第93条）
③デリック（クレーン則第94条～第137条）
④ゴンドラ（ゴンドラ安全規則）など

イ 爆発性の物、発火性の物、引火性の物などによる危険
・爆発性の物、発火性の物、引火性の物などは、爆発や火災の防止のための措置を行う。

①溶融高熱物などによる爆発火災などを防止するための措置（則第248条～第255条）
②危険物の製造・取扱に関する措置（則第256条～第267条）
③化学設備に関する措置（則第268条～第278条）
④火気などの管理の措置（則第279条～第292条）
⑤乾燥設備に関する措置（則第293条～第300条）
⑥アセチレン溶接装置に関する措置（則第301条～第307条、第312条、第314条～第317条）
⑦ガス集合溶接装置に関する措置（則第308条～第311条、第313条～第317条）
⑧ボイラー・圧力容器に関する措置（ボイラー則）
⑨高圧室内業務に関する措置（高気圧作業安全衛生規則（高圧則）第17条、第22条、第23条、第25条の２～第26条）

ウ 電気、熱などのエネルギーによる危険
・電気設備は、囲い・絶縁覆いを設けるなどの感電の防止のための措置を行う。

①電気機械器具に関する措置（則第280条～第282条、第329条～第335条）
②配線・移動電線に関する措置（則第336条～第338条）

③停電作業に関する措置（則第339条、第340条）
④活線作業および活線近接作業に関する措置（則第341条～第349条）
⑤作業の指揮と検査・点検などに関する措置（則第350条～第352条）

エ　荷役などの作業方法から生ずる危険
・不適格な繊維ロープを使用しない。
・はいの中抜きをしないなどはいの崩壊などによる危険の防止のための措置を行う。

①貨物取扱作業（則第418条～第435条）
②玉掛けの作業（クレーン則第213条～第222条）

オ　墜落するおそれのある場所などに関する危険
・高さが2メートル以上の箇所で作業を行う場合には作業床を設けるなど高所などからの墜落・転落の防止のための措置（則第518条～533条）を行う。

(2) **請負事業主は、健康障害を防止するための次の措置を行います。**

ア　有害な作業環境に関して、次のような措置を行う（則第576条～第589条）。
・有害物・ガス・蒸気・粉じん・有害な光線・超音波・騒音・振動などの有害原因の除去などを行う。
・屋内作業場のガス・蒸気・粉じんなどの発散を抑制する。
・タンクの内部など自然換気が不十分な場所では内燃機関を使用しない。
・有害物を含む排気を排出する局所排気装置などの設備は、吸収、燃焼、集じんなどの方式による排気処理装置を設ける。
・有害物を含む排液は、中和、沈でん、ろ過などの方式により処理した後に排出する。
・病原体により汚染された排気、排液、廃棄物は、消毒、殺菌など処理した後に排出・廃棄する。

・粉じんを著しく飛散する屋外作業場などでは、注水などで粉じんの飛散を防止する。
・強烈な騒音を発する屋内作業場で労働者に従事させるときは、強烈な騒音を発する場所であることを標識などで明示する。
・強烈な騒音を発する屋内作業場は、隔壁を設けるなどその伝ぱを防ぐ。
・著しく暑熱や寒冷の場所など有害な場所には、関係者以外の立入りを禁止し、見やすい箇所に表示する。
・有害物などは、一定の場所に集積し、見やすい箇所に表示する。
・暑熱、寒冷、多湿、著しい騒音を発する屋内作業場などでは、作業環境測定などを行う。

イ 有害な業務に労働者を従事させるときは、その業務に応じた保護具などを使用させ、保護具などは十分機能するよう適切に管理する（則第593条～第597条）

ウ 有害な業務などに労働者を従事させるときは、その業務に応じた管理を行う。

①石綿などを取り扱う業務（石綿障害予防規則）
②廃棄物の焼却施設における作業（則第592条の2～第592条の7）
③粉じん作業（粉じん障害防止規則）
・特定粉じん発生源には、密閉設備・局所排気装置・プッシュプル型換気装置・湿潤な状態に保つための設備を設置する。
・特定粉じん作業以外の粉じん作業を行う屋内作業場は、全体換気装置により換気する。
・局所排気装置などは法定基準に適合させる。
・局所排気装置などは除じん装置を設ける。
・局所排気装置などは定期自主検査・点検を行い、補修する。
・粉じん作業を行う作業場以外の場所に休憩設備を設ける。
・粉じん作業を行う作業場は、毎日1回以上清掃する。
・粉じん作業に従事させるときは、有効な呼吸用保護具を使用させる。

④有機溶剤業務（有機溶剤中毒予防規則）
・第1種有機溶剤、第2種有機溶剤を使用するときは、密閉設備・局所排気装置・プッシュプル型換気装置を設置する。

・有機溶剤の区分を所定の色で見やすい場所に表示する。
・業務の種類に応じ送気マスク、有機ガス用防毒マスクを使用する。
・屋内に貯蔵する有機溶剤などは、こぼれるおそれがないなどの容器を用い、貯蔵場所には所定の設備を設ける。
⑤鉛業務(鉛中毒予防規則)
⑥四アルキル鉛業務(四アルキル鉛中毒予防規則)
⑦特定化学物質などを取り扱う業務(特定化学物質等障害予防規則)
⑧高圧室内業務・潜水業務(高圧則)
⑨放射線業務(電離放射線障害防止規則)
⑩酸素欠乏危険作業(酸素欠乏症等防止規則)

(3) 作業場について、通路・床面・階段などの保全、換気・採光・照明・保温・防湿・休養・避難・清潔など労働者の健康・風紀・生命の保持のための次の措置を行います。

①作業場に通ずる場所や作業場内には安全な通路を設け、常時有効に保持する、作業場の床面は、つまずき、すべりなどの危険のないものとし、安全な状態に保持する、安全靴などを使用させるなど(則第540条～第558条)。
②足場の材料は著しい損傷・変形・腐食のあるものを使用しないなど(則第559条～第575条)
③屋内作業場の気積を労働者1人につき10㎡以上とする、屋内作業場の換気を十分行うなど(則第600条～第603条)
④作業面の照度を法定の基準以上に保つなど(則第604条～第605条)
⑤暑熱・寒冷・多湿の屋内作業場では温湿度調節措置を行うなど(則第606条～第612条)
⑥常時50人以上または常時女性30人以上が就業するときは男女別の休養室などを設けるなど(則第606条～第618条)
⑦清掃を行うなど(則第619条～第628条)
⑧事務所の衛生に関する措置(事務所衛生基準規則)

(4) 労働者の作業行動から生ずる腰痛などの労働災害を防止するための措置を行う。

・腰痛の予防のため、運搬作業の省力化と改善、取扱い重量の軽減と負担均一化、荷姿の改善と重量などの表示、作業姿勢の改善、作業台の活用、取扱い時間や量の適正化、適切な作業方法の教育を行う。

(5) 労働災害発生の急迫した危険があるときには、作業を直ちに中止し、労働者を作業場から退避させる。

・危険物などの爆発、火災などによる災害発生の急迫した危険があるときは、直ちに作業を中止し、安全な場所に退避させ、災害のおそれのないことを確認するまでの間関係者以外の立入りを禁止する。

・通気が不十分な屋内作業場で有機溶剤業務に労働者を従事させる場合に、局所排気装置などの機能が故障し、有機溶剤中毒の発生のおそれのあるときは、直ちに作業を中止し、事故現場から退避させ、事故現場の有機溶剤などによる汚染が除去されるまで立入りを禁止する。

・そのほか、次の措置を行う。

①労働災害の発生に備えて、救急用具の備付け、備付け場所・使用方法の労働者への周知（則第633条、第644条）。
②救護組織の確立、関係者の訓練など（特化則第26条）
③異常な事態が発生した場合の作業規程の定め（則第274条など）
④避難所・避難階の設備などの設置（則第321条、第546条～第549条）、
⑤避難用具の設置（酸欠則第15条など）
⑥緊急しゃ断装置の設置（則第273条の4など）
⑦警報設備の設置（則第273条の3など）

(6) リスクアセスメントなど

設備・原材料や作業方法・作業手順の新規採用・変更などの際に、次の危険性や有害性など調査を行い、その結果に基づき労働者の危険や健康障害を防止するための措置（リスクアセスメント）を行います。

①建設物・設備・原材料・ガス・蒸気・粉じんなどによる危険性や有害性など
②作業行動など業務に起因する危険性や有害性など

次の自主的活動（労働安全衛生マネジメントシステム）を一連の過程を定めて行います。

①安全衛生に関する方針の表明
②安全衛生に関する目標の設定
③安全衛生に関する計画の作成・実施・評価・改善

これらに関して、「危険性又は有害性等の調査等に関する指針（平成18年3月10日公示第1号）」や「労働安全衛生マネジメントシステムに関する指針（平成11年4月30日告示第53号）」が定められていますので、これらの教育を行います。

リスクアセスメントの手順
①危険性有害性の特定
　　　　↓
②危険性有害性ごとのリスクの見積り
　　　　↓
③リスク低減のための優先度の設定・リスク低減措置内容の検討
　　　　↓
④優先度に対応したリスク低減措置の実施

リスク低減措置の実施
法令に定められた事項がある場合は必ず実施する
　　　　↓
ア　設計計画の段階における危険性有害性の除去・低減
・危険な作業の廃止・変更、より危険性又は有害性の低い材料への代替、

> より安全な反応過程への変更、より安全な施工方法への変更など
> ↓
> イ　工学的対策
> ・ガード、インターロック、安全装置、局所排気装置の設置など
> ↓
> ウ　管理的対策
> ・マニュアルの整備、立入禁止措置、ばく露管理、警報の運用、2人組制の採用、教育訓練、健康管理など
> ↓
> エ　個人用保護具の使用
> ・アからウまでの措置により除去されなかった危険性有害性に対して、呼吸用保護具や保護衣などを使用させる

リスクアセスメントの実施に当たっては、次の点に留意します。

> ①危険性有害性の特定やリスクの見積りに労働者を参画させる。
> ②就業の開始や作業内容の変更に際してリスクアセスメントを実施する。
> ③経験期間の短い者には、経験期間が短いことを考慮してリスク低減措置を検討する。
> ④リスクアセスメントの実施結果を安全衛生教育に用いる。

なお、労働災害の防止上その就業に当たって特に配慮を必要とする者については、その心身の条件に応じて適正な配置を行うようにします。

6　就業制限

次の就業制限業務は、その業務の種類に応じ免許を受けた者または技能講習を修了した者でなければ、その業務に就かせることはできません。業務に就く資格のある者には、その業務に従事するとき免許証

などを携帯させます。

製造業関係の主な就業制限業務（例）		
業務の内容		資格者
ボイラーの取扱い	ボイラー（小型ボイラーを除く）の取扱いの業務	特級ボイラー技士、一級ボイラー技士、二級ボイラー技士、ボイラー取扱技能講習修了者
ボイラー、第一種圧力容器の溶接	ボイラー、第一種圧力容器の溶接業務	特別ボイラー溶接士、普通ボイラー溶接士
ボイラー、第一種圧力容器の整備	ボイラー、第一種圧力容器の整備業務	ボイラー整備士
クレーンの運転	つり上げ荷重が5トン以上のクレーン（跨線テルハを除く）の運転の業務	クレーン・デリック運転士（クレーン限定免許所持者を含む）、床上操作式クレーン運転技能講習修了者、クレーン運転士
ガス溶接などの業務	可燃性ガスと酸素を用いて行う金属の溶接、溶断、加熱の業務	ガス溶接作業主任者、ガス溶接技能講習修了者
フォークリフトの運転	最大荷重が1トン以上のフォークリフトの運転の業務	フォークリフト運転技能講習修了者など
高所作業車の運転	作業床の高さが10メートル以上の高所作業車の運転の業務	高所作業車運転技能講習修了者など
玉掛け	制限荷重が1トン以上の揚貨装置、つり上げ荷重が1トン以上のクレーン・移動式クレーン・デリックの玉掛けの業務	玉掛け技能講習修了者など

7　健康の保持増進

(1)　健康の保持のための3管理

健康の保持のため、次の3つの管理を機能させます。

> ①作業環境を良好な状態に維持管理する（作業環境の管理）。
> ②疲労・ストレスが過度にならないように作業を適切に管理する（作業の管理）。
> ③健康状態を的確に把握し、必要な措置を講ずる（健康の管理）。

(2) **作業環境測定**

　作業環境管理は作業環境中の有害要因を取り除くことを目的としています。作業環境管理を進めるに当たっては、作業環境を正確に把握し、その結果の評価に基づき、必要な場合には施設・設備の設置・整備などを行います。

　次の業務を行う作業場では、作業環境測定を行います。

> **製造業関係の作業環境測定を行う作業場（例）**
> ①土石、岩石、鉱物、金属、炭素の粉じんを著しく発散する屋内作業場
> ②暑熱、寒冷、多湿の屋内作業場
> ③著しい騒音を発する屋内作業場
> ④中央管理方式の空気調和設備を設けている建築物の事務所用の室
> ⑤放射線業務を行う作業場
> ⑥特定化学物質や石綿（試験研究用）などを製造・取り扱う屋内作業場、コークス炉上においてもしくはコークス炉に接してコークス製造を行う作業場
> ⑦鉛業務を行う屋内作業場（遠隔操作によって行う隔離室におけるものを除く）
> ⑧酸素欠乏危険場所の作業場
> ⑨有機溶剤を製造し、取り扱う業務を行う屋内作業場

　元方事業者は、作業環境測定結果の評価に基づいて請負事業主が行う作業環境の改善、保護具の着用などについて、必要な指導を行います。

　なお、元方事業者が実施した作業環境測定の結果は、測定の範囲に

おいて作業を行う請負事業主も活用できます。

(3) **作業管理**

請負事業主は、労働者の健康に配慮して、労働者の作業時間と休憩時間や作業量の適正化、作業姿勢の改善などその従事する作業を適切に管理します。

(4) **健康診断**

個々の労働者の健康状態を把握し、適切な健康管理を行い、その健康状況から職場の有害因子を発見し改善していくため、健康診断を行います。

ア　一般健康診断

労働者に対し、次の一般健康診断を行います。

1）常時使用する労働者を雇い入れるときに行う健康診断
2）常時使用する労働者（③の労働者を除く）に対し、1年以内ごとに定期に行う健康診断
3）次の業務に常時従事する労働者に対し、その業務への配置替えの際および6月以内ごとに定期に行う健康診断

① 多量の高熱物体を取り扱う業務および著しく暑熱な場所における業務
② 多量の低温物体を取り扱う業務および著しく寒冷な場所における業務
③ ラジウム放射線、エックス線その他の有害放射線にさらされる業務
④ 土石、獣毛などの塵埃または粉末を著しく飛散する場所における業務
⑤ 異常気圧下における業務
⑥ さく岩機、鋲打機などの使用によって身体に著しい振動を与える業務
⑦ 重量物の取扱いなど重激な業務
⑧ ボイラー製造など強烈な騒音を発する場所における業務
⑨ 坑内における業務
⑩ 深夜業を含む業務
⑪ 水銀、砒素、黄りん、弗化水素酸、塩酸、硝酸、硫酸、青酸、苛性アルカリ、石炭酸その他これらに準ずる有害物を取り扱う業務

> ⑫　鉛、水銀、クロム、砒素、黄りん、弗化水素、塩素、塩酸、硝酸、亜硫酸、硫酸、一酸化炭素、二硫化炭素、青酸、ベンゼン、アニリンその他これらに準ずる有害物のガス、蒸気または粉じんを発散する場所における業務
> ⑬　病原体によって汚染のおそれが著しい業務

　なお、医師または保健師による労働者の精神的健康の状況を把握するための検査を行うことを事業主に義務付ける法改正が予定されています。

イ　特殊健康診断

　業務に起因する病気の可能性の高い次の業務については、病気の早期発見や適切な事後措置などの健康管理を行うために、その業務に応じた特殊健康診断を、その業務に配置換えした際および6月（放射線業務の一定の検査項目および四アルキル鉛業務は3月）以内ごとに定期に行います。

> ①高圧室内作業
> ②放射線業務
> ③特定化学物質の製造・取扱い業務
> ④石綿などの試験研究のための製造・取扱いに伴い石綿の粉じんを発散する場所における業務
> ⑤製造禁止物質などを試験研究のため製造・使用する業務
> ⑥鉛業務（遠隔操作によって隔離室で行うものを除く）
> ⑦四アルキル鉛業務（遠隔操作によって隔離室で行うものを除く）
> ⑧屋内作業場などの場所において有機溶剤を製造・取扱う業務

　また、製造禁止物質を取り扱う業務に従事させたことがあり、現に使用している労働者についても、その業務に応じた特殊健康診断を行います。

塩酸、硝酸、硫酸、亜硫酸、フッ化水素、黄りんその他歯またはその支持組織に有害な物のガス、蒸気または粉じんを発散する場所における業務に従事する者に対しては、歯科医師による健康診断を行います。

ウ　じん肺健康診断

新たに常時粉じん作業に従事する者には、就業の際じん肺健康診断を行います。

常時粉じん作業に従事し、または従事したことのある者には、その作業従事の状況および管理区分の状況に応じた期間ごとに定期にじん肺健康診断を行います。

このほか、じん肺法に定める定期外健康診断、離職時健康診断を行います。

エ　自発的健康診断

過去6か月間を平均して1か月当たり4回以上深夜業に従事した者は、自ら受けた健康診断の結果を証明する書面を事業者に提出することができます。

オ　健康診断に関する措置

自発的健康診断を含め健康診断に関して、次の措置を行います。

---

①健康診断個人票を作成して健康診断の結果を記録し、一般健康診断は5年間、じん肺健康診断は7年間、特殊健康診断はその種類ごとに定められた期間保存する。

②健康診断の結果（健康診断の項目に異常の所見があると診断された労働者に限る）に基づき、その者の健康を保持するために必要な措置について、医師などの意見を聴く。

③医師などの意見を勘案し、必要があるときは、労働者の実情を考慮して、就業場所の変更、作業の転換、労働時間の短縮、深夜業の回数の減少、作業環境測定の実施、施設・設備の設置・整備などを行う。

④健康診断を受けた者にその結果を通知する。

> ⑤健康診断の結果、特に健康の保持に努める必要がある労働者に対し、医師や保健師による保健指導を行う。
> ⑥特殊健康診断の結果報告書などを労働基準監督署に提出する。

カ 元方事業者が行う措置

元方事業者は、請負事業主の労働者の健康診断の受診率を高めるため、自社の労働者に対して実施する健康診断と請負事業主がその労働者に対して実施する健康診断を同じ日に実施することができるよう日程調整する、請負事業主に対して健康診断機関を斡旋するなどを行います。

(5) **面接指導**

時間外労働が月100時間を超えており、かつ、疲労の蓄積が見られる労働者から申出がある場合には、その申出後遅滞なく、医師が問診などにより心身の状況を把握し、これに応じて面接により指導を行う面接指導を行います。

面接指導については、次の措置を行います。

> ①面接指導の結果の記録を作成し、5年間保存する。
> ②面接指導の結果に基づき、遅滞なく医師から意見を聴く。
> ③医師の意見を勘案し、労働者の実情を考慮して、就業場所の変更、作業の転換、労働時間の短縮、深夜業の回数の減少などを行う。

なお、精神的健康の状況を把握するための検査の結果を通知された労働者が面接指導の申出をしたときは面接指導を事業主に義務付け、その結果、医師の意見を聴き、就業上の措置を行う法改正が予定されています。

(6) **病者の就業禁止**

病毒伝ぱのおそれのある伝染性の疾病や労働のため病勢が著しく悪化するおそれのある心臓、腎臓、肺などの疾病にかかった者などにつ

いて、あらかじめ医師の意見を聴いた上で、その就業を禁止します。

(7) **健康の保持増進のための措置**

労働者に対する健康教育および健康相談など他労働者の健康の保持増進を図るため必要な措置を継続的・計画的に行います。これに関して、「事業場における労働者の健康保持増進のための指針」、「労働者の心の健康の保持増進のための指針」が公表されています。

8　労働災害が起きた場合の対応

労働災害は、まずあらゆる予防的手段を講じて未然に防止することが第一ですが、実際に労災事故が起きた場合には、迅速な避難と緊急措置を適切に行って被害の拡大を図るとともに、被災者に対しては適切な救急措置を行います。

このため、あらかじめ事態の発生を想定した体制の整備、事業所内・社内への連絡方法、緊急時の手順を定めたマニュアルを作成し、訓練しておきます。

(1) **作業の中止と避難**

異常事態が発生するなど労働災害が発生する急迫した危険があるときには、非常ベルや警報機で知らせるなどして、機械設備を止めて作業を直ちに中止し、作業場から退避させます。特に、夜間や休日に労働災害が発生する事態も想定した体制を定めておきます。

(2) **被災者の救出**

労働災害が発生したら、落ち着いて速やかに被災者を救出し、救急処置や医療機関への移送などを行います。被災者の救出に際しては、発生した災害の危険の種類なども判断して、二次災害に至らないようにします。必要に応じて、救出のための体制をとります。

被災者がケガなどをした場合には、すぐに救急車を呼びます。

また、負傷者の意識はあるか、多量の出血はしていないかなどその

状態をしっかり観察し、適切な対応を取ります。意識については、呼吸や心臓の鼓動、脈拍などで確認し、瞳孔の状態などの如何によっては人口呼吸と心臓マッサージ、AEDによる救命措置を行います。多量の出血の場合には止血が必要となりますので、救急救命講習を受講しておきます。

(3) 初期防災活動

労働災害が発生した場合には、的確な判断のもとに生産ラインの停止、救護活動、消防活動などを行い、被害の拡大を防ぎます。

(4) 関係行政機関などへの連絡

労働災害の規模によっては、労働基準監督署、警察署、消防署、自治体などの関係行政機関に速やかに連絡します。その際、関係行政機関による調査が済むまでは、基本的には現場はそのままにしておきます。

また、負傷や死亡などの場合には被害者の近親者への連絡も行います。

(5) 労働災害の状況の確認

現場の見取図や労働災害の経過などを記録したり、写真を撮っておき、労働災害の状況を確認しておきます。

(6) 死傷病報告書の提出

労働災害その他就業中または事業所内、その附属建設物内もしくは附属寄宿舎内において労働者の負傷、窒息または急性中毒が発生したときは、次により、所轄の労働基準監督署に死傷病報告書を提出します。

> ①死亡または4日以上休業したときは、遅滞なく
> ②3日以下休業したときは、四半期ごとの最後の月の翌月末日までに

故意に労働者死傷病報告を提出しない場合や虚偽の内容を記載した労働者死傷病報告を提出する場合には、「労災かくし」として、書類

送検など厳しい措置が行われます。

(7) 労働災害の原因究明と再発防止対策

　労働災害が発生した場合には、速やかに災害調査（発生状況と災害要因の究明）を行います。災害調査は、発生原因を明らかにし、同種災害の再発を防止するための対策を確立することを目的としています。

　災害の原因には、機械設備などの「不安全な状態」、作業者の「不安全な行動」、事業所の「安全管理上の欠陥」などが複合して発生することが多いので、調査に当たってはこれらの要素について、多角的に経過や事実を正確に把握し、真の災害原因を究明します。

　機械設備などの「不安全な状態」については作業方法の改善や機械設備などの本質安全化を図ること、作業者の「不安全な行動」については安全衛生教育に組み込みます。

　労働災害の原因究明や再発防止対策については安全衛生委員会に付議して調査審議するとともに、その程度に応じて社内で横展開を図ります。

(8) 労働災害に被災したことについての証明

　労働災害に被災した労働者には労災保険の給付が行われますが、その際には、請負事業主の側で、労働災害に被災したことについての証明を行います。

9　過重労働による健康障害の防止

(1) 脳・心臓疾患の発症の予防

　過重労働とは、業務による負担が過度な働き方のことで、疲労回復のための十分な睡眠時間または休息時間が確保できないような長時間にわたる労働をいいます。例えば、脳・心臓疾患は広く一般の人々の間に数多く発症する病気ですが、長時間にわたる労働など業務による過度な負担が加わることにより、血管の病変などがその自然経過を超

えて著しく悪化し、これらの病気を発症することがあります。

　過重労働をできるだけ減らすとともに、疲労が蓄積するおそれがある場合には健康管理対策を強化します。

　業務による過重な負荷により脳・心臓疾患を発症させる要因には、①労働者の健康の状況や年齢、②交替制勤務、③不規則な労働時間、④拘束時間の長い勤務、⑤出張の多さや連続した出張、⑥作業環境、⑦精神的ストレス、⑧労働時間の長さなどがあります。

　業務が原因で脳・心臓疾患を発症させる場合として、労災保険の認定基準では次の３つの場合があります。

---

①発症直前から前日までの間において異常な出来事に遭遇したこと（異常な出来事）。
②発症に接近した時期に、特に過重な業務に就労したこと（短期間の過重業務）。
③発症前の長期間にわたって、著しい疲労の蓄積をもたらす特に過重な業務に就労したこと（長期間の過重業務）。

　長期間の過重業務については、労働時間の長さについて、次のような判断基準が示されています。

---

①１月間ないし６月間にわたって、１月当たり45時間を超える時間外労働が認められない場合はその業務と脳・心臓疾患との関連性が弱いが、45時間を超えて時間外労働が長くなるほど、その業務と脳・心臓疾患との関連性が徐々に強まる。
②１月間におおむね100時間または２月間ないし６月間にわたって、１月当たりおおむね80時間を超える時間外労働がある場合は、その業務と脳・心臓疾患との関連性が強い。

　このため、労働時間の管理は、次のようにします。

> ①時間外・休日労働時間の削減に取り組み、実際の時間外労働を月45時間以下とするようにするとともに、休日労働の削減に努める。
> ②労働時間の適正な把握を行う。
> ③管理・監督者なども、過重労働とならないよう十分な配慮を行う。
> ④年次有給休暇を取得しやすい職場環境づくりや計画的付与制度の活用などにより年次有給休暇の取得促進を図る。
> ⑤疲労を蓄積させない、または疲労を軽減させるような労働時間などの設定を行う。

また、健康診断や面接指導を行い、その健康状態を的確に把握し、その結果に基づいて、医学的知見を踏まえて、健康管理を適切に実施した上で、その年齢や健康状態などに応じて従事する作業時間および内容の軽減、働く場所や業務の内容の変更を行うなどの措置を適切に行います。

(2) メンタルヘルス

業務に関連するストレス要因で精神障害などを引き起こすおそれがある心理的な負担となる出来事には、それだけで心理的負荷が強いと評価される①心理的負荷が極度のもの（生死にかかわる、極度の苦痛を伴うなどの病気やケガをする、他人を死亡させ、生死にかかわる重大なケガを負わせる、強姦などのセクハラを受ける）や②1月160時間（3週間120時間）を超えるような極度の長時間労働のほか、次の表の出来事が挙げられています。

表　心理的負荷となる業務上の出来事

出来事の類型	具体的出来事
①事故や災害の体験	病気やケガをした
	悲惨な事故や災害の体験、目撃をした
②仕事の失敗、過重な責任の発生等	重大な人身事故、重大事故を起こした
	会社の経営に影響するなどの重大な仕事上のミスをした
	会社で起きた事故、事件について、責任を問われた

		自分の関係する仕事で多額の損失などが生じた
		違法行為を強要された
		達成困難なノルマが課された
		ノルマが達成できなかった
		新規事業の担当になった、会社の建て直しの担当になった
		顧客や取引先から無理な注文を受けた
		顧客や取引先からクレームを受けた
		大きな説明会や公式の場での発表を強いられた
		上司が不在になることにより、その代行を任された
③仕事の量・質		仕事内容・仕事量の（大きな）変化を生じさせる出来事があった
		1か月に80時間以上の時間外労働を行った
		2週間以上にわたって連続勤務を行った
		勤務形態に変化があった
		仕事のペース、活動の変化があった
④役割・地位の変化など		退職を強要された
		配置転換があった
		転勤をした
		複数名で担当していた業務を1人で担当するようになった
		非正規社員であるとの理由などにより、仕事上の差別、不利益取扱いを受けた
		自分の昇格・昇進があった
		部下が減った
		早期退職制度の対象となった
		非正規社員である自分の契約満了が迫った
⑤対人関係		嫌がらせ、いじめ、または暴行を受けた
		上司とのトラブルがあった
		同僚とのトラブルがあった
		部下とのトラブルがあった
		理解してくれていた人の異動があった
		上司が替わった
		同僚などの昇進・昇格があり、昇進で先を越された
⑥セクシュアルハラスメント		セクシュアルハラスメントを受けた

精神障害などは個人の資質が極めて大きな影響を及ぼすとともに、精神障害などを引き起こすストレス要因の中には次の表のように業務以外の要因もあります。

表　心理的負荷となる業務外の出来事

出来事の類型	出来事
①自分の出来事	離婚または夫婦が別居した
	病気やケガをしたまたは流産した
	夫婦のトラブル、不和があった
	妊娠した
	定年退職した
②自分以外の家族・親族の出来事	配偶者や子供、親または兄弟が死亡した
	配偶者や子供が重い病気やケガをした
	親類の誰かで世間的にまずいことをした人が出た
	親族とのつきあいで困ったり、辛い思いをしたことがあった
	親が重い病気やケガをした
	家族が婚約したまたはその話が具体化した
	子供の入試・進学があったまたは子供が受験勉強を始めた
	親子の不和、子供の問題行動、非行があった
	家族が増えた（子供が産まれた）または減った（子供が独立して家を離れた）
	配偶者が仕事を始めたまたは辞めた
③金銭関係	多額の財産を損失したまたは突然大きな支出があった
	収入が減少した
	借金返済の遅れ、困難があった
	住宅ローンまたは消費者ローンを借りた
④事件、事故、災害の体験	天災や火災などにあったまたは犯罪に巻き込まれた
	自宅に泥棒が入った
	交通事故を起こした
	軽度の法律違反をした
⑤住環境の変化	騒音など家の周囲の環境（人間環境を含む）が悪化した
	引っ越した
	家屋や土地を売買したまたはその具体的な計画が持ち上がった
	家族以外の人（知人、下宿人など）が一緒に住むようになった

⑥他人との人間関係	友人、先輩に裏切られショックを受けた
	親しい友人、先輩が死亡した
	失恋、異性関係のもつれがあった
	隣近所とのトラブルがあった

　精神障害につながるおそれのある状況を根本的になくすということは現実には不可能なので、このような兆候が現れた場合には、適切に対処して配慮することが必要です。最も望ましいのは、本人がストレスに気づき、これに適切に対処することですが、職場のストレス要因には、本人の力だけでは取り除けないものもありますので、職場のメンタルヘルスケアを推進し、適切な支援を行います。

　職場のメンタルヘルスケアを進めるに当たっては、次のような取組みを行います。

---

①職場のメンタルヘルスケア対策を積極的に推進することを表明する。
②衛生委員会などで労働者の意見を聴いて十分な協議を行う。
③メンタルヘルスケアに関する職場の現状と問題点を明確にする。
④メンタルヘルスケアに関する問題点を解決するために具体的に何を行うかの計画を作り、これに基づいて進める。

特に、次の4つのメンタルヘルスケアを継続的・計画的に進めます。

---

①セルフケア：本人がストレスの要因やその存在に気づき、これに対処する。
②ラインによるケア：管理者がメンタルヘルス不調などの問題について、職場環境の改善や特に配慮が必要な者に対する相談・対応などに当たる。
③産業保健スタッフによるケア：産業保健スタッフが労働者本人や管理者に対し、こころの健康問題について、必要な支援などを行う。
④外部専門機関によるケア：事業所外のメンタルヘルスの専門的な機関を活用する。

このために、次のようなことに取り組みます。

①メンタルヘルスケアを推進するための教育研修・情報の提供
②職場環境の把握と改善
③メンタルヘルス不調への気づきと対応
④職場復帰における支援

メンタルヘルスケアを進めるに当たっては、個人情報の保護に配慮することが極めて重要です。

10　職場における喫煙対策

事業所全体を常に禁煙とする（全面禁煙）か、一定の要件を満たす喫煙室などでのみ喫煙を認めそれ以外の場所を禁煙とします（空間分煙）。

なお、職場の全面禁煙または空間分煙を事業主に義務付ける法改正が予定されています。

第2部 応用編
請負契約の締結と請負事業の推進

第4章 請負事業を行うに当たっての基本的な事項

> 「請負事業を行うに当たっての基本的な事項」のポイント
> ・事業を行うための基本的な能力として、資金を調達する能力、法的な解決能力、事業を行う能力がある。
> ・労働法に定めることを行うことのできない事業主、社会・労働保険の経費や事務の負担を行うことのできない事業主は、人を雇って請け負った仕事を処理する資格・能力がない。
> ・発注者は基本的な能力を欠いた事業主に仕事を請け負わせることはできない。

1　事業を行うための基本的な能力

　企業が事業を行うためには、その基本的な能力として欠かせないものがいくつかあります。

　1つが資金の面です。どんなに小さい企業であっても、事業を経営するために必要な最低限の資金というのはあります。この資金を調達する能力がないような企業は、企業とは言えないのではないでしょうか。

　もちろんその調達の方法はいろいろあると思われますが、事業資金を全く調達する能力がないとすれば、きわめて問題です。その意味で、事業に必要な資金を調達する能力があるというのは、企業経営を行うに当たって、基本中の基本ということができます。

　2つ目が法的な能力です。人と人との関係、企業と企業との関係が法律で規律されている以上、何か問題が発生するとすれば、法的に解決するしかありません。

そして、その問題を処理するためには、企業には法的な解決能力が求められます。このような法的な解決能力を持たないようなものは、企業とは言えません。

3つ目は事業を行う能力です。請負事業を行うということは、発注者から請け負った仕事を処理するということですので、それを処理することができる能力がなければ、請負事業を行っているとは言えません。

請け負った仕事の中身は個々の事業で異なるでしょうが、少なくともその請け負った仕事をこなす能力がなければ、請負事業を行う資格はありません。

実は、これら3つの能力は告示第37号第2条第2号のいわゆる事業経営の独立性を構成する要素なのです。その意味で、事業経営の独立性と呼ばれているものは、決して突拍子もないことを言っているのではなく、企業としての基本的な要素を示しているのです。

2　人を使って事業を行うための基本的な能力

請負事業は、決して人を使ってしかできない事業ではありません。事業主自らが請け負った仕事を処理するというのは、例えば一人親方に代表されるように、普通に見られる形態です。

ところが、処理すべき仕事の量が大きくなると1人で処理することはできなくなりますので、人を使って仕事を処理することになります。

人を使って仕事を処理する形態の中には、処理すべき仕事の一部を他の人に請け負わせるというものもありますが、特に現在においては人を雇って仕事を処理するというのが一般的です。

人を雇う場合には労務管理を行わなければなりませんし、労務管理については、各種労働法の規制を受けます。労働法の多くは、事業主に労務管理に関して行わなければならないことや行ってはならないこ

とを定めていますので、これらのことを行わなければなりません。

　さらに、社会保険や労働保険も事業を単位として適用され、事業を行う事業主には社会保険や労働保険の経費や事務の負担が求められます。

　これらのことは、各種労働法の規制に沿った労務管理や社会保険や労働保険への加入といったことのできない事業主は、現在の我が国では人を雇って事業を行うことは許されないということを意味します。

　そうなると、各種労働法に定めることを行うことのできない事業主、社会保険や労働保険に関する経費や事務の負担を行うことのできない事業主は、人を雇って請け負った仕事を処理する資格・能力がないことになります。

　このことは、1の2つ目に挙げた法的な解決能力とも関係します。各種労働法に定めることを行い、社会保険や労働保険に関する経費や事務の負担を行うことは事業主の義務となっている以上、少なくともそれらのことを行うことは、これらに関する法的な問題を処理できないことを意味します。

　以上のことから明らかなように、人を雇って請け負った仕事を行うために最低限なすべきことを行う能力のない事業主は、人を雇って請負事業を行うことはできません。

3　発注者は基本的な能力を欠いた事業主に仕事を請け負わせることはできない

　第3章で「元方事業者は、労働者の危険や健康障害を防止するための措置を講じる能力がない、安全衛生管理体制を確保することができないなど労働災害を防止するための責任を果たすことのできない請負事業主には仕事を請け負わせることはできない」旨記載していますが、このことは、請負事業を行うための基本的な能力に欠ける事業主、

人を雇って請け負った仕事を行うときはそのための基本的な能力が欠ける事業主にも同じようにあてはまります。

つまり、発注者は、事業を行うための基本的な能力に欠ける事業主に仕事を請け負わせることはできませんし、人を雇って請け負った仕事を行うための基本的な能力が欠ける事業主に仕事を請け負わせることはできないのです。

その意味で、基本的な能力を欠いた事業主に仕事を請け負わせたとすれば、発注者としての責任を果たしていないことになり、問題が発生したときには、当然発注者も責任を負うことになります。

4　請負事業主としての基本的な事項

人を雇って事業を行う請負事業主としては、少なくとも次のようなことを行わなければならないと考えられます。

(1)　請け負った仕事を処理する事業主としての能力を身につける。

請け負う仕事はさまざまですが、事業主としては、その仕事を処理するために行う能力を身につけなければなりません。

その能力は事業主としてその仕事を処理する能力であり、人的な要素、物的な要素、技術的な要素、管理的な要素などを組み合わせて、その仕事を適切に処理する能力です。

この能力がないと、通常発注者から仕事が発注されるなどということは考えられません。

(2)　労務管理や安全衛生管理の責任を負う。

人を雇って事業を行う以上、請負事業主は労務管理や安全衛生管理の責任について、事業主としての責任を負い、決して発注者に依存することは許されません。

その範囲は広く、また、各種労働法の規制を受けますから、もし法違反などがあれば、当然その責任を負わなければなりません。

> (3) 雇用に関する責任を負う。

　雇用に関する責任を負うことを明確にするために、次の方針を明らかにすることが望ましいと考えられます。
① 労働者の雇用を維持するために、最大限の努力をする。
② 発注者から請負契約を解除されても、有期労働契約の中途では、やむを得ない事由がなければ解雇しないようにする。

　労働契約法は、①解雇は、客観的に合理的な理由を欠き、社会通念上相当であると認められない場合には、無効である、②期間の定めのある労働契約については、やむを得ない事由がある場合でなければ、その契約期間が満了するまでの間において、労働者を解雇することができない、旨規定しています。

　これらの規定は労働契約法で創設されたものではなく、①は判例で定着した考え方であり、②は民法の規定の裏返しですので、労働契約法に規定があるか否かにかかわらず、人を雇う請負事業主として負わなければならない責任です。

　このため、請負事業主としては、第1に労働者の雇用を維持するために、最大限の努力をするという方針を明らかにすることが望ましいと考えられます。

　その際、労働者の雇用を維持するための国の支援としては、雇用調整助成金制度がありますので、これを活用した雇用の維持努力を行うことが重要です。

　第2に、有期の労働契約の中途では、やむを得ない事由がなければ解雇できませんので、これを踏まえた対応が必要になります。

　特に問題となるのは、発注者から請負契約を中途で解除された場合です。

この場合には雇用を継続するための費用の負担を発注者に求めることが必要になりますが、請負契約の中途解除の場合には、少なくとも雇用を継続するために要する経費については発注者が負担することを請負契約に明記するようにする必要があります。

(4) 社会・労働保険を適用する。

社会・労働保険を適用することを明確にするために、次の方針を明らかにします。
① 健康保険・厚生年金保険・雇用保険・労災保険の適用を行う。
② 適用対象となる全ての労働者を健康保険・厚生年金保険・雇用保険に加入させる。

健康保険・厚生年金保険・雇用保険・労災保険の適用事業所や適用される労働者の範囲については、それぞれの法律に定められていますが、請負事業主は、これらの社会・労働保険を適用し、適用対象となる全ての労働者を加入させる必要があります。

このため、健康保険・厚生年金保険・雇用保険・労災保険の適用を行い、かつ、適用対象となる全ての労働者を健康保険・厚生年金保険・雇用保険に加入させるという方針を明確にします。

第5章 請負契約の締結に当たって行う事項

> **「請負契約の締結に当たって行う事項」のポイント**
> ・請負契約の締結に当たっては、請負業務が明白であること、危険有害業務の有無、法令などに定められた資格を有する者や発注者が求める作業能力や資格などを有する者の配置の必要の有無などを確認する。
> ・請負契約書に記載する事項には、管理事務所を設置するために適切なスペースの提供、発注者などの作業エリアと請負事業主の作業エリアの区分による作業の混在の防止、請負業務の処理に要する資金の調達と支払い、請負業務の処理についての法的な責任、請負業務の処理、請負業務に従事する労働者に対する作業遂行上の指揮命令、指揮命令系統図や連絡調整図、注文書類、原材料、部品や製品などの授受の際の措置、労働者に欠員が生じた場合の措置、労働者を休業させたときの休業補償、労働者の採用に関する事項などがある。
> ・請負契約の締結に当たっては、発注者の有する機械や設備、器材の借り受け、借り受けた機械や設備、器材のメンテナンス、請負料金の設定、請負契約の作成などに留意する。

　請負事業を適正に行うためには、請負契約の締結に当たって請け負う業務の内容を確認するとともに、適正に管理されるように所定の事項を請負契約に定め、請負事業主と発注者間の法的な契約事項とし、その違反に対しては損害賠償の支払いを求める関係とすることが必要です。
　また、請負契約の締結に当たる者と請負事業の管理を行う者とは別であることが通常ですので、請負契約に定められていれば、両者間にずれが生じることを防止して、当初の狙い通りの請負事業を行うこと

を可能とします。

さらに、請負契約に明記されていれば、請負事業主と発注者とを拘束するものとなるので、例えば関係行政機関が立入り調査などをする場合にも、その証拠として説明することができます。

1 請負契約の締結に当たり確認する事項

請負契約を締結するに当たっては、次の事項を確認するとともに、それぞれに定めた措置を行います。

(1) **請負業務が明白であること**

> 請負業務が明白であることを確認し、業務の内容を明確にする。

請負事業主は請け負った業務を処理しなければなりませんから、請け負った業務が明確でなければ、その業務を処理するためには大きな困難を伴います。

特に、請負契約の締結に当たる者と請負事業の管理を行う者とは別であることが通常ですので、仮に請負契約の締結に当たる担当者が請け負った業務の内容を理解できたとしても、請負事業の管理を行う者や実際作業を行う者がその内容を理解できないとすれば、その業務を処理することはできません。

このため、請負契約を締結するに当たっては、請負事業の管理を行う者や実際作業を行う者がその内容を理解できる程度に請け負った業務が明白であることが必要ですので、請負契約の締結担当者は請負業務が明白であることを確認します。

その上で、業務の内容を明確にして、請負契約に広く関係当事者が業務の内容について共通の理解が得られるようにして、業務を適切に処理できるようにする必要があります。

(2) 危険有害業務の有無

> 請け負う業務に危険有害業務があるのかないのかを確認し、危険有害業務があるときは所定の措置を行う。

　危険有害業務については、特別の安全衛生教育が必要であったり（第3章167～168頁参照）、その業務の種類に応じ免許を受けた者または技能講習を修了した者でなければその業務に就かせることはできなかったり（第3章184～185頁参照）、特殊健康診断が必要であったり（第3章188～189頁参照）します。

　これらのことを的確に行った上で業務を適切に処理するためには、請け負った業務に危険有害業務が含まれるのか否かを確認する必要があります。

　このため、請負契約を締結するに当たっては、請負契約の締結担当者は請け負った業務に危険有害業務が含まれるのか否か、含まれている場合にはどのような業務なのかを確認します。

　その上で、危険有害業務の種類に応じて、それぞれに定める措置を行うことが必要となりますので、特別の安全衛生教育の実施や免許の取得、技能講習の受講、特殊健康診断の実施、あるいは資格を有する者の採用などを行い、有資格者を配置するようにします。

　また、請負契約にも、それらの事項を明記することによって、関係者の共通の理解の下で業務を処理します。

(3) 法令などに定められた資格を有する者の配置の必要の有無

> 法令などに定められた資格を有する者を配置する必要があるのかないのかを確認し、その必要があるときは、有資格者を配置する。

　法令などで一定の資格を有する者の配置が義務付けられているのは、危険有害業務に限りません。さまざまな法令によってそれぞれに定める資格を有する者の配置が義務付けられています。

このため、発注者に問い合わせたり、関係する法令などを確認するなどして、法令などで法定の資格を有する者の配置が義務付けられていないか、どのような資格を有する者を配置する必要があるのか、などを確認する必要があります。

法令などで一定の資格を有する者の配置が義務付けられている場合には、その資格を取得させるか、あるいはその資格を有する者を採用するなどします。

なお、必要な資格を取得するために相当の時間を必要とし、請負事業主にそのような資格を有する者がいないような場合には新規採用によるしかありませんが、そのような資格を有する者を採用できるのかという問題もありますので、注意が必要です。

有資格者を配置しなければ、その業務を請け負うことはできませんので、有資格者を配置した上で、その業務を処理することが必要になります。

また、請負契約にも、それらの事項を明記することによって、関係者の共通の理解の下で業務を処理します。

(4) **発注者が求める作業能力や資格などを有する者の配置の必要の有無**

> 発注者が求める作業能力や資格などを有する者を配置する必要があるのかないのかを確認し、その必要があるときは、十分な能力や資格などを有する者を配置する。

法令などで資格が定められていない場合であっても、発注を受けた業務を処理するためには、一定の作業能力や資格などを有する者に行わせる必要がある場合があります。

発注者からすれば能力が高ければ高いほどよいという面はありますが、特定の業務についてはそれを処理するために一定の能力や資格などを必要とすることも事実です。

必要とする能力や資格などについては請け負う業務と直接関連して

きますので、発注者から業務の内容を詳細に聴いた上で、その業務を処理するために発注者が必要と考えている能力や資格などを確認します。

この場合に、発注者の求める能力や資格などが実際その業務を処理するために絶対に必要な能力や資格などとは限りませんので、発注者と調整を必要とする場合もあります。したがって、発注者と調整をした上で、その業務を処理するために必要な能力や資格などを確定することが重要です。

その業務を処理するために必要な能力や資格などを確定した場合には、そのような能力や資格などを取得させるか、あるいはそのような能力や資格などを有する者を採用するなどが必要となります。

必要な能力や資格などを取得するために相当の時間を必要とし、請負事業主にそのような能力や資格などを有する者がいないような場合には新規採用によるしかありませんが、そのような能力や資格などを有する者を採用できるのかという問題もありますので、注意が必要です。

必要な能力や資格などを有する者を配置しなければ、その業務を請け負うことはできませんので、そのような能力や資格などを有する者を配置した上で、その業務を処理することが必要になります。

また、請負契約にも、それらの事項を明記することによって、関係者の共通の理解の下で業務を処理します。

2　請負契約書に記載する事項

請負契約を締結するに当たっては、次の事項を請負契約書に記載し、その定めに従った措置を行います。

(1) 管理事務所を設置するために適切なスペースの提供

> 発注者は、その事業所構内に請負事業主の管理事務所を設置するために適切なスペースを提供するものとする。

　請負業務を処理するためには、請負事業主がその業務に従事する労働者を指示し、管理しなければなりませんが、そのためには、請負事業主の側で管理するための体制を構築する必要があります。

　請負事業主の管理体制の基本となるのは、現地管理事務所です。この現地管理事務所は、必ず発注者の事業所の構内に設置しなければならないということではありませんが、日常的に管理を適切に行うとともに、問題が発生したときに速やかに対応するためにも、発注者の事業所の構内に設置することが適当です。

　発注者の事業所の構内の施設は発注者に属していますから、請負事業主が現地管理事務所を発注者の事業所の構内に設置するためには、必要となるスペースを発注者から提供を受けるしかありません。

　このため、その事業所構内に請負事業主の管理事務所を設置するために適切なスペースを発注者が提供すべきことを請負契約に明記します。

(2) 発注者などの作業エリアと請負事業主の作業エリアの区分による作業の混在の防止

　労働者派遣事業（偽装請負）に該当するか否かは、請負労働者が発注者の指揮命令を受けて労働しているか否かがメルクマールで、発注者の労働者と請負労働者が混在しているか否かは、直接の関係はありません。

　しかしながら、両者の混在が請負労働者が発注者の指揮命令を受けるリスクを高めることも、実態としてはあり得ることです。

　このことは、請負労働者が他の請負事業主の労働者と混在して作業する場合にも、同様の問題が生じます。

このため、発注者などの作業エリアと請負事業主の作業エリアを区分することによって発注者などの労働者と請負労働者との作業の混在を防止するようにする必要がありますので、次のような事項を請負契約に明記します。

> ①　請負事業主の作業エリアは、発注者などの作業エリアと建物の棟や階、室、境界壁、通路などによって可能な限り物理的に区分するものとする。

　発注者などの作業エリアと請負事業主の作業エリアを明確に区分するための最も効果的な方法は、建物の棟や階、室、境界壁、通路などで物理的に区分することです。
　このような方法で区分すれば、混在による指揮命令関係の発生を予防することができます。

> ②　①の区分が困難なときは、発注者などの作業エリアと請負事業主の作業エリアの境界線を、パーテーションや識別テープなどにより明確にするものとする。

　発注者などの作業エリアと請負事業主の作業エリアを明確に区分するための最も効果的な方法は、建物の棟や階、室、境界壁、通路などで物理的に区分することですが、建物の構造や作業エリアの構造、作業の範囲などから、これらの方法によって区分を行うことが困難な場合があります。
　このようなときには、発注者などの作業エリアと請負事業主の作業エリアの境界線を、パーテーションや識別テープなどによって明確にします。
　このような方法も、混在による指揮命令関係の発生を予防するための有効な方法の１つです。

> ③ 請負事業主の作業エリアは、請負事業主の作業エリアである旨を看板などで表示するものとする。

　請負事業主の作業エリアは発注者から借り受けたものですが、作業を行っている期間は請負事業主が管理していますので、請負事業主が管理する請負事業主の作業エリアである旨を看板などで表示します。

　このような表示をすることによって、発注者などの作業エリアと請負事業主の作業エリアの区分も明確になりますので、混在による指揮命令関係の発生を予防するためにも有効です。

> ④ 請負事業主が管理する機械、設備、器材は、請負事業主が管理する機械、設備、器材である旨を看板などで表示するものとする。

　作業を行うに当たって使用する機械、設備、器材も通常発注者から借り受けたものですが、作業を行っている期間は請負事業主が管理していますので、請負事業主が管理する機械、設備、器材である旨を看板などで表示します。

　このような表示をすることによって、機械、設備、器材の管理関係を明確にすることができます。

> ⑤ 請負事業主の作業エリアへの発注者などの入退場は、請負事業主の管理簿を用意するなどして管理を行うものとする。

　請負事業主の作業エリアは発注者から借り受けたものですが、作業を行っている期間は請負事業主が管理していますので、発注者その他の者の請負事業主の作業エリアへの入退場は、請負事業主が管理する必要があります。

　入退場の管理の方法はいろいろありますが、管理簿を設置して、入退場の際に、所属・氏名などを記入して管理するというのも、有効な方法です。

(3) **請負業務の処理に要する資金の調達と支払い**

> 請け負った業務の処理に要する資金は、すべて請負事業主の責任の下に調達し、かつ、請負事業主が支払うものとする。

　第4章で述べたように、請け負った業務の処理に要する資金の調達は、請け負った業務を処理するために、請負事業主が行わなければならない基本的な事項です。
　請負事業主としては、金融機関から借り受けるその他の方法で、請け負った業務の処理に要する資金を自らの責任の下に調達することは、不可欠です。
　また、調達した資金は、自らの責任の下に支払いを行う必要があります。
　これらの事項を請負契約書に明記することによって、資金の調達・支払いを請負事業主が自ら行うことを明らかにします。

(4) **請負業務の処理についての法的な責任**

> 請け負った業務の処理に関して、請負事業主が民法、商法、労働関係法令、社会保険関係法令などに規定された事業主としてのすべての責任を負うものとする。

　請負事業主は、請け負った業務の処理を行う事業の主体ですから、その事業に関して発生する法的な責任を負い、これを回避することはできません。
　特に人を雇って請け負った業務の処理に当たらせるときには、現在の日本においては、さまざまな労働関係法令や社会保険関係法令などにおいて、さまざまな事業主として行うべきことが定められていますので、これらの措置を行うことが必要になります。
　仮にこれらの法令などに違反するようなことがあった場合にはその違反に対して法的な責任が発生します。

このため、このことを請負契約書に明記することによって、請負事業主としてのすべての法的な責任を負うことを明らかにします。

(5) **請負業務の処理**

告示第37号第2条第2号ハは、①請負事業主が準備し調達した機械、設備、器材により請負業務を処理する、②請負事業主が準備し調達した材料、資材により請負業務を処理する、③請負事業主の作成した計画により請負業務を処理する、④技術者が技術的な監督・検査を行って請負業務を処理する、⑤熟練技能者が技術的な監督・検査を行って請負業務を処理する、のうち少なくともどれか1つを満たすことを求めています（第1章37～39頁参照）。

これらの事項は、そのすべてを満たさなければ告示第37号第2条第2号ハの基準を満たさないということではありませんが、請負業務の処理に必要な基本的な要素ですので、できるだけ多くの事項を満たすようにします。

ただし、請負業務の性格によっては、これらの事項のうち満たすことができないものもありますので、請負契約の締結に当たっては、どの事項を満たすようにするのかを発注者と請負事業主とが協議した上で、これを明確にします。

その上で、請負契約に明記することによって、そのことを明らかにします。

ア　請負業務の処理に必要な機械や設備、器材の準備・調達

> 請負業務の処理に必要な機械や設備、器材は、請負事業主の責任と負担で準備し、調達するものとする。

請負業務の処理に必要な機械や設備、器材は、請負事業主が必ずその責任と負担で準備し、調達しなければならないものではありませんが、請負事業主が請負業務を処理する能力を明確にするためにも、請負事業主ができるだけその責任と負担で準備し、調達することが望ま

しいことです。

　準備し、調達する機械や設備、器材の範囲は、そのごくわずか一部重要でない部分を形の上だけ準備し、調達したのではこの基準を満たしませんので、請け負った業務を処理するために通常必要とするような機械や設備、器材を、請負事業主がその責任と負担で準備し、調達します。

　また、調達の方法については、機械や設備、器材を発注者から借り入れるものは、別個の双務契約（契約当事者双方に相互に対価的関係をなす法的義務を課する契約）による正当なものであることが必要ですので、注文主から借り入れる場合には請負事業主が賃借料を支払う賃貸借契約とします。

　この場合には、「請負業務の処理に必要な機械や設備、器材は、請負事業主が注文主から有償で借り受けるものとする。」とします。

　そして、請負契約においては、これらのことを明記します。

イ　請負業務の処理に必要な材料や資材の準備・調達

> 　請負業務の処理に必要な材料や資材は、請負事業主の責任と負担で準備し、調達するものとする。

　請負業務の処理に必要な材料や資材も、請負事業主が必ずその責任と負担で準備し、調達しなければならないものではありませんが、請負事業主が請負業務を処理する能力を明確にするためにも、請負事業主ができるだけその責任と負担で準備し、調達することが望ましいことです。

　準備し、調達する材料や資材の範囲は、そのごくわずか一部重要でない部分を形の上だけ準備し、調達したのではこの基準を満たしませんので、請け負った業務を処理するために通常必要とするような材料や資材を、請負事業主がその責任と負担で準備し、調達します。

　また、調達の方法については、材料や資材を発注者から購入するも

のは、別個の双務契約（契約当事者双方に相互に対価的関係をなす法的義務を課する契約）による正当なものであることが必要ですので、注文主から購入する場合には請負事業主が代金を支払う売買契約とします。

この場合には、「請負業務の処理に必要な材料や資材は、請負事業主が注文主から有償で購入するものとする。」とします。

なお、この場合の代金については、契約自由の原則に則って、発注者と請負事業主とが協議した上で決めるというのが基本ですが、全く根拠のないものについては対価的関係にないと評価される可能性もありますので、材料や資材の価額その他の合理的な根拠に基づいて設定します。

そして、請負契約においては、これらのことを明記します。

ウ　請負業務の処理に必要な計画の作成や調整段取り

> 請負業務の処理に必要な計画の作成や調整段取りは、請負事業主が行うものとする。また、そのために必要な計測、調査、設計、仕様書の作成や作業間の調整段取りなどは、請負事業主が行うものとする。

告示第37号第2条第2号ハ(2)の「請負事業主が自ら行う企画により業務を処理すること」とは、「請負事業主が計画を立てて業務を処理すること」をいいます。

したがって、請負事業主が請け負った業務について計画を立て、これに基づいて調整段取りを行っていれば、請負事業主が自ら行う企画により業務を処理していることになります。

請負事業主が請け負った業務を必ず自ら行う企画により処理しなければならないものではありませんが、請負事業主が請負業務を処理する能力を明確にするためにも、請負事業主ができるだけその行う企画により請け負った業務を処理することは望ましいことです。

また、請負業務の処理に必要な計画の作成や調整段取りを行うためには、そのための計測、調査、設計、仕様書の作成や作業間の調整段取りなどを行う必要がありますので、これらの事項を請負事業主が行います。

　そして、請負契約においては、これらのことを明記します。

エ　請負業務の処理に必要な技術的な監督や検査

> 　請負業務の処理に必要な技術的な監督や検査は、請負事業主の技術者（または熟練技能者）が行うものとする。

　告示第37号第2条第2号ハ(2)の「請負事業主の有する専門的な技術若しくは経験により業務を処理すること」とは、「学問的な科学知識を有する技術者または永年の経験と熟練により習得した専門の技能を有する熟練技能者で、請負事業主の雇用するものが当該業務の処理に関して、技術的な監督や検査を行うこと」をいいます。

　したがって、請負事業主が技術者または熟練技能者を配置して、技術的な監督や検査を行わせていれば、請負事業主の有する専門的な技術もしくは経験により業務を処理していることになります。

　請負事業主が請け負った業務を必ず請負事業主の有する専門的な技術もしくは経験により業務を処理しなければならないものではありませんが、請負事業主が請負業務を処理する能力を明確にするためにも、要求される技術レベルに応じて、請負事業主ができるだけその雇用する技術者または熟練技能者を配置して、技術的な監督や検査を行わせて、請け負った業務を処理することは望ましいことです。

　そして、請負契約においては、このことを明記します。

(6)　**労働者に対する作業遂行上の指揮命令**

　請負事業主が請け負った業務に従事する労働者に対する作業遂行上の指揮命令は、請負事業主が行います。

　労働者派遣事業は「自己の雇用する労働者を他人の指揮命令を受け

て労働に従事させる」事業ですので、労働者派遣事業に該当しないようにするためには、作業遂行上の指揮命令は、請負事業主が行う必要があります。
ア　管理者の選任による指揮命令

> 労働者に対する作業遂行上の指揮命令を行う管理者（以下単に「管理者」という）を選任して、その者に労働者に対する作業遂行上の指揮命令を行わせるものとする。また、掲示や管理者である旨の表示などにより、そのことを明確にするものとする。

　労働者に対する作業遂行上の指揮命令は、請負事業主本人が行っても構いませんが、一般的には、請負事業主は労働者に対する作業遂行上の指揮命令を行う管理者を自ら雇用する労働者の中から選任して、その者に労働者に対する作業遂行上の指揮命令を行わせます。

　この管理者が誰であるのか不明確である場合には指揮命令系統に混乱が生じますので、誰を管理者に選任したのかを明確にします。このため、作業場所に管理者の役職・氏名を掲示する、指揮命令系統図を掲示する、管理者に腕章などを着用させることなどにより管理者である旨を表示する、あるいはこれらを組み合わせるなどして、指揮命令を受ける労働者や発注者に明確にします。

　これらのことは、請負契約に明記することによって、請負事業主と発注者間の法律上の義務とします。
イ　管理者による指揮命令の内容
　管理者は、次により、労働者に対する作業遂行上の指揮命令を行います。これらについても、請負契約に明記することが適当です。
１）業務の割付や緩急の調整、順序の指示、技術指導など

> ①　管理者は、労働者の業務の遂行に関して、業務の割付や緩急の調整、順序の指示、技術指導などを行うものとする。

労働者に対する業務の遂行方法に関する指示その他の管理には、業務の割付や緩急の調整、順序の指示、技術指導などが含まれますので、これらの事項については請負事業主の雇用する管理者が行うことを請負契約に明記します。
２）勤惰点検、出来高査定など

> ②　管理者は、労働者の業務の遂行に関する勤惰点検、出来高査定などを行うものとする。

　労働者の業務の遂行に関する評価などに係る指示その他の管理には、労働者の業務の遂行に関する勤惰点検、出来高査定などが含まれますので、これらの事項については請負事業主の雇用する管理者が行うことを請負契約に明記します。
３）労働者の始業・終業の時刻、休憩時間、休日、休暇など

> ③　管理者は、労働者の始業・終業の時刻や休憩時間、休日、休暇などに関する指示・管理を行うものとする。

　業務を遂行する労働者の始業・終業の時刻や休憩時間、休日、休暇などに関して必要な指示やこれらの管理については、請負事業主の雇用する管理者が行う必要がありますので、その旨を請負契約に明記します。
　なお、告示第37号においては、「労働者の始業・終業の時刻、休憩時間、休日、休暇などの単なる把握を除く」と規定されていますが、これらの把握についても、これらの管理の一環として、請負事業主の雇用する管理者が行う必要があり、これを含めて請負契約に記載します。
４）時間外・休日労働

> ④　管理者は、労働者に所定時間外や所定休日に労働させる場合の指示・管理を行うものとする。

業務を遂行する労働者に所定時間外や所定休日に労働させる場合の指示やこれらの管理については、請負事業主の雇用する管理者が行う必要がありますので、その旨を請負契約に明記します。

なお、告示第37号においては、「労働者の労働時間を延長する場合または労働者を休日に労働させる場合における労働時間などの単なる把握を除く」と規定されていますが、これらの把握についても、これらの管理の一環として、請負事業主の雇用する管理者が行う必要があり、これを含めて請負契約に記載します。

5）服務規律

> ⑤ 労働者の服務規律に関しては、請負事業主が定め、管理者がその管理を行うものとする。

業務を遂行する労働者の服務規律に関しては、請負事業主が定める必要があります。その上で、その管理については、請負事業主の雇用する管理者が行う必要がありますので、その旨を請負契約に明記します。

なお、服務規律に関しては就業規則に定めるのが一般的ですので、請負事業主は服務規律に関して必要な事項を就業規則に定めます。その上で、請負事業主の雇用する管理者は、就業規則に定めた服務規律に照らして、業務を遂行する労働者の行為に問題がないか管理します。

6）作業服

> ⑥ 労働者には、請負事業主が指定する作業服を着用させるものとする。

服装は服務規律の一環です。このため、業務を遂行する労働者に作業服を着用させるときは、請負事業主が指定する作業服を着用させます。その上で、その管理については、請負事業主の雇用する管理者が行う必要がありますので、その旨を請負契約に明記します。

なお、作業の特殊性などにより発注者の作業服と同一の作業服を着用せざるを得ないときには、腕章、ゼッケンなどにより請負事業主の労働者であることを明確にする必要がありますので、その旨を請負契約に明記します。

7）配置など

> ⑦　管理者は、労働者の就業場所や誰の指揮命令を受けるかなどに関しての指示・管理を行うものとする。

　業務を遂行する労働者にどこで就業させるか、誰の指揮命令を受けて就業させるか、についての指示やその管理は、請負事業主の雇用する管理者が行う必要がありますので、その旨を請負契約に明記します。
　なお、労働者派遣事業業務取扱要領は「勤務場所については、当該業務の性格上、実際に就業することとなる場所が移動することなどにより、個々具体的な現実の勤務場所を当該事業主が決定または変更できない場合はその業務の性格に応じて合理的な範囲でこれが特定されれば足りる」と記載していますが、このような取扱いは例外的な取扱いですので、原則として管理者が請負労働者の就業場所や誰の指揮命令を受けるかなどに関しての指示・管理を行うことにすべきです。

(7)　**指揮命令系統図**

ア　指揮命令系統図の作成

> 　請負事業主は、労働者に対する作業遂行上の指揮命令系統を明確にするために、指揮命令系統図を作成するものとする。

　指揮命令系統の混乱を防止するためには、指揮命令系統図を作成する必要がありますので、その旨を請負契約に明記します。
　指揮命令系統図は、必ずその通りに指揮命令が行われるような内容にする必要がありますので、指揮命令者が不在の場合の代理者を含めた内容のものにします。

イ 指揮命令系統図の掲示

> 請負事業主は、作成した指揮命令系統図を請負事業主の作業場に掲示するものとする。

アにより作成した指揮命令系統図通り指揮命令系統を機能させるためには、作成した指揮命令系統図を、業務を遂行する労働者や発注者、管理者などに広く周知させることが必要です。そのためには、指揮命令系統図を請負事業主の作業場に掲示することが最も効果的ですので、その旨を請負契約に明記します。

そして、実際にも作業場に掲示するようにします。

(8) **注文書類**

> 発注者は、発注書その他請負事業主に対して行う注文に関する書類には、標準作業人数や標準作業時間、その他労働者に関する直接的な作業指示に当たると考えられる事項を記載しないものとする。

告示第37号には、発注書その他請負事業主に対して行う注文に関する書類に標準作業人数や標準作業時間を記載してはならないという趣旨の規定はありませんが、注文書類に標準作業人数や標準作業時間を記載すると、単に（肉体的な）労働力の提供を行っている印象が強くなります。

このため、発注者は、注文書類に標準作業人数や標準作業時間を記載せず、その他労働者に関する直接的な作業指示に当たると考えられる事項を記載しないようにすることが必要ですので、その旨を請負契約に明記します。

また、実際にも、注文書類に標準作業人数や標準作業時間などが記載されていないことを確認します。

(9) 原材料、部品や製品などの授受の際の措置

　労働者派遣事業業務取扱要領には、製造業務の場合として、「発注者からの原材料、部品などの受取りや請負事業主から発注者への製品の受渡しについて伝票などによる処理体制が確立されていること」という趣旨の記載があります。

　告示第37号にはこのような記載を根拠付ける規定はありませんが、原材料、部品や製品などの授受の際には、発注者側の業務と請負事業主側の業務が交差しますので、指揮命令関係が生じやすい状況が生まれます。

　このため、両者の間で指揮命令関係が生じないように必要な措置を行う必要があります。

ア　原材料、部品などの授受

1）原材料、部品などの授受に関する伝票などによる処理

> 　発注者が請負事業主に対して原材料、部品などの提供を行うときは、伝票その他これに類するもので処理するものとする。

　原材料、部品などの授受に関して、トラブルを防止するためにも、その授受については、伝票またはこれに類するもので処理する必要があります。

　このことを、請負契約に明記して、明確にします。

2）原材料、部品などの授受に関する連絡調整

> 　発注者が請負事業主に対して原材料、部品などの提供を行うときは、発注者の労働者は、管理者に対してのみ必要な指示その他の連絡調整を行うものとする。この場合において、発注者から必要な指示その他の連絡調整を受けた管理者は、請け負った業務を遂行する労働者に対して必要な指示を行うものとする。

　発注者が請負事業主に対して原材料、部品などの提供を行うとき

に、発注者として必要な指示を行おうとする場合、その他請負事業主側と必要な連絡調整を行おうとする場合には、請負事業主の雇用する管理者に対してのみ行う必要があります。

この場合に、当該管理者は、発注者から受けた指示その他の連絡調整のうち、請け負った業務を遂行する労働者に対して指示しておく必要があると判断した事項については、当該労働者に対して必要な指示を行います。

これらのことを、請負契約に明記して、明確にします。

イ 製品などの授受

1）製品などの授受に関する伝票などによる処理

> 請負事業主が発注者に対して製品などの納入を行うときは、伝票その他これに類するもので処理するものとする。

製品などの授受に関して、トラブルを防止するためにも、その授受については、伝票またはこれに類するもので処理する必要があります。

このことを、請負契約に明記して、明確にします。

2）製品などの授受に関する連絡調整

> 請負事業主が発注者に対して製品などの納入を行うときは、発注者の労働者は、管理者に対してのみ必要な指示その他の連絡調整を行うものとする。この場合において、発注者から必要な指示その他の連絡調整を受けた管理者は、請け負った業務を遂行する労働者に対して必要な指示を行うものとする。

請負事業主が発注者に対して製品などの納入を行うときも同様で、発注者として必要な指示を行おうとする場合、その他請負事業主側と必要な連絡調整を行おうとする場合には、請負事業主の雇用する管理者に対してのみ行う必要があります。

この場合に、当該管理者は、発注者から受けた指示その他の連絡調

整のうち、請け負った業務を遂行する労働者に対して指示しておく必要があると判断した事項については、当該労働者に対して必要な指示を行います。

　これらのことを、請負契約に明記して、明確にします。
ウ　納入した製品や処理した業務が不適切な場合の措置

> 　請負事業主が納入した製品または処理した業務が不適切であると発注者が判断したときには、発注者はその旨を管理者に対して申し入れるものとする。この場合において、発注者から申入れを受けた管理者は、請け負った業務を遂行する労働者に対して必要な指示を行うものとする。

　請負事業主が納入した製品や処理した業務が不適切であると発注者が判断したときには、発注者は当然にその旨を請負事業主に申し入れ、作業の手直しややり直しなどその是正を求めますが、この申入れについても、請負事業主の雇用する管理者に対してのみ行う必要があります。

　この場合に、当該管理者は、発注者からの申入れやこれに基づいて講ずべき作業の手直しややり直しなどの措置のうち、請け負った業務を遂行する労働者に対して指示しておく必要があると判断した事項については、当該労働者に対して必要な指示を行います。

　これらのことを、請負契約に明記して、両当事者の義務として明確にします。

(10)　連絡調整図
ア　連絡調整図の作成

> 　発注者と請負事業主は、相互の連絡調整図を作成するものとする。

　発注者と請負事業主との間の連絡調整の混乱を防止するためには、連絡調整図を作成する必要がありますので、その旨を請負契約に明記

します。

　指揮命令系統図は請負事業主内部の問題であるのに対して、連絡調整図は発注者と請負事業主との２者間の問題ですので、別のものとして作成します。

　また、誰と誰の間で連絡調整を行うのかを明確にするとともに、連絡調整を行う担当者が不在である場合もあるので、不在の場合の代理を含めて定めておきます。

　実際の連絡調整も、連絡調整図通りに行います。

イ　連絡調整図の掲示

> 作成した連絡調整図を請負事業主の作業場に掲示するものとする。

　アにより作成した連絡調整図通り連絡調整させるためには、作成した連絡調整図を業務を遂行する労働者や発注者、管理者などに広く周知させることが必要です。そのためには、連絡調整図を請負事業主の作業場に掲示することが最も効果的ですので、その旨を請負契約に明記します。

(11)　**労働者に欠員が生じた場合の措置**

ア　請負業務を遂行する労働者に欠員が生じた場合の措置

> 請負業務を遂行する労働者に欠員が生じた場合には、請負事業主側で補充し、代替者を発注者から受け入れないものとする。

　請負業務を遂行する労働者に欠員が生じた場合に、その代替者を発注者から受け入れたときは、発注者が労働者派遣を行ったことになりますので、発注者は原則として労働者派遣事業の許可または届け出が必要になります。

　加えて、発注者は請負事業の発注者であると同時にその請負事業主に対する派遣元事業主となり、請負事業主は請負事業の請負事業主であると同時にその発注者から労働者派遣の役務の提供を受ける派遣先

229

となり、複雑な関係が生じてしまいますので、このような事態は避けた方が良いと考えられます。

このため、このような事態が生じることのないように請負契約に請負業務を遂行する労働者に欠員が生じた場合には、請負事業主側で補充し、代替者を発注者から受け入れないことを請負契約に明記します。

イ　発注者の労働者に欠員が生じた場合の措置

> 発注者の労働者に欠員が生じ、請負事業主が労働者を補充する必要がある場合で労働者派遣事業を行うことができるときは、発注者は請負事業主に対し請負契約とは別に労働者派遣契約を締結するよう申し入れるものとする。この場合に、請負事業主は発注者と別に労働者派遣契約を締結し、労働者派遣を行うものとする。

発注者の労働者に欠員が生じた場合には、その代替者は原則として発注者が補充しなければなりませんが、その補充の方法として労働者派遣の役務の提供を受けることも可能です。

労働者派遣の役務の提供を受けることが出来るのは、労働者派遣事業の許可または届け出をした派遣元事業主からですが、請負事業主が労働者派遣事業の許可または届け出をした派遣元事業主である場合には、当該請負事業主から労働者派遣の役務の提供を受けることができます。

ただし、この場合には、別に労働者派遣契約を締結することが必要ですので、発注者の労働者に欠員が生じ、請負事業主が労働者を補充する必要がある場合で労働者派遣事業を行うことができるときは、発注者は請負事業主に対し請負契約とは別に労働者派遣契約を締結するよう申し入れ、別に労働者派遣契約を締結し、労働者派遣を行う旨を請負契約に明記します。

なお、請負事業主が労働者派遣事業の許可または届け出をしておらず、これを行うことができないときは、他の派遣元事業主から労働者

派遣の役務の提供を受けることになります。

⑿　**労働者を休業させたときの休業補償**

> 発注者の責に帰すべき事由により請負業務の発注を中止し、そのために、労働者を休業させ、休業手当の支払いを余儀なくされたときは、発注者は請負事業主に休業補償をするものとする。

　発注者の責に帰すべき事由により請負業務の発注を中止し、そのために、請負業務を遂行する労働者を休業させた場合であっても、請負事業主は当該労働者に対して少なくとも休業手当を支払わなければなりません。

　このように、発注者の行為によって請負事業主に損害が発生したときの発注者の賠償責任の範囲については民法などの諸規定に処理されるのが原則ですが、労働者に対する休業手当の支払いを確実に行わせるためにも、発注者の責に帰すべき事由により請負業務の発注を中止し、そのために、労働者を休業させ、休業手当の支払いを余儀なくされたときは、発注者は請負事業主に休業補償をする旨を請負契約に明記します。

⒀　**労働者の採用**

> 労働者の採用に当たっては、請負事業主が採否の決定を行うものとする。

　請負業務を遂行する労働者は請負事業主が雇用するので、その採用に当たっての採否の決定は当然に請負事業主が行うことになりますが、発注者側とのトラブルを防止するために、労働者の採用に当たっては、請負事業主が採否の決定を行う旨を請負契約に明記することも考えられます。

3 請負契約の締結に当たって留意する事項

　請負契約の締結に当たり、請負契約締結担当者は、次のような事項に留意します。

(1) 発注者の有する機械や設備、器材の借り受け

　請負事業主が請負業務を遂行する場合には、発注者の有する機械や設備、器材を借り受けることが多いと考えられますが、この場合には以下の点に留意します。

ア　書面による賃貸借契約の締結

> 　請負事業主が発注者の有する機械や設備、器材を借り受ける場合には、書面による賃貸借契約を締結するものとする。

　告示第37号は、請負業務の処理に必要な機械や設備、器材について、請負事業主が必ずその責任と負担で準備し、調達しなければならないと規定している訳ではありませんが、請負事業主が請負業務を処理する能力を明確にするためにも、請負事業主ができるだけその責任と負担で準備し、調達することが望ましいことです。

　このため、請負事業主が発注者の有する機械や設備、器材を借り受ける場合には、賃貸借契約を締結します。そして、そのことを明確にするために、賃貸借契約は書面により締結します。

　なお、機械や設備、器材の種類の如何によっては、賃貸借ができない場合もあると考えられます。このような場合には、請負事業主が告示第37号第2条第2号ハのその他の要件を満たして、請け負った業務を処理し、そのことを証明できるようにする必要があります。

イ　賃貸借物件の記載

> 　賃貸借契約には、借り受けた機械や設備、器材をすべて記載する。

　機械や設備、器材を注文主から賃貸借契約で借り入れる場合に、そ

のごくわずか一部重要でない部分を形の上だけ賃貸借契約を締結するだけでは請負事業主が自己の責任と負担で準備し、調達したことにはなりません（第1章39～44頁参照）。

このため、機械や設備、器材のごくわずか一部を賃貸借したものではないことを明確にするためにも、賃貸借契約には、賃貸借する機械や設備、器材をすべて記載するようにします。

なお、機械や設備、器材の物件によっては、賃貸借ができない場合もあると考えられます。このような場合には、請け負った業務を処理するために通常必要とするような機械、設備、器材を賃貸借契約で借り入れるようにする、あるいはこれができないときは、請負事業主が告示第37号第2条第2号ハのその他の要件を満たして、請け負った業務を処理し、そのことを証明できるようにする必要があります。

ウ　有償での借り受け

> 賃貸借契約においては、借り受けた機械や設備、器材を有償で借り受けていることを明確にする。

告示第37号は、請負業務の処理に必要な機械や設備、器材について、請負事業主が必ずその責任と負担で準備し、調達しなければならないと規定している訳ではありませんので、借り受けた機械や設備、器材を有償で借り受けなければならないということではありませんが、請負事業主が請負業務を処理する能力を明確にするためにも、借り受けた機械や設備、器材を有償で借り受けて、請負事業主の責任と負担で準備し、調達していることを明確にすることが望ましいことです。

このため、借り受けた機械や設備、器材を有償で借り受けていることを明確にします。

エ 賃借料の合理的な設定

> 賃貸借契約に定める賃借料は、合理的な根拠に基づき、発注者と請負事業主との協議により設定する。

　賃貸借契約に定める賃借料をいくらにするのかは、契約自由の原則が適用され、契約の両当事者である発注者と請負事業主との協議により自由に設定できるというのが基本ですが、その金額が全く根拠のない場合には対価的関係にないと評価される可能性もありますので、機械や設備、器材の価額その他の合理的な根拠に基づいて設定する必要があります。

(2) **借り受けた機械や設備、器材のメンテナンス**

　借り受けた機械や設備、器材のメンテナンスを貸し手と借り手の間でどのように分担するのかは、貸し手と借り手の間で協議して決定するというのが基本ですが、告示第37号に規定されている「自ら準備……する機械、設備若しくは器材」と言えるためには、通常の機械や設備、器材の賃貸借契約において借り手が負担する日常的なメンテナンスについては、借り手である請負事業主が負担する必要があると考えられます。

　このため、例えば、機械や設備、器材をリース業者から借り受ける際に借り手が負担するメンテナンスについては、借り手である請負事業主が負担するようにする必要があると考えられます。

ア 借り受けた機械や設備、器材のメンテナンス

> 借り受けた機械や設備、器材のメンテナンスのうち日常的に行うべきものについては、請負事業主が行う。請負事業主が自ら行うことが困難であるときは、請負事業主がメンテナンス業者に委託して行う。

　日常的に行うべき機械や設備、器材のメンテナンスは、借り手であ

る請負事業主が自ら行うことを原則とします。請負事業主にこのようなメンテナンスを行う能力がないときは、請負事業主がメンテナンス業者に委託して行い、その経費は請負事業主が負担するようにします。

　なお、一定期間ごとに必要となる定期検査などについては、請負事業主が自ら行う、あるいは請負事業主が経費を負担してメンテナンス業者に委託して行うのか、それとも当該機械や設備、器材の所有者で、貸し手である発注者が自ら行う、あるいは発注者が経費を負担してメンテナンス業者に委託して行うのか、については、賃貸借契約において明記する必要があります。

イ　貸し手である発注者にメンテナンスを委託する場合

> 技術的な事情その他の事情により貸し手である発注者にメンテナンスを委託する場合には、請負事業主は発注者とメンテナンス契約を締結し、発注者にメンテナンスを委託する。

　機械や設備、器材のメンテナンスは、機械や設備、器材の種類などによっては、貸し手である発注者にメンテナンスを委託せざるを得ないような場合には、請負事業主は発注者とメンテナンス契約を締結し、発注者にメンテナンスを委託します。

ウ　貸し手である発注者がメンテナンス業者に委託して行う場合

> 貸し手である発注者がメンテナンス業者に委託して行う場合にも、請負事業主は発注者とメンテナンス契約を締結し、発注者にメンテナンスを委託し、発注者がメンテナンス業者に再委託して行う。

　発注者に同種の機械や設備、器材が多数ある中で、その一部を発注者が請負事業主に貸し出すなどの場合に、発注者と請負事業主が同じメンテナンス業者にそれぞれメンテナンスを委託するのでは非効率なことがあります。

このような場合には、請負事業主は発注者とメンテナンス契約を締結し、発注者にメンテナンスを委託し、発注者がメンテナンス業者に再委託して行うようにします。

エ　貸し手である発注者にメンテナンスを委託する場合の措置

> 　請負事業主が発注者にメンテナンスを委託する場合で発注者の労働者がメンテナンスを行うときは、メンテナンスを行う発注者の労働者は請負事業主の管理者に対してのみ必要な連絡調整を行う。

　貸し手である発注者にメンテナンスを委託する場合で発注者の労働者がメンテナンスを行うときには、原材料、部品や製品などの授受の際と同様、発注者側の業務と請負事業主側の業務が交差しますので、指揮命令関係が生じやすい状況が生まれます。

　このため、両者の間で指揮命令関係が生じないようにする必要がありますので、メンテナンスを行う発注者の労働者は請負事業主の管理者に対してのみ必要な連絡調整を行うようにし、このことを賃貸借契約に明記します。

(3)　**請負料金の設定**

　請負料金は、発注者と請負事業主との間で自由に設定することができますが、次の点に留意します。

ア　算定根拠

> 　請負料金の設定に当たっては、労働者の人数と時間のみを算定根拠としない。

　我が国のように人件費が高い国においては、経費に含まれる人件費比率が相当の比重を占めることは避けられないことですが、少なくとも労働者の人数と時間のみを算定根拠とする請負料金の設定は、労働力の提供を契約内容とするに等しいことですので、このようなことに

ならないようにします。

イ　減額規定

> 請負契約には、労働者の欠勤などを理由として請負料金を減額するなどの規定は定めない。

　同様に、労働者の欠勤などを理由として請負料金を減額することも、労働力の提供を契約内容とするようなものですので、避けるようにし、減額するのであれば、仕事量の減という結果に応じた減額とするようにします。

(4) **請負契約の作成**

　請負契約の作成に当たっては、次の点に留意します。

ア　書面による作成

> 請負契約は、書面により作成する。

　請負契約は書面により作成しなければならないとする法律の規定はありませんが、両当事者の権利義務関係を明確にするために、書面により作成します。

イ　両当事者の記名押印

> 請負契約書には、両当事者が記名押印する。

　請負契約書には両当事者が記名押印しなければならないとする法律の規定はありませんが、両当事者の権利義務関係を明確にするために、両当事者が記名押印します。

ウ

> 請負契約書には、収入印紙を貼付し、消印を行う。

　請負契約書には、印紙税法の定めるところにより、収入印紙を貼付し、消印を行います。

第6章 請負事業の管理を行うに当たって行う事項

> **「請負事業の管理を行うに当たって行う事項」のポイント**
>
> ・請負事業主の本社などでは、モデル就業規則の作成、社会・労働保険の適用、請負事業の管理の基本方針の明確化とその徹底、請負事業所の設備の整備、業務の改善を図るための取組み、請負事業の管理の状況の把握、労災事故の予防と発生時の対応、雇用の維持、能力の開発・向上などに取り組む。
>
> ・請負事業所では、作業の混在による指揮命令関係が生じることの防止、就業規則と服務規律に関する措置、労働時間や賃金の適切な管理、安全衛生や請負管理体制の整備、労働者の募集・採用、社会・労働保険の適用、業務の改善を図るための取組み、作業服の着用、指揮命令系統図や連絡調整図の作成と掲示、業務遂行計画の策定とその管理、注文書類の確認、技術指導、労働者の能力の開発・向上、発注者との連絡調整、労働者に欠員が生じた場合の措置、苦情の処理、個人情報や情報資産の管理、セクハラやパワハラの防止、安全衛生の管理、交通安全、良好な人間関係の形成、労働組合への対応、退職に当たっての措置などに留意して、業務を推進する。

　請負事業主が請負事業を適正に行うためには、請負契約に定められた事項を確実に行うとともに、請負事業の管理を適切に行う必要があります。

　請負契約に定められた事項を確実に行うことは、請負事業を適正に行うための基本ですので、請負事業の管理を行う者に対しては、請負契約に定められた事項を十分理解させ、これを確実に行わせる必要があります。

しかし、請け負った業務を適正に遂行するためには、請負契約に定められた事項だけでは十分ではないのが通常ですので、請負事業の進行に応じて、発生した問題に適切に対処することが求められます。

1 請負事業主の本社などで行う事項

請負事業の管理を実際に行うのは請負事業の事業所ですが、請負事業の事業所が請負事業の管理を適切に行うことができるようにするためには、事業所を管理する本社や支社などが適切にこれをサポートしていく必要があります。

(1) モデル就業規則の作成

> 本社においては、請負事業所モデル就業規則を作成するか、またはすべての事業所に適用される同一の内容の就業規則を作成し、労働基準監督署に届け出る。

就業規則は、請負事業所ごとに作成し、所轄の労働基準監督署に届け出るのが原則ですが、会社として統一された就業管理を行うために、請負事業所ごとに作成する場合であっても、本社において、請負事業所モデル就業規則を作成します。各請負事業所においては、このモデル就業規則に、それぞれの請負事業所ごとの実情に即して加除修正を行った上で、その請負事業所の就業規則を作成して、労働基準監督署に届け出ます。

また、現在では本社において就業規則を労働基準監督署に一括して届け出ることもできますので、すべての事業所に同一の内容の就業規則を適用することができるのであれば、本社においてその就業規則を作成して、労働基準監督署に一括して届け出ます。

就業規則には次の表の事項を定めるほか、その事業所において定めることが適当な事項を定めます。

表 就業規則の記載事項

区　　分	記　載　事　項
必ず記載しなければならない事項	①始業・終業の時刻、休憩時間、休日、休暇、交替制勤務の場合の就業時転換 ②賃金（臨時の賃金などを除く）の決定、計算、支払の方法、賃金の締切り、支払の時期、昇給 ③退職（解雇の事由を含む）
定めをする場合には必ず記載しなければならない事項	①退職手当の定めをする場合、適用される労働者の範囲、退職手当の決定、計算、支払の方法、退職手当の支払の時期 ②臨時の賃金など（退職手当を除く）、最低賃金額 ③労働者に負担させる食費、作業用品など ④安全衛生 ⑤職業訓練 ⑥災害補償、業務外の傷病扶助 ⑦表彰・制裁の種類とその程度 ⑧その事業所の労働者のすべてに適用されるそのほかの事項

就業規則の規定が請負事業所の実情などに合っていなかったり、関係する法令などが改正されたときには、適宜見直します。

(2) 社会・労働保険の適用

> 健康保険・厚生年金保険・雇用保険・労災保険を適用する。適用対象となる全ての労働者を健康保険・厚生年金保険・雇用保険に加入させる。

社会・労働保険については、本社で一括して行っている場合と各請負事業所で行っている場合がありますが、いずれにしても、健康保険・厚生年金保険・雇用保険・労災保険を適用し、適用対象となる全ての労働者を健康保険・厚生年金保険・雇用保険に加入させます。

(3) 請負事業の管理の基本方針の明確化とその徹底

ア　基本方針の明確化

> 請負事業の管理の基本方針を明確にする。

本社においては、請負事業所における請負事業の管理の基本方針を明確にします。

イ　基本方針の徹底

> 請負事業の管理の基本方針の徹底を図る。

策定した請負事業の管理の基本方針については、研修などにより、その徹底を図ります。

(4)　**請負事業所の設備の整備**

> 本社または支社においては、機密情報や個人情報などを管理するために必要な設備を請負事業所に整備する。

請負事業所を機能させるためには、事業活動に関して発生する機密情報や請負業務を処理する労働者の個人情報などを適切に管理する必要がありますので、本社または支社においては、そのために必要となる設備を請負事業所に整備します。

(5)　**業務の改善を図るための取組みを促進するための措置**

業務の改善を図るために、次のような取組みを全社的に行います。また、その推進を図るために、本社または支社においては、研修の実施、掲示物の表示その他の活動を行います。

ア　5S

> 請負事業所において5Sに取り組む活動を促進する。

5S（整理・整頓・清掃・清潔・しつけ）は、作業の基本であり、職場空間の能率的・効果的な利用を図り、生産コストを減らし、加工精度を上げ、製品の品質を高めるために取り組みます。

「整理」とは「要るものと要らないものを分け、要らないものを処分すること」を、「整頓」とは「必要なものを必要なときに取り出し使える状態にすること」を、「清掃」とは「ゴミがなく、汚れがない

状態にすること」を、「清潔」とは「ゴミがなく、汚れがない状態を保つこと」を、「しつけ」とは「決められたことを守る習慣をつけること」を、それぞれいいます。

イ　見える化

> 請負事業所において見える化に取り組む活動を促進する。

「見える化」とは「活動の漠然とした部分を数字など客観的に判断できる指標で把握する」取組みで、作業についての情報を組織内で共有させることにより現場の問題などの早期発見や効率化や改善に役立てることを目的としています。

ウ　提案制度

> 請負事業所に提案制度を設けることを促進する。

業務の改善を図るために、請負業務に従事している労働者から業務の改善に関する提案を求める制度を請負事業所に設けることを促進します。

エ　その他

> 請負事業所の実情に合った業務の改善に資する制度の導入を検討する。

その他業務の改善に資する制度で、それぞれの請負事業所の実情に合ったものの導入を検討します。

(6)　**請負事業の管理の状況の把握**

ア　請負事業の管理の状況の把握

> 請負事業の管理の状況を適切に把握する。

本社においては、請負事業所における請負事業の管理の状況を適切に把握します。把握する方法としては、請負事業所から報告を求める

ようにすることと本社から担当職員を派遣して状況を把握することなどを組み合わせて行います。

イ　速やかな改善措置

> 請負事業の管理の状況に問題がある場合は、速やかに改善措置を講じる。

アにより把握した状況で問題がある場合は、速やかに請負事業所に必要な指示を行い、改善措置を講じます。

(7)　労災事故の予防と発生時の対応

請負事業所における労働災害の発生を防止するための活動を促進するとともに、不幸にして労働災害が発生したときは、災害の状況や災害の発生原因に関する調査を速やかに行い、その結果に基づいて再発防止対策を確立し、全社的に展開します。また、被災した労働者に対する補償を適切に行います。

ア　労働災害防止活動

> 請負事業所における労働災害防止活動を促進する。

請負事業所において第3章で述べたような安全衛生管理が適切に行われるよう、本社においては必要な助言指導を行います。

イ　行政機関などへの連絡

> 労働災害が発生した場合には、関係行政機関などへの連絡を確実に行う。

不幸にして労働災害が発生した場合には、関係行政機関などへの連絡を確実に行うようにし、労災隠しなどの指摘を受けないようにします。

ウ 労災事故の調査と再発防止対策の確立

> 労災事故が発生した場合には、災害の状況や災害発生原因に関する調査を速やかに行い、その調査結果およびこれに基づく再発防止対策を確立し、全社に水平展開を行う。

　労災事故が発生した場合には、災害の状況や災害発生原因に関する調査を速やかに行います。調査に当たっては、ヒトの要素、モノの要素、管理の要素などを多角的に把握し、真の災害原因を究明するようにします。特に、被災した労働者本人のミスと捉えるのは厳に慎みます。

　調査により災害原因が明らかになったときは、これに基づき再発防止対策を確立します。

　また、各請負事業所で行った災害調査については、必ず本社に報告させるようにします。

　これらの結果は、全社的に周知を行い、共有できるようにします。

エ 災害補償

> 被災した労働者に対して労災補償給付が確実に行われるようにする。特に、事業主には休業3日目まで平均賃金の60％の休業補償を行う義務があることに留意する。

　被災した労働者に対しては、労災保険による労災補償給付が確実に行われるようにし、健康保険などを使うことのないようにします。このため、事業主としての証明を速やかに行うとともに、事業主には休業3日目まで平均賃金の60％の休業補償を行う義務があることに留意する必要があります。

(8) 雇用の維持

　経済変動に伴い仕事量は変動するため、雇用を維持することには困難を伴う場合があります。しかしながら、安定した雇用は、労働者が

第一義的に求める事項であり、雇用の維持に最大限の努力を払います。

ア　雇用の維持のための努力

> 労働者の雇用を維持するために最大限の努力をする。

労働者の雇用を維持するために最大限の努力をします。労働者の雇用の維持に関しては、雇用調整助成金などが設けられていますので、これらを活用して雇用の維持に努めることが重要です。

イ　解雇は極力避ける

> 解雇は極力避けるようにする。やむを得ず解雇せざるを得ないときは、合理的な理由と社会的相当性があることを十分に確認した上で行う。また、解雇に当たって必要な手続きを必ず行った上で行う。

解雇は極力避けるようにします。やむを得ず解雇せざるを得ないときは、合理的な理由と社会的相当性があることを十分に確認した上で行うことが必要です。また、解雇に当たって、労働者への説明、本人からの意見聴取など必要な手続きが定められているときは、これらの手続きを必ず行った上で行うことが必要です。

ウ　有期雇用労働者の解雇

> 発注者から請負契約を解除されても、有期雇用労働者については、雇用期間中は、やむを得ない事由がなければ解雇しない。

有期雇用労働者については、雇用期間中は、やむを得ない事由がなければ解雇は禁止されていますので、発注者から請負契約を解除されても、やむを得ない事由がなければ解雇しないようにします。

エ　有期雇用労働者の雇止め

> 有期雇用労働者の雇止めが無効となる場合があることに留意する。

有期雇用契約が無期雇用契約と実質的に異ならない状態に至っている場合や反復更新する実態、労働契約締結時の経緯などに照らして労働契約が更新されると労働者が合理的に期待できる状態に至っている場合には、客観的に合理的な理由を欠き、社会通念上相当であると認められない雇止めは、無効となります。

(9) **労働者の能力の開発・向上**

ア　多様な能力開発機会の提供

> 労働者に対して、能力開発を行う多様な機会を提供する。

　請負業務に従事する労働者に対して、能力開発を行う多様な機会を提供するよう努めます。

　能力開発を行う機会としては、次のようなことが考えられます。

①請負事業主がOJTまたはOFF-JTにより職業訓練を行う
②外部の機関が行う教育訓練を受けさせる
③職業能力検定を受けさせる
④情報の提供や相談の機会の確保などの援助を行う
⑤労働者が実務の経験を通じて能力開発ができるように、労働者の配置などに配慮する
⑥労働者が教育訓練や職業能力検定を受ける機会を確保するために、有給教育訓練休暇などの休暇の付与、始業・終業の時刻の変更、勤務時間の短縮などを行う

イ　研修教育計画

> 　労働者の技術能力の向上を図り、請負業務を適切に処理するために、研修教育計画を立てる。

　労働者の技術能力の向上を図り、請負業務を適切に処理するために、研修教育計画を立てるようにします。

ウ　キャリアパス

> 労働者に対してキャリアパスを示す。

　労働者に対して、多様なキャリアパス（仕事の経験を積みながら次第に能力・地位を高くする順序や、そのための一連の職場や職種あるいはその目的のための職場を異動する経歴のこと）を示すようにします。

2　請負事業所が行う事項

　請負事業の管理を実際に行うのは請負事業所ですので、請負事業の管理を日々適切に行うようにする必要があります。

(1)　作業の混在による指揮命令関係が生じることの防止

　請負事業所においては、発注者などの作業エリアと請負事業主の作業エリアとを区分して、作業の混在により指揮命令関係が生じることを防止するための措置を講じます。

　具体的には、次のような方法を取ります。

ア　作業エリアの物理的な区分

> 　請負事業主の作業エリアを、発注者などの作業エリアと棟、階、居室、境界壁、通路などによって可能な限り物理的に区分する。

　請負事業主の作業エリアを、発注者などの作業エリアと棟、階、居室、境界壁、通路などによって可能な限り物理的に区分することによって、作業の混在による指揮命令関係が生じることを防止します。

イ　パーテーションなどによる境界線の明確化

> 　アの物理的な区分が困難なときは、発注者などの作業エリアと請負事業主の作業エリアの境界線をパーテーションや識別テープなどにより明確にする。

　アの物理的な区分が困難なときは、発注者などの作業エリアと請負事業主の作業エリアの境界線をパーテーションや識別テープなどにより明確にすることによって、作業の混在による指揮命令関係が生じることを防止します。

ウ　作業エリアの看板などによる表示

> 　請負事業主の作業エリアは、請負事業主の作業エリアである旨を看板などで表示する。

　請負事業主の作業エリアは、請負事業主の作業エリアである旨を看板などで表示することによって、作業の混在による指揮命令関係が生じることを防止します。

エ　機械、設備、器材の看板などによる表示

> 　請負事業主が管理する機械、設備、器材は、請負事業主が管理するものである旨を看板などで表示する。

　請負事業主が管理する機械、設備、器材は、請負事業主が管理するものである旨を看板などで表示することによって、その旨を明確にします。

オ　入退場の管理

> 　請負事業主の作業エリアへの発注者などの入退場に関し、管理簿を用意するなどして管理を行う。

　請負事業主の作業エリアへの発注者などの入退場に関し、管理簿を

(2) 就業規則と服務規律

　本社において、すべての事業所に適用される同一の内容の就業規則を作成し、労働基準監督署に届け出る場合を除き、就業規則は請負事業所ごとに作成し、所轄の労働基準監督署に届け出ます。

ア　就業規則の作成

> 　10人以上の労働者が従事する請負事業所においては、本社で作成した請負事業所モデル就業規則に沿って当該請負事業所用の就業規則を作成する。

　10人以上の労働者が従事する請負事業所においては、当該請負事業所用の就業規則を作成します。この場合に、本社で作成した請負事業所モデル就業規則があるときは、これに沿って作成します。ただし、その請負事業所において特に留意しなければならないような事項やその請負事業所にはなじまないような事項については、付けくわえたり、削除したりします。また、法定の記載事項が記載されているか、法令に抵触するものがないか確認を行います。

イ　労働者代表からの意見の聴取

> 　就業規則を作成するに当たっては、請負事業所の労働者の過半数を代表する者（過半数で組織する労働組合があるときはその労働組合）の意見を聴く。

　就業規則を作成するに当たっては、請負事業所の労働者の過半数を代表する者（過半数で組織する労働組合があるときはその労働組合）の意見を聴きます。

　パートタイマー向けの就業規則を作成するときは、このほかにパートタイマーの過半数を代表する者の意見も聴きます。

なお、労働者の過半数を代表する者は適正に選任します（第2章65頁参照）。
ウ　労働基準監督署への届け出

> 作成した就業規則は、過半数を代表する者の記名押印した意見書を添付して、所轄の労働基準監督署に届け出る。

　作成した就業規則は、所轄の労働基準監督署に届け出ます。その際、過半数を代表する者（過半数で組織する労働組合があるときはその労働組合）の記名押印した意見書を添付します。
エ　就業規則の備付けと労働者への周知

> 作成した就業規則は、事務所の見やすい場所に備え付け、労働者に周知させる。

　作成した就業規則は、事務所の見やすい場所に備え付けます。そのほか、事務所に掲示したり、個々の労働者にその写しを配布するなどして、労働者に周知させるようにします。
オ　最低基準

> 就業規則に定める労働条件を下回ることはできない。

　就業規則に定める労働条件を下回る労働条件を定めることはできませんから、個々の労働者に労働条件を示すにあたっては、就業規則に定める労働条件を下回るものがないか確認します。
カ　服務規律の説明

> 就業規則の規定のうち特に服務規律として労働者に守らせる事項については、十分な説明を行い、内容を理解させる。

　就業規則の規定は、請負事業所内のルールとしていずれも重要ですが、特に服務規律として定めた事項は、労働者に守らせなければなり

ませんので、十分な説明を行い、内容を理解させるようにします。

キ　服務規律違反の場合の取扱い

> 労働者に服務規律について違反がある場合には、その違反の程度に応じて管理者が注意する。特に重大な違反がある場合や繰り返し違反がある場合などには就業規則に基づいて懲戒処分を行う。

　労働者に服務規律について違反がある場合には、その違反の程度に応じて管理者が注意して、2度と違反を起こさないようにします。また、必要に応じて始末書の提出などを求めます。

　特に重大な違反がある場合には就業規則に基づいて懲戒処分を行います。また、違反を繰り返し行った者に対しても、同様に厳しく対処します。

　ただし、懲戒処分を行うにあたっては、就業規則に定められた懲戒の種別と事由に合ったものでなければなりませんので、そのことを確認した上で懲戒処分を行います。また、就業規則に懲戒の手続を定めているときは、その手続き経た上で懲戒処分を行います。

　減給にするときは、1回の額が平均賃金の1日分の半額を超え、総額が1賃金支払期における賃金の総額の10分の1を超えることができないほか、違反の内容に照らして重すぎる懲戒処分を行うことはできません。

(3)　労働時間の管理

　請負事業所においては、労働時間を適切に管理する必要があります。特に、時間外・休日労働については、法律の定めに従って適切に管理する必要があります。

ア　時間外・休日労働協定（36協定）

> 時間外や休日の労働が必要な場合に対処するために、法定の様式により時間外・休日労働協定（36協定）を作成する。

時間外や休日の労働が必要な場合に対処するために、請負事業所においては、法定の様式により時間外・休日労働協定（36協定）を作成します。

イ　限度基準への適合

> 36協定に記載する時間外や休日の労働の時間数・日数は、限度基準に適合させる。

36協定に記載する時間外や休日の労働の時間数・日数については「労働基準法第36条第1項の協定で定める労働時間の延長の限度、労働時間の延長に係る割増賃金の率等に関する基準（限度基準）」が定められていますので、これに適合するように定めます。

ウ　特別条項

> 限度基準に定める時間外労働の時間数を超えて時間外労働をさせなければならない事情が生じることが見込まれるときには、36協定に特別条項を定める。特別条項には、所定の事項を定める。

限度基準に定める時間外労働の時間数を超えて時間外労働を行う「特別の事情」が予想される場合には、その時間数を超えて労働させることができる特別条項付き協定を締結することができますので、このような事態が発生することが見込まれるときには、36協定に特別条項を定めます。特別条項には、所定の事項を定めます。

エ　過半数を代表する者の同意

> 36協定には、請負事業所の労働者の過半数を代表する者の同意を得て、その者に記名押印をさせる。

36協定には、請負事業所の労働者の過半数を代表する者（過半数で組織する労働組合があるときはその労働組合）の同意が必要です。その同意が得られたときは、その者に記名押印をさせます。

オ 労働基準監督署への届け出

> 過半数を代表する者が署名押印した36協定は、所轄の労働基準監督署に届け出る。

過半数を代表する者（過半数で組織する労働組合があるときはその労働組合）が記名押印した36協定は、所轄の労働基準監督署に届け出ます。

カ 36協定の備付けと労働者への周知

> 36協定は、事務所の見やすい場所に備え付け、労働者に周知させる。

36協定は、事務所の見やすい場所に備え付け、労働者に周知させるようにします。

キ 災害などの非常時における時間外・休日労働

> 非常時には、必要な限度で時間外・休日労働をさせる。この場合、事後に遅滞なく所轄の労働基準監督署に届け出る。

地震、津波、火災などの非常時には、36協定の内容の如何にかかわらず、必要な限度で時間外・休日労働をさせることができます。この場合、事後に遅滞なく所轄の労働基準監督署に届け出ます。

ク 割増賃金の支払い

> 時間外・休日労働をさせた場合には、法定の割増賃金を支払う。深夜業をさせた場合にも、法定の割増賃金を支払う。

時間外・休日労働をさせた場合や深夜業をさせた場合には、法定の割増賃金を支払います。割増率は、時間外労働は２割５分（時間外労働させた時間が１か月について60時間を超えた場合には原則として５割）、深夜労働は２割５分、休日労働は３割５分です。時間外労働が

深夜に及ぶ場合には5割（時間外労働させた時間が1か月について60時間を超えた場合には原則として7割5分）、休日の労働時間が深夜に及ぶ場合にはその時間の労働については6割（時間外労働が1か月について60時間を超えた場合には中小事業主に該当する場合を除き8割5分）です。

割増賃金の算定に当たり除外できるのは、①家族手当、②通勤手当、③別居手当、④子女教育手当、⑤住宅手当、⑥臨時に支払われた賃金、⑦賞与など1か月を超える期間ごとに支払われる賃金に限られています。

(4) **賃金の管理**

賃金についても、割増賃金の支払いを含め適切に管理します。特に、賃金から控除する場合には、留意します。

> 作業用品や社宅の家賃などを賃金から控除するときには、賃金の控除に関する労使協定を締結する。

作業用品を労働者本人の負担とする場合や社宅の家賃などを賃金から控除するときには、賃金の控除に関する労使協定を締結します。

賃金から控除できるのは事理明白なものに限られており、その内容が明確でないものは対象とすることはできません。

賃金の控除に関する労使協定も、請負事業所の労働者の過半数を代表する者（過半数で組織する労働組合があるときはその労働組合）の同意が必要で、その同意が得られたときは、その者に記名押印をさせます。

そのほか、労働基準法その他の法律により労使協定を締結する必要があるときも同様です。労使協定の中には所轄の労働基準監督署に届け出る必要があるものがありますので、その場合には、所轄の労働基準監督署に届け出ます。

(5) **安全衛生管理体制**

　労働災害や健康障害を防止し、労働者の安全と健康を確保するためには、安全衛生管理体制を整備する必要があります。

ア　安全管理者

1）安全管理者の選任

> 　製造業などの50人以上の労働者が従事する請負事業所においては、所定の学歴と実務経験があり、安全管理者選任時研修を修了した者の中から安全管理者を選任する。

　製造業などの50人以上の労働者が従事する請負事業所においては、所定の学歴と実務経験があり、安全管理者選任時研修を修了した者の中から安全管理者を選任します。

2）労働基準監督署への届け出

> 　安全管理者を選任したときは、所定の様式により所轄の労働基準監督署に届け出る。

　安全管理者を選任したときは、所定の様式により所轄の労働基準監督署に届け出ます。

3）職場巡視

> 　安全管理者には、作業場などを巡視させ、危険を防止するために必要な措置を行わせる。

　安全管理者には、作業場などを巡視させ、危険を防止するために必要な措置を行わせます。また、そのために、安全管理者には安全に関する措置を行うための権限を与えます。

イ　衛生管理者

1）衛生管理者の選任

> 50人以上の労働者が従事する請負事業所においては、衛生管理者免許（製造業などでは第1種衛生管理者免許）を有する者の中から衛生管理者を選任する。

　50人以上の労働者が従事する請負事業所においては、衛生管理者免許を有する者の中から衛生管理者を選任します。製造業などでは第1種衛生管理者免許を有する者から選任します。200人を超える請負事業所においては、その人数に応じた数の衛生管理者を選任します。

2）労働基準監督署への届け出

> 衛生管理者を選任したときは、所定の様式により所轄の労働基準監督署に届け出る。

　衛生管理者を選任したときは、所定の様式により所轄の労働基準監督署に届け出ます。

3）職場巡視

> 衛生管理者には、毎週1回作業場などを巡視させ、労働者の健康障害を防止するため必要な措置を行わせる。

　衛生管理者には、毎週1回作業場などを巡視させ、労働者の健康障害を防止するため必要な措置を行わせます。また、そのために、衛生管理者には衛生に関する措置を行うための権限を与えます。

ウ　安全衛生推進者

1）安全衛生推進者の選任

> 10人以上50人未満の労働者が従事する請負事業所においては、衛生推進者（製造業などでは安全衛生推進者）を選任する。

　10人以上50人未満の労働者が従事する請負事業所においては、安全衛生推進者講習を受講した者などから衛生推進者を選任します。製造

業などでは安全衛生推進者を選任します。
2）氏名の掲示

> 安全衛生推進者を選任したときは、その氏名を作業場に掲示する。

安全衛生推進者を選任したときは、その氏名を作業場に掲示します。
エ　産業医
1）産業医の選任

> 50人以上の労働者が従事する請負事業所においては、所定の研修を修了した医師の中から産業医を選任する。

50人以上の労働者が従事する請負事業所においては、所定の研修を修了した医師の中から産業医を選任します。
2）労働基準監督署への届け出

> 産業医を選任したときは、所定の様式により所轄の労働基準監督署に届け出る。

産業医を選任したときは、所定の様式により所轄の労働基準監督署に届け出ます。
3）職場巡視

> 産業医には、毎月1回作業場などを巡視させ、労働者の健康障害を防止するため必要な措置を行わせる。

産業医には、毎月1回作業場などを巡視させ、労働者の健康障害を防止するため必要な措置を行わせます。また、そのために、産業医には衛生に関する措置を行うための権限を与えます。
4）指導・助言・勧告の尊重

> 産業医から指導・助言・勧告を受けたときは、これを尊重する。

産業医から指導・助言・勧告を受けたときは、これを尊重して、勧告された措置を行います。
オ　作業主任者
１）作業主任者の選任

> 労働災害を防止するための管理を必要とする所定の作業を行うときは、その作業の区分に応じて定められている免許を受けた者または技能講習を修了した者の中から、作業主任者を選任する。

労働安全衛生法施行令第６条に定める労働災害を防止するための管理を必要とする作業（第３章163〜164頁参照）を行うときは、その作業の区分に応じて定められている免許を受けた者または技能講習を修了した者の中から、作業主任者を選任します。
２）作業に従事する労働者の指揮など

> 作業主任者には、当該作業に従事する労働者の指揮などを行わせる。

作業主任者には、当該作業に従事する労働者の指揮その他その作業の区分に応じて定められている業務を行わせます。
３）免許証などの携帯

> 作業主任者には、免許証などを携帯させる。

作業主任者には、その作業の種類に応じ免許を要するときは免許証、技能講習の修了を要するときは講習修了証を携帯させます。
カ　安全衛生委員会
１）安全衛生委員会の設置

> 50人以上の労働者が従事する請負事業所においては、衛生委員会（製造業などでは安全衛生委員会）を設置する。

50人以上の労働者が従事する請負事業所においては、衛生委員会を

設置します。製造業などでは安全衛生委員会を設置します。
2）構成

> 安全衛生委員会には、事業所責任者、安全管理者、衛生管理者、産業医のほか、請負事業所の労働者の過半数を代表する者（過半数で組織する労働組合があるときはその労働組合）の推薦する者を半数参加させる。

　安全衛生委員会には、事業所責任者、安全管理者、衛生管理者、産業医のほか、請負事業所の労働者の過半数を代表する者（過半数で組織する労働組合があるときはその労働組合）の推薦する者を半数参加させます。

3）開催

> 安全衛生委員会は毎月1回開催する。

　安全衛生委員会は、毎月1回開催します。その際、産業医が極力参加できるように、産業医の職場巡視の日にあわせて安全衛生委員会を開催するなど配慮します。

4）議事概要

> 安全衛生委員会の議事の概要は、作業場に備え付け、労働者に周知させるとともに、3年間保存する。

　安全衛生委員会を開催したときは、議事の概要を作成して、作業場に備え付け、労働者に周知させます。また、3年間保存します。

キ　元方事業者が連絡調整統括管理者を選任などした場合の措置
1）元方事業者との連絡などを行う責任者の選任

> 元方事業者が連絡調整統括管理者を選任した場合には、請負事業主は元方事業者との連絡などを行う責任者を選任する。

元方事業者が元方事業者と請負事業主との作業間の連絡調整などを統括管理する連絡調整統括管理者を選任し、作業間の連絡調整などを統括管理させるときは、請負事業主は請負事業所の業務統括責任者を、連絡調整統括管理者との連絡を行い、必要な事項を実施する責任者に選任します。

2）安全衛生協議会などへの参加

> 　元方事業者が請負事業主との安全衛生協議会を開催するときは、請負事業主は請負事業所の業務統括責任者などを参加させる。

　元方事業者が請負事業主との安全衛生協議会を設置し、開催するときは、請負事業主は、①請負事業所の業務統括責任者、②安全管理者、衛生管理者、安全衛生推進者を参加させます。

　また、元方事業者が元方事業者の安全衛生委員会に請負事業主をオブザーバー参加させるときは、請負事業主は請負事業所の業務統括責任者などを参加させます。

(6) **請負管理体制の整備**

　請負事業所を適切に機能させるためには、人的な管理体制を整備する必要があります。このため、次のような体制を整備します。

ア　事業所責任者

1）事業所責任者の選任

> 　請負事業所には事業所責任者を選任する。

　請負事業所には、事業所全体の管理を適切に行うために、事業所責任者を選任します。

2）事業所責任者の業務

事業所責任者には、①法令遵守、②請負契約（仕様書などを含む）の履行、③イの工程管理責任者の監督、④労働者の就業条件の整備、⑤労働者の職業能力開発、⑥労働者からの苦情の受付と処理、などの業務を行わせる。

　事業所責任者の業務は事業所全体の管理ですが、特に①法令遵守、②請負契約（仕様書などを含む）の履行、③イの工程管理等責任者の監督、④労働者の就業条件の整備、⑤労働者の職業能力開発、⑥労働者からの苦情の受付と処理、などの業務が重要です。

イ　工程管理責任者
1）工程管理責任者の選任

　請負事業所には、工程ごとに工程管理責任者を選任する。

　請負事業所内の工程ごとの管理を適切に行うために、事業所責任者を選任します。

2）工程管理責任者の業務

　工程管理責任者には、①法令遵守、②担当者の業務に関する請負契約（仕様書を含む）の履行、③業務の処理の進行と管理、④労働者の就業、業務の処理の進行などの状況の把握とその内容の事業所責任者に対する報告、⑤苦情の相談を受けた場合の事業責任者への取次ぎ、などの業務を行わせる。

　工程管理責任者の業務は工程の管理ですが、特に①法令遵守、②担当者の業務に関する請負契約（仕様書を含む）の履行、③業務の処理の進行と管理、④労働者の就業、業務の処理の進行などの状況の把握とその内容の事業所責任者に対する報告、⑤苦情の相談を受けた場合の事業責任者への取次ぎ、などの業務が重要です。

ウ　作業指示者

1）工程管理責任者の選任

> 請負事業所には、最小単位の組織ごとに作業指示者を選任する。

　請負事業所内の工程が大きいときには、これをさらに細分化して、最小単位の組織ごとに作業指示者を選任します。

2）作業指示者の業務

> 作業指示者には、業務を処理する労働者に対して必要な作業指示を行わせる。

　作業指示者は、業務を処理する労働者に対して作業に関する必要な指示をさせます。

エ　氏名の掲示

> 事業所責任者、工程管理責任者または作業指示者を選任したときは、その氏名を作業場に掲示する。

　事業所責任者、工程管理責任者または作業指示者を選任したときは、その氏名を作業場に掲示します。

(7) **資格を有する者などの配置**

　請け負った業務を処理するために資格などが必要なときには、資格を有する者などを配置することが必要になります。

ア　法令などに定められた資格を有する者の配置

> 請け負った業務を処理するために法令などに定められた資格を有する者を配置する必要があるときは、その資格を有する者を配置する。

　危険有害業務など請け負った業務を処理するために法令などに定められた資格を有する者を配置する必要があるときは、その資格を有す

る者を配置します。

イ　発注者が求める作業能力や資格などを有する者の配置

> 請け負った業務を処理するために発注者が求める作業能力や資格などを有する者を配置する必要があるときは、そのような作業能力や資格などを十分に有する者を配置する。

請け負った業務を処理するために法令などに定められた資格を有する者を配置する必要がない場合でも、発注者が一定の作業能力や資格などを求める場合があります。発注者の求めがその業務の性格上必要と認められるときは、そのような作業能力や資格などを十分に有する者を配置します。

(8) **労働者の募集・採用**

ア　雇用主の明示

> 労働者を募集・採用するに当たっては、請負事業主が雇用主である旨を明示する。

労働者を募集・採用するのは請負事業主ですので、その募集・採用に当たっては、請負事業主が雇用主である旨を明示します。

イ　採否の決定

> 労働者の採用に当たっては、請負事業主が採否の決定を行う。

労働者を採用するのは請負事業主ですので、その採用に当たっては、請負事業主が採否の決定を行います。

ウ　労働条件通知書

> 労働者を採用するときは、労働条件通知書を交付する。

労働者を採用するときは、労働条件通知書を交付します。

(9) 社会・労働保険の適用

ア　社会・労働保険への請負事業所の適用

> 健康保険・厚生年金保険・雇用保険・労災保険を請負事業所に適用する。

　健康保険・厚生年金保険・雇用保険・労災保険を請負事業所に適用します。

イ　社会・労働保険への労働者の適用

> 適用対象となる全ての労働者を健康保険・厚生年金保険・雇用保険に加入させる。

　健康保険・厚生年金保険・雇用保険に適用される労働者の範囲については、それぞれの法律に定められていますが、請負事業主は、適用対象となる全ての労働者を加入させます。

(10) 業務の改善を図るための取組み

　業務の改善を図るために、次のような取組みを行います。

ア　5S

> 5Sに取り組む活動を促進する。

　5S（整理・整頓・清掃・清潔・しつけ）は、作業の基本ですので、職場空間の能率的・効果的な利用を図り、生産コストを減らし、加工精度を上げ、製品の品質を高めるために取り組みます。

イ　見える化

> 見える化に取り組む。

　作業についての情報を組織内で共有させることにより現場の問題などの早期発見や効率化や改善に役立てるために取り組みます。

ウ 提案制度

> 提案制度を設ける。

　業務の改善を図るために、その業務に従事している労働者から業務の改善に関する提案を求める制度を設けます。

エ その他

> 請負事業所の実情に合った業務の改善に資する制度の導入を検討する。

　その他業務の改善に資する制度で、それぞれの請負事業所の実情に合ったものの導入を検討します。

⑾ **作業服の着用**

> 請負業務に従事する労働者には、請負事業主の指定する作業服を着用させる。

　請負業務に従事する労働者には、請負事業主の指定する作業服を着用させ、発注者の作業服を着用させないようにします。
　作業の特殊性などにより発注者の作業服と同一の作業服を着用せざるを得ないときには、腕章、ゼッケンなどにより請負事業主の労働者であることを明確にします。

⑿ **指揮命令系統図**

ア 指揮命令系統図の作成

> 指揮命令系統図を作成する。

　労働者に対する作業遂行上の指揮命令系統を明確にするため、指揮命令系統図を作成します。

イ 指揮命令系統図の掲示

> 作成した指揮命令系統図を請負事業主の作業場に掲示する。

　作成した指揮命令系統図通り指揮命令系統を機能させるため、指揮命令系統図を請負事業主の作業場に掲示します。

(13) **連絡調整図**

ア 連絡調整図の作成

> 発注者と請負事業主相互の連絡調整図を作成する。

　発注者と請負事業主との間の連絡調整の混乱を防止するため、連絡調整図を作成します。

　指揮命令系統図は請負事業主内部の問題であるのに対して、連絡調整図は発注者と請負事業主との2者間の問題ですので、別のものとして作成します。

　また、誰と誰の間で連絡調整を行うのかを明確にするとともに、連絡調整を行う担当者が不在である場合の代理を含めて定めておきます。

イ 連絡調整図の掲示

> 連絡調整図は、請負事業主の作業場に掲示する。

　作成した連絡調整図通り連絡調整させるため、連絡調整図を請負事業主の作業場に掲示します。

(14) **業務遂行計画**

> 業務を処理するための業務遂行計画を策定する。

　請け負った業務については、請負事業主の企画により処理することが適当ですので、業務を処理するための業務遂行計画を策定します。

　業務遂行計画に記載する事項は、次の通りです。

① 生産または処理すべき業務

② 生産数量または処理業務量
③ 納期
④ 労働者の人数とその配置

⑮ **管理簿などによる管理**

> 生産数量または処理業務量、納期、検収などについては、管理簿などにより記録して管理し、これを保管する。

　生産数量または処理業務量、納期、検収などについては、管理簿などにより記録して管理します。また、これを保管する期間を定めて、その期間保管します。

⑯ **作業遂行上の指揮命令など**

　労働者に対する作業遂行上の指揮命令などは、作業指揮者などの管理者が行います。

ア　作業遂行上の指揮命令

> 労働者に対する作業遂行上必要な指揮命令は、管理者が行う。

　労働者に対する作業遂行上の指揮命令は、管理者が行います。

イ　業務の割付や緩急の調整、順序の指示などに関する指示・管理

> 労働者に対する業務の割付や緩急の調整、順序の指示などに関する指示・管理は、管理者が行う。

　労働者に対する業務の割付や緩急の調整、順序の指示などに関する指示・管理は、管理者が行います。

ウ　労働時間、休憩、休日、休暇などに関する指示・管理

> 労働者の労働時間、休憩、休日、休暇、時間外労働、休日労働などに関する指示・管理は、管理者が行う。

　労働者の労働時間、休憩、休日、休暇、時間外労働、休日労働など

に関する指示・管理は、管理者が行います。

エ　労働者の配置の決定・変更

> 労働者の配置の決定や変更は、管理者が行う。

労働者の配置の決定や変更は、管理者が行います。

オ　評価の査定

> 労働者の評価の査定は、管理者が行う。

労働者の評価の査定は、管理者が行います。

(17)　**注文書類の確認**

> 　発注書その他発注者から請負事業主に対して行う注文に関する書類には、標準作業人数や標準作業時間、その他労働者に関する直接的な作業指示に当たると考えられる事項が記載されていないことを確認する。

　発注書その他発注者から請負事業主に対して行う注文に関する書類には、標準作業人数や標準作業時間、その他労働者に関する直接的な作業指示に当たると考えられる事項を記載しないようにする必要がありますので、これらの注文に関する書類に、労働者に関する直接的な作業指示に当たると考えられる事項が記載されていないことを確認します。

　仮にこのような記載があったときは、(13)の連絡調整図に定めるところにより、発注者側に是正を求めます。

　発注者側では速やかに是正するとともに、作成した労働者に注意をして、再発防止に努めます。

(18)　**技術指導**

　請負業務にする労働者に対する技術指導は、次により行います。

ア 技術指導の原則

> 労働者が作業を行うために必要な技術指導は、原則として管理者が行う。

労働者が作業を行うために必要な技術指導は、原則として管理者が行うことが、基本です。

イ 発注者が請負事業主に対して行う技術指導

> 発注者が請負事業主に対して行う技術指導については、原則として管理者が受ける。

発注者が請負事業主に対して行う技術指導については、企業間で行われるものであり、これを管理者が受けることが原則です。

ただし、次の場合には、請負業務に従事する労働者が、管理者の監督の下で発注者から実技を含めて説明を受けることは差し支えありません。

① 請負事業主が発注者から新たに機械・設備を借り受ける場合に、その機械・設備の操作方法の説明を受ける場合
② 請負事業主が発注者から新たに製品の製造を請け負った場合に、その製品の製造に関する仕様などについて説明を受ける場合

ウ 安全衛生に関する指導

> 安全衛生に関しては、一定の場合に、労働者が発注者から直接指示を受ける場合がある。

安全衛生に関しては、労働安全衛生法の規定により、請負業務に従事する労働者が、元方事業者である発注者から、労働安全衛生法令に違反しないよう指導を受け、同法令の違反がある場合に是正のための指示を受けることがあります。

また、安全衛生上緊急に対処する必要のある事項について請負業務

に従事する労働者が、発注者から指示を受けることがあります。

(19) 労働者の能力の開発・向上

ア　多様な能力開発機会の提供

> 労働者に対して、能力開発を行う多様な機会を提供する。

　請負業務に従事する労働者に対して、能力開発を行う多様な機会を提供するよう努めます（246頁参照）。

イ　研修教育計画

> 　労働者の技術能力の向上を図り、請負業務を適切に処理するために、研修教育計画を立て、実施する。

　請負事業主は、労働者の技術能力の向上を図り、請負業務を適切に処理するために、本社で作成した研修教育計画に基づき、または自ら計画を立てて、研修教育を実施するようにします。

ウ　外部講師の依頼

> 　研修教育を効果的に行うために発注者の労働者その他の外部の者が講師となることが適当である場合には、発注者その他の外部の者に対して講師の依頼をする。

　研修教育を実施するに当たり、研修教育を効果的に行うために発注者の労働者その他の外部の者が講師となることが適当である場合には、発注者その他の外部の者に対して講師の依頼をします。

(20) 発注者との連絡調整

ア　納入した製品または処理した業務が不適切な場合の措置

１）発注者からの申入れ

> 請負事業主が納入した製品または処理した業務が不適切と発注者が判断した場合の作業の手直しややり直しなどに関する発注者からの申入れについては、管理者が受ける。

　請負事業主が納入した製品または処理した業務が不適切と発注者が判断した場合の作業の手直しややり直しなどに関する発注者からの申入れについては管理者が受け、発注者から請負業務に従事する労働者に対して直接申入れを行うことがないようにします。

２）労働者に対する指示

> 発注者からの申入れを受けた管理者は、申入れに基づき必要な作業の手直しややり直しなどを行う必要があると判断したときは、労働者に対してその旨の指示を行う。

　発注者からの申入れを受けた管理者は、申入れに基づき必要な作業の手直しややり直しなどを行う必要があると判断したときは、必要と判断する範囲で、請負業務に従事する労働者に対して指示を行います。

イ　原材料、部品や製品などの授受の際の措置

１）伝票などによる処理

> 発注者が請負事業主に対して原材料、部品などの提供を行うときは、伝票その他これに類するもので処理する。

　原材料、部品などの授受については、請負契約書で定めた伝票またはこれに類するもので処理します。

２）連絡調整

> 請負事業主が発注者から原材料、部品などの提供を受けるときは、発注者との連絡調整は管理者が行う。

　請負事業主が発注者から原材料、部品などの提供を受けるときは、

発注者との連絡調整は管理者が行い、発注者から請負業務に従事する労働者に対して直接行うことがないようにします。
3）労働者に対する指示

> 発注者との連絡調整をした管理者は、連絡調整の結果に基づき必要があると判断したときは、労働者に対して必要な指示を行う。

発注者との連絡調整をした管理者は、連絡調整の結果に基づき必要があると判断したときは、労働者に対して必要な指示を行います。

ウ　製品などの授受の際の措置
1）伝票などによる処理

> 請負事業主が発注者に対して製品などの納入を行うときは、伝票その他これに類するもので処理する。

製品などの授受については、請負契約書で定めた伝票またはこれに類するもので処理します。

2）連絡調整

> 請負事業主が発注者に製品などの納入を行うときは、発注者との連絡調整は管理者が行う。

請負事業主が発注者に製品などの納入を行うときは、発注者との連絡調整は管理者が行い、発注者から請負業務に従事する労働者に対して直接行うことがないようにします。

3）労働者に対する指示

> 発注者との連絡調整をした管理者は、連絡調整の結果に基づき必要があると判断したときは、労働者に対して必要な指示を行う。

発注者との連絡調整をした管理者は、連絡調整の結果に基づき必要があると判断したときは、労働者に対して必要な指示を行います。

エ　発注者に委託して機械、設備のメンテナンスを行うに当たっての措置
1）連絡調整

> 請負事業主が発注者にメンテナンスを委託する場合で発注者の労働者がメンテナンスを行うときは、メンテナンスを行う発注者の労働者との連絡調整は、管理者が行う。

　請負事業主が発注者にメンテナンスを委託する場合で発注者の労働者がメンテナンスを行うときは、メンテナンスを行う発注者の労働者との連絡調整は管理者が行い、メンテナンスを行う発注者の労働者から請負業務に従事する労働者に対して直接行うことがないようにします。

2）労働者に対する指示

> 発注者との連絡調整をした管理者は、連絡調整の結果に基づき必要があると判断したときは、労働者に対して必要な指示を行う。

　発注者との連絡調整をした管理者は、連絡調整の結果に基づき必要があると判断したときは、労働者に対して必要な指示を行います。

(21) **請負業務に従事する労働者に欠員が生じた場合の措置**

> 請負業務に従事する労働者に欠員が生じた場合には、請負事業主で補充し、代替者を発注者から受け入れない。

　請負業務に従事する労働者に欠員が生じた場合には、請負事業主で補充し、代替者を発注者から受け入れないようにします。

(22) **苦情の処理**

　請負業務に従事する労働者からの苦情を円満かつ迅速に処理することは、請負事業主のリスク管理にとって、きわめて重要です。労働者の不満が高じて、労働組合、行政、裁判などに持ち込まれた場合には、

多くの労力と時間を要し、得るものがない、場合によっては企業経営に重大な影響を及ぼすということになりかねません。

ア　円満かつ迅速な処理

> 請負業務に従事する労働者から苦情の申出を受けたときは、その円満かつ迅速な処理に向けて最大限の努力を行う。

　請負業務に従事する労働者から苦情の申出を受けたときは、その円満かつ迅速な処理に向けて最大限の努力を行います。

　苦情の処理は、第一義的には請負事業所で行う必要がありますが、そこで解決しないときには、支社、本社に上げて問題の解決に取り組みます。

　特に重要なことは企業内で解決を図るということで、苦情の申出をする労働者を含めて理解を深める努力が必要です。

　また、苦情の内容によっては、発注者に関連する場合もありますので、発注者にもその点で理解を求めることが必要です。

イ　不利益な取り扱い

> 　労働者から苦情の申出があったことを理由として雇用や労働条件などに関して不利益な取り扱いをしない。

　労働者から苦情の申出があったことを理由として雇用や労働条件などに関して不利益な取り扱いをしてはなりませんし、そのようなことをうかがわせるような発言をしてはなりません。

　また、苦情の内容が発注者に関連する場合には、発注者にこの点でも理解を求める必要があります。

⑳　個人情報の管理

　請負業務に従事する労働者などの個人情報の管理に当たっては、次の取組みを行います。

ア　利用目的の明確化

> 個人情報の収集にあたり利用目的を明確にする。

　個人情報の収集に当たっては、利用目的を明確にします。

イ　個人情報の利用

> 明らかにした個人情報の利用目的を超えて個人情報を利用しない。

　アにより明らかにした個人情報の利用目的を超えて個人情報を利用しないようにします。

ウ　第三者への提供

> 発注者を含め第三者に対しては、本人の同意を得ずに個人情報を提供しない。

　第三者に対して個人情報を提供するには、本人の同意が必要です。この第三者には発注者を含みます。
　特に、緊急連絡網の作成に当たり、問題となります。

エ　個人情報の収集

> 不正な手段を用いて個人情報の収集をしない。

　個人情報を収集する場合には、不正な手段を用いて収集しないようにします。

オ　漏洩、改ざん、減失の防止

> 個人情報や個人データの漏洩、改ざん、減失の防止のための措置を行う。

　個人情報の漏洩、改ざん、減失の防止のための措置を行います。
　具体的には、企業の実情に応じて、次のような措置を行います。
①労働者の責任と権限を明確に定め、安全管理に対する規程や手順書

を整備運用し、その実施状況を確認する（組織的安全管理措置）、
②労働者に対して業務上秘密と指定された個人データを開示しない旨の契約の締結や教育・訓練を行う（人的安全管理措置）
③退館（室）の管理や個人データの盗難防止などの措置を行う（物理的安全管理措置）
④個人データおよびそれを取り扱う情報システムへのアクセス制御、不正ソフトウェア対策、情報システムの監視などを行う（技術的安全管理措置）

また、労働者への監督や第三者に委託する場合の委託先への監督も必要となります。

⑷ 情報資産の管理

請負事業主は発注者から預かっている情報資産があるので、情報資産が外部に漏れないように、次のような取組みを行います。

ア　情報資産の保管

> 情報資産は、外部の出入りが制限されている場所に保管する。

作業標準書や仕様書、設計図、サンプル品、金型、版などの情報資産は、外部の出入りが制限されている場所に保管します。

イ　整理・整頓の徹底

> 整理・整頓の徹底を図ることにより、情報資産を盗難や紛失から守る。

作業標準書や仕様書、設計図、サンプル品、金型、版などの情報資産が間違って捨てられたり、誰かに持っていかれたりすることを防止するために、整理・整頓の徹底を図ります。

ウ　数量の管理

> 材料や不良品、完成品などの数量の管理を適切に行う。

投入した材料や発生した不良品、完成品などの数量を把握し、これらを付き合わせることによって、これらが持ち出されていないことを確認します。

エ　不良品や廃棄材の処分

> 不良品や廃棄材は粉砕、溶解、圧縮などの処理をして、処分する。

不良品や廃棄材は粉砕、溶解、圧縮などの処理をして、情報を盗み取られないように処分します。

オ　情報資産管理に関する教育訓練やマニュアル化

> 情報資産管理に関する手順をマニュアル化し、教育訓練を行う。

請負業務に従事する労働者の過失による情報資産の漏洩を防止するため、その管理に関して、その手順をマニュアル化し、必要な教育訓練を行います。

カ　誓約書の提出

> 労働者から機密保持に関する誓約書を提出させる。

労働者による故意の情報持ち出しを防ぐため、機密保持に関する誓約書を提出させます。

なお、請負業務に従事する労働者から発注者宛てに直接誓約書を提出させないようにします。

(25) **セクハラやパワハラの防止**

セクハラやパワハラを防止するために、次の措置を行います。

ア　方針の明確化とその周知・啓発

> 職場におけるセクハラやパワハラに関する方針を明確化し、周知・啓発する。

職場におけるセクハラやパワハラの内容やあってはならない旨、違

反者に対して厳正に対処する旨などの方針を明確化し、労働者に対して、啓発資料や研修、講習などにより、周知・啓発します。
イ　相談に応じるための体制の整備

> セクハラやパワハラに関する相談窓口を定める。

　相談担当者の選任、相談に対応するための制度の整備、外部機関に対する相談への対応の委託などにより、セクハラやパワハラに関する相談窓口を定めます。
ウ　セクハラやパワハラが生じた場合の迅速・適切な対応

> セクハラやパワハラが生じた場合には、事実関係を迅速かつ正確に確認し、行為者と被害者に対して適切な措置を行うとともに、再発防止措置を講ずる。

　セクハラやパワハラが生じた場合には、事実関係を迅速かつ正確に確認します。
その上で、確認された事実関係に基づき、行為者に対する制裁措置と被害者に対する救済措置を適切に行います。また、研修などの再発防止対策を行います。
エ　情報の管理

> セクハラやパワハラについての相談者・行為者の情報については、適切に管理する。

　セクハラやパワハラについての相談者・行為者の情報については、そのプライバシーに属するので、漏えいしないように適切に管理します。

オ　不利益な取扱い

> セクハラやパワハラに関して、労働者が相談をし、または事実関係の確認に協力したことなどを理由として雇用や労働条件などに関して不利益な取り扱いをしない。

　セクハラやパワハラに関して、労働者が相談をし、または事実関係の確認に協力したことなどを理由として雇用や労働条件などに関して不利益な取り扱いをしてはなりませんし、そのようなことをうかがわせるような発言をしてはなりません。

　また、その内容が発注者に関連する場合には、発注者に理解を求める必要があります。

⒄　**安全衛生の管理**

　請負業務に従事する労働者の安全と健康を確保することは、請負事業の基本です。

ア　安全衛生教育

１）採用時の安全衛生教育

> 雇い入れたときは、従事する業務に関して、安全衛生教育を行う。

　労働者を雇い入れたときは、従事する業務に関して、安全衛生のために必要な事項について安全衛生教育を行います。

　教育する項目は、①機械、原材料などの危険性・有害性とその取扱い方法、②安全装置、有害物抑制装置・保護具の性能とその取扱い方法、③作業手順、④作業開始時の点検、⑤その業務に関して発生するおそれのある病気の原因と予防、⑥整理、整頓、清潔の保持、⑦事故時などにおける応急措置と退避、です。

　このほか、次のような職場のルールなどを教育します。

・禁止事項：立入り禁止、工場内の交通ルール、喫煙場所など
・危険性・有害性の周知：機械設備、取扱物質の危険性・有害性の絵

文字による表示など
・作業手順の遵守：作業手順書、作業マニュアルなどの遵守訓練
・保護具などの使用：保護具の正しい使用方法の訓練、AED（自動対外除細動器）の使用訓練など
・機械設備のトラブル処理：機械設備の修理など非定常作業の場合の事故の防止措置の訓練、緊急時の連絡経路の徹底など

2）労働者の作業内容を変更したときの安全衛生教育

> 作業内容を変更したときは、変更する業務に関して、安全衛生教育を行う。

　労働者の作業内容を変更したときは、変更する業務に関して、安全衛生のために必要な事項について安全衛生教育を行います。
　教育する項目は、採用時の安全衛生教育と同じです。

3）危険有害業務に就かせるときの特別の安全衛生教育

> 危険有害業務に就かせるときは、それぞれの業務ごとに定められた特別の安全衛生教育を行う。

　労働者にフォークリフトの運転の業務などの危険有害業務に就かせるときは、それぞれの業務ごとに定められた特別の安全衛生教育を行います。
　特別の安全衛生教育を必要とする危険有害業務の種類は労働安全衛生規則第36条に定められていて（第3章167～169頁参照）、それぞれの業務ごとに方法、科目、時間など定められています。また、特別の安全衛生教育の受講者、科目などの記録を作成して、3年間保存します。

4）職長などの安全衛生教育

> 職長などの職務に新たに就任するときは、現場監督者として行う労働災害防止活動に関して安全衛生教育を行う。

　製造業などにおいて、作業中の労働者を直接指導監督する職長などの職務に新たに就任するときは、現場監督者として行う労働災害防止活動に関して安全衛生教育を行います。
　安全衛生教育の科目、時間は、①作業方法の決定と労働者の配置に関すること：2時間、②労働者に対する指導監督の方法に関すること：2.5時間、③危険性・有害性などの調査とその結果に基づき講ずる措置に関すること：4時間、④異常時などにおける措置に関すること：1.5時間、⑤その他現場監督者として行うべき労働災害防止活動に関すること：2時間、です。

イ　健康診断

1）採用時の健康診断

> 　1年以上雇用されることが予定されている労働者を雇い入れるときは、健康診断を行う。

　1年以上雇用されることが予定されている労働者を雇い入れるときは、身長、体重、腹囲、視力、聴力、胸部エックス線検査、血圧の測定、貧血検査、肝機能検査、血中脂質検査、血糖検査、尿検査、心電図検査などの法定の項目について医師による健康診断を行います。
　ただし、医師による健康診断を受けた後3月を経過しない者がその結果を証明する書面を提出したときは、採用時の健康診断を行う必要はありません。

2）深夜業などに配置替えする際の健康診断

> 　深夜業などの業務に配置替えする際には、健康診断を行う。

　深夜業など労働安全衛生規則第13条第1項第2号の特定業務（第3

章187～188頁参照）に配置替えする際には、法定の項目について医師による健康診断を行います。

3）定期健康診断

> 1年（2）の特定業務については6月）ごとに1回、定期健康診断を行う。

原則として、1年ごとに1回法定の項目について医師による定期健康診断を行います。ただし、2）の特定業務に従事する労働者に対しては、6月ごとに1回定期に行います。

4）特殊健康診断

> 有害な業務に従事する労働者に対しては、特殊健康診断を行う。

労働安全衛生法施行令第22条第1項に定められている有害な業務（第3章188頁参照）に従事する労働者に対しては、業務に応じてそれぞれ定められた項目について、医師による特殊健康診断を行います。また、常時粉じん作業に従事する者には、じん肺法に定められたじん肺健康診断を行います。

5）健康診断の結果

> 健康診断の結果は、健康診断個人票を作成して、所定期間保存する。

健康診断の結果は、法定の健康診断個人票を作成して、5年間（特殊健康診断やじん肺健康診断についてはそれぞれ定められた期間）保存します。

6）産業医の意見の聴取

> 健康診断において異常の所見がある労働者については、健康診断の結果について産業医の意見を聴く。

健康診断において異常の所見があると診断された労働者については、健康診断の結果について産業医の意見を聴き、その意見を健康診断個人票に記載します。
7）健康管理上の措置

> 産業医の意見により必要があるときは、就業上の措置を行う。

　産業医の意見により必要があるときは、その労働者の就業場所の変更、作業の転換、労働時間の短縮、深夜業の回数の減少などの就業上の措置を行います。
8）健康診断結果報告書の提出

> 50人以上の労働者が従事する事業所などでは、定期健康診断結果報告書を所轄の労働基準監督署に提出する。

　50人以上の労働者が従事する請負事業所においては、定期健康診断結果報告書を所轄の労働基準監督署に提出します。
　また、定期の特殊健康診断を行ったときも、特殊健康診断結果の報告書を所轄の労働基準監督署に提出します。
9）面接指導

> 　時間外労働が月100時間を超える労働者から申出があったときは、医師による面接指導を行う。

　時間外労働が月100時間を超える労働者から申出があったときは、医師による面接指導を行います。
　面接指導の結果は、その記録を作成して、5年間保存します。
　面接指導の結果については、産業医の意見を聴き、その意見を面接指導の結果の記録に記載します。
産業医の意見により、必要があるときは、その労働者の就業場所の変更、作業の転換、労働時間の短縮、深夜業の回数の減少などの就業上

の措置を行います。
ウ　就業制限業務
１）有資格者の就業

> フォークリフトの運転などの就業制限業務には、有資格者を就業させる。

　フォークリフトの運転などの就業制限業務（第３章184〜185頁参照）は、その業務の種類に応じ免許を受けた者または技能講習を修了した者でなければ、その業務に就かせることはできませんので、有資格者を就業させます。
　有資格者が不足することが見込まれるときは、早めに免許の取得、技能講習の受講をさせるようにします。
２）免許証などの携帯

> フォークリフトの運転などの就業制限業務に就業させるときは、免許証などを携帯させる。

　フォークリフトの運転などの就業制限業務に就業させるときは、その就業する者に、その業務の種類に応じ免許を要するときは免許証、技能講習の修了を要するときは講習修了証を携帯させます。
エ　危険や健康障害を防止するための措置
　次の危険や健康障害を防止するための措置を行います。
１）機械、器具などの設備による危険

> 機械、器具などの設備による危険を防止するための措置を行う。

　次のような機械、器具などの設備による危険を防止するための措置を行います。
①機械、器具などに、覆いを設ける、安全装置を取り付ける、所定の安全な構造規格を備える

②機械の運転開始の合図を定め、そうじなどの場合には運転を停止させる
③作業帽・作業服を着用させる
④定期検査、作業開始前点検
２）爆発性の物、発火性の物、引火性の物などによる危険

> 爆発性の物、発火性の物、引火性の物などによる危険を防止するための措置を行う。

爆発性の物、発火性の物、引火性の物などは、爆発や火災の防止のための措置を行います。
３）電気、熱などのエネルギーによる危険

> 電気、熱などのエネルギーによる危険を防止するための措置を行う。

電気設備は、囲い・絶縁覆いを設けるなどの感電の防止のための措置を行います。
エ　作業方法から生ずる危険

> 作業方法から生ずる危険を防止するための措置を行う。

荷役などの作業方法から生ずる危険を防止するため次の措置を行います。
①不適格なロープを使用させない
②はいの中抜きをしないなどはいの崩壊を防止するための措置
オ　墜落するおそれのある場所などに関する危険

> 墜落するおそれのある場所などに関する危険を防止するための措置を行う。

高さが２メートル以上の箇所で作業を行う場合には作業床を設ける

など高所などからの墜落や転落の防止のための措置を行います。
カ　有害な作業環境による健康障害を防止するための措置

> 有害な作業環境による健康障害を防止するための措置を行う。

有害な作業環境による健康障害を防止するため次の措置を行います。
①有害物・ガス・蒸気・粉じん・有害な光線・超音波・騒音・振動などの有害原因の除去
②ガス・蒸気・粉じんなどの発散の抑制
③局所排気装置などは、吸収、燃焼、集じんなどの方式による排気処理装置を設ける
④有害物を含む排液は、中和、沈でん、ろ過などの方式により処理した後に排出する
⑤粉じんを著しく飛散する作業場は、注水などを行う
⑥強烈な騒音を発する作業場などは、標識などで明示する
⑦強烈な騒音を発する作業場などは、隔壁を設ける
⑧著しく暑熱や寒冷の場所などは、関係者以外の立入りを禁止し、表示する
⑨有害物などは、一定の場所に集積し、表示する
⑩暑熱、寒冷、多湿、著しい騒音を発する作業場などでは、作業環境測定を行う
キ　保護具の使用

> 有害な業務に従事させるときは、その業務に応じた保護具などを使用させる。

有害な業務に労働者を従事させるときは、その業務に応じた保護具などを使用させます。また、保護具などは有効に機能するように適切に管理します。

ク　有害な業務などに応じた措置

> 有害な業務などに労働者を従事させるときは、それぞれの業務に応じた措置を行う。

有機溶剤業務に関しては、次の措置を行います。
①第1種有機溶剤、第2種有機溶剤を使用させるときは、密閉設備・局所排気装置・プッシュプル型換気装置を設置する
②使用する有機溶剤の区分を所定の色で見やすい場所に表示する
③有機溶剤業務の種類に応じ送気マスク、有機ガス用防毒マスクを使用させる
④屋内に貯蔵する有機溶剤などは、こぼれるおそれがないなどの容器を用い、貯蔵場所には所定の設備を設ける

ケ　通路・床面・階段などの保全

> 作業場の通路・床面・階段などの保全のための措置を行う。

作業場に通ずる場所や作業場内には、次の通路、床面、階段などに関する措置を行います。
①安全な通路を設け、常時有効に保持する
②作業場の床面は、つまずき、すべりなどの危険のないものとし、安全な状態に保持する
③安全靴などを使用させる

コ　換気・採光・照明・保温・防湿・休養・避難・清潔などの措置

> 作業場の換気・採光・照明・保温・防湿・休養・避難・清潔などの措置を行う。

作業場の換気・採光・照明・保温・防湿・休養・避難・清潔などに関する次の措置を行います。
①屋内作業場の気積を労働者1人につき10m³以上とする

②屋内作業場の換気を十分行う
③作業面の照度を法定の基準以上に保つ
④暑熱・寒冷・多湿の屋内作業場では温湿度調節措置を行う
⑤常時50人以上または常時女性30人以上が就業するときは男女別の休養室などを設ける
⑥清掃を定期的に行う

サ　労働者の作業行動から生ずる労働災害を防止するための措置

> 労働者の作業行動から生ずる労働災害を防止するための措置を行う。

　労働者の作業行動から生ずる腰痛などを防止するために、運搬作業の省力化と改善、取扱い重量の軽減と負担均一化、荷姿の改善と重量などの表示、作業姿勢の改善、作業台の活用、取扱い時間や量の適正化、適切な作業方法の教育を行います。

シ　労働災害発生時への備え

> 労働災害が発生したときに備えた措置を行う。

　労働災害が発生したときに備えて、次の措置を行います。
①救急用具の備付け、備付け場所・使用方法の労働者への周知
②救護組織の確立、関係者の訓練
③異常な事態が発生した場合の作業規程の定め
④避難所・避難階の設備などの設置
⑤避難用具の設置
⑥緊急しゃ断装置の設置
⑦警報設備の設置

ス　リスクアセスメントと労働安全衛生マネジメントシステム
1）リスクアセスメント

> リスクアセスメントを行う。

　次の危険性や有害性などの調査を行い、その結果に基づき労働者の危険や健康障害を防止するための措置（リスクアセスメント）を行うようにします。
①危険性有害性の特定
②危険性有害性ごとのリスクの見積り
③リスク低減のための優先度の設定・リスク低減措置内容の検討
④優先度に対応したリスク低減措置の実施
2）労働安全衛生マネジメントシステム

> 労働安全衛生マネジメントシステムを行う。

　次の自主的活動（労働安全衛生マネジメントシステム）を一連の過程を定めて行うようにします。
①安全衛生に関する方針の表明
②安全衛生に関する目標の設定
③安全衛生に関する計画の作成・実施・評価・改善
セ　過重労働の防止やメンタルヘルス対策などの実施
　過重労働の防止やメンタルヘルス対策に取り組み、喫煙所以外での喫煙の禁止の徹底を図ります（第3章193～199頁参照）。
ソ　元方事業者が行う安全衛生対策に対応して請負事業主が行う安全衛生対策
　元方事業者が請負事業主を含めて総合的な安全衛生対策を行うときは、請負事業主もこれに対応した安全衛生対策を行います。

1）総合的な安全衛生計画に沿った安全衛生対策

> 元方事業者が総合的な安全衛生計画を作成したときは、請負事業主もその安全衛生計画に沿って安全衛生対策を行う。

　元方事業者が請負事業主を含めて総合的な安全衛生計画を作成したときは、請負事業主もその安全衛生計画に沿って安全衛生対策を行います。

2）混在作業間の連絡・調整

> 元方事業者が作業間の連絡・調整を行うときは、請負事業主もその連絡・調整に従って作業を行う。

　元方事業者が混在作業による労働災害を防止するため、元方事業者と請負事業主との間や請負事業主相互間における作業間の連絡・調整を行うときは、請負事業主もその連絡・調整に従って作業を行います。

3）合図などの統一

> 元方事業者がクレーンなどの運転についての合図などの統一を行うときは、請負事業主もこれに従う。

　元方事業者がクレーンなどの運転についての合図、事故現場などの標識、有機溶剤などの容器の集積箇所、警報の統一を行うときは、請負事業主もこれに従って作業を行います。

4）危険な機械設備を持ち込む場合の取扱い

> 労働災害発生のおそれのある機械設備を持ち込む場合には、請負事業主は元方事業者に事前に通知する。

　防爆構造の電気機械器具、車両系荷役運搬機械など労働災害発生のおそれのある機械設備を持ち込む場合には、請負事業主は元方事業者に事前に通知します。

5）危険・有害情報の活用

> 元方事業者が請負事業主に対して取扱う設備の中の化学物質の危険・有害情報を提供するときは、請負事業主はそれらの情報に基づいて必要な措置を行う。

元方事業者が請負事業主に対して取扱う設備の中の化学物質の危険有害性、作業の注意事項、安全衛生確保のための措置、事故発生時の応急措置などの危険・有害情報を提供するときは、請負事業主はそれらの情報に基づいて必要な措置を行います。

タ　労働災害発生時の対応

1）労災事故が発生した場合の対応の手順

> 労災事故が発生した場合の対応の手順を定めておく。

労災事故が発生したしたときに冷静な対応が可能となるよう、労災事故が発生した場合には、どのような対応をするのか、あらかじめその手順を定めておきます。

2）作業の中止と退避

> 労働災害発生の急迫した危険があるときには、作業を直ちに中止し、労働者を作業場から退避させるなどの措置を行う。

危険物などの爆発、火災などによる災害発生の急迫した危険があるときや通気が不十分な屋内作業場で有機溶剤業務に労働者を従事させる場合に、局所排気装置などの機能が故障し、有機溶剤中毒の発生のおそれのあるときなどは、直ちに作業を中止し、安全な場所に退避させ、災害のおそれのないことを確認するまでの間関係者以外の立入りを禁止します。

3）被災者の救出

> 労働災害が発生したら、速やかに被災者を救出し、救急処置や医療機関への移送を行う。

　労働災害が発生したら、速やかに被災者を救出し、救急処置や医療機関への移送などを行います。また、二次災害に至らないように注意します。

4）初期防災活動

> 労働災害が発生したら、初期防災活動を行う。

　労働災害が発生した職場においては、生産ラインの停止、救護活動、消防活動などを行い、被害の拡大を防ぐようにします。

5）関係行政機関への連絡

> 労働災害の規模によっては、関係行政機関に速やかに連絡する。

　労働災害の規模によっては、労働基準監督署、警察署、消防署、自治体などの関係行政機関に速やかに連絡します。関係行政機関による調査が済むまでは、基本的には現場はそのままにしておきます。

6）労働災害の状況の確認

> 労働災害の状況を確認します。

　労働災害が発生した職場においては、現場の見取図や労働災害の経過などを記録したり、写真を撮っておき、労働災害の状況を確認しておきます。

7）災害情報の関係部署への通報

> 災害情報は、速やかに、本社、支社、発注者その他の関係部署に通報する。

災害情報は、速やかに、本社、支社、発注者その他の関係部署に通報します。
8）死傷病報告書の提出

> 休業以上の労働災害が発生した場合には、労働者死傷病報告を提出する。

休業4日以上または死亡を伴う労働災害が発生した場合には、ただちに所轄の労働基準監督署に労働者死傷病報告を提出します。また、休業1日以上3日以内の労働災害が発生した場合には、四半期ごとに所定の時期に所轄の労働基準監督署に労働者死傷病報告を提出します。

9）災害発生原因の究明と再発防止対策

> 労働災害が発生した場合には、災害発生原因の究明と再発防止対策のための措置を行う。

労働災害が発生した場合には、災害発生原因の究明と再発防止対策のため、次の措置を行います。
①発注者の協力を得て、速やかに災害発生原因の究明を行う
②災害発生原因に関する調査結果に基づき速やかに再発防止対策を確立する
③災害の状況、災害発生原因に関する調査結果および再発防止対策を安全衛生委員会に報告し、関係者に周知の徹底を図る
④災害の状況、災害発生原因に関する調査結果および再発防止対策は本社または支社に速やかに報告する
⑤災害の状況、災害発生原因に関する調査結果および再発防止対策を発注者に報告し、発注者から関係者に周知させる

また、災害発生原因や再発防止対策を本社に通報し、全社的に周知させます。

10) 証明書の発給

> 労働災害が発生した場合に、被災した労働者が労災保険給付請求を行うときは、証明書を速やかに発給します。

　労働災害が発生した場合に、被災した労働者が労災保険給付請求を行うときは、証明書を速やかに発給する。

⑵7 **交通安全**

　公共交通機関が必ずしも発達していない地域では、自家用車などで通勤する際に、交通事故に遭遇する危険がありますので、その防止に取り組む必要があります。

ア　交通安全教育

> 交通事故に遭遇する危険があるときは、交通安全教育を行う。

　交通事故に遭遇する危険があるときは、交通安全教育を行うようにします。特に、飲酒運転やスピード違反の運転、睡眠不足時の運転などは絶対に行わないように徹底します。

　また、長時間労働や深夜業の後の運転が交通事故につながらないよう留意します。

イ　交通事故に遭遇した場合

1）交通事故に遭遇した場合の対応の手順

> 交通事故に遭遇した場合の対応の手順を定めておく。

　実際に交通事故に遭遇したときに冷静な対応が可能となるよう、通勤時などに交通事故に遭遇した場合には、どのような対応をするのか、あらかじめその手順を定めておきます。

2）人命第一の対応

> 交通事故に遭遇したら、負傷者の保護を第一に対応する。

交通事故に遭遇したら、負傷者の保護を第一に対応し、すぐに救急車を呼びます。1人で対応が難しい場合には、周り、近所、通りがかりの人に助けを求めます。救急車（119番）に連絡する場合には、事故の場所、現場（住所・市町村・交差点名・最寄の建物など）を特定できる場所を明確に伝えます。

3）現場の安全確保

> 現場の安全を確保する。

警察が来るまでは基本的には現場はそのままにしておきますが、そのままにしておくことによって、追突の危険や道をふさいでしまっている場合には、車を道路の端によせるなど、続発事故が起こらないようにします。

4）警察への届出

> 交通事故は警察に届け出る。

自動車による交通事故は、必ず警察に届け出ます。

5）被災者などの確認

> 被災者の住所、氏名、車両番号などを確認する。

警察が来るまでの間に、被災者の住所、氏名、車両番号などを免許証や車検証などで確認しておきます。また、事故の目撃者がいる場合、その連絡先も確認しておきます。

6）事故状況の確認

> 事故の状況を確認する。

現場の見取図や事故の経過などを記録したり、写真を撮っておき、事故の状況を確認しておきます。

7）自動車の移動

> 自動車が走れない場合には、自動車整備工場などに移動させる。

　自動車が走れない場合には、自動車整備工場などに移動させます。

8）保険会社への連絡

> 保険会社に自動車事故の連絡をする。

　保険会社に自動車事故の連絡をして、その後の損害賠償や修理費の負担が円滑に行われるようにします。

9）通勤災害給付のための援助

> 通勤途中の災害の場合には、通勤災害給付を受けられるように援助を行う。

　通勤途中の災害の場合には、労災保険の通勤災害給付を受けられるように援助を行います。

(28) 良好な人間関係の形成

ア　環境整備

> 職場における人間関係を良好にするための環境整備に努める。

　職場における人間関係を良好にするための環境整備に努めます。

イ　あいさつの習慣づけ

> 職場におけるあいさつの習慣づけを行う。

　職場においてあいさつが習慣化されるように取り組みます。

ウ　コミュニケーション

> 労働者のコミュニケーション能力を高めるための取組みを行う。

　コミュニケーション能力を高めるための研修を行うなど労働者のコ

ミュニケーション能力を高めるための取組みを行います。

⒆ 労働組合への対応

ア　合同労組

| 合同労組も労働組合 |

　労働者が所属する職場や雇用形態などに関係なく、個人単位で加入する合同労組も労働組合法の労働組合です。

イ　団体交渉

１）団体交渉の拒否

| 労働組合からの団体交渉の申し入れを正当な理由がなく拒否しない。 |

　労働組合からの団体交渉の申し入れを正当な理由がなく拒否することは、禁止されています。

２）誠実な対応

| 労働組合からの団体交渉の申し入れに対しては誠実に対応する。 |

　労働組合からの団体交渉の申し入れに対しては誠実に対応します。

ウ　労働協約

| 労働協約の内容は、組合員の労働条件となる。 |

　労働組合との間で労働条件などについて定めた労働協約の内容は、組合員の労働条件となります。

(30) 退職に当たっての措置

ア　解雇の回避と解雇権の濫用

> 解雇は極力避けるようにする。やむを得ず解雇せざるを得ないときは、合理的な理由と社会的相当性があることを十分に確認した上で行う。また、解雇に当たって必要な手続きを必ず行った上で行う。

解雇は、極力避けるようにすべきです。

特に、解雇が、客観的に合理的な理由を欠き、社会通念上相当であると認められない場合には、無効となります。

また、人減らしのための解雇は、①人員削減の必要性が認められ、②解雇を回避する努力を尽くし、③解雇対象者の人選が適正であって、④解雇手続が妥当なものであった場合にのみ、有効と解されています。

やむを得ず、解雇する場合には、これらのことを十分に確認した上で行います。

また、解雇に当たって、労働者への説明、本人からの意見聴取など必要な手続きが定められているときは、これらの手続きを必ず行った上で行います。

イ　解雇の予告

> やむを得ず労働者を解雇する場合には、30日前までにその予告をする。

やむを得ず労働者を解雇する場合には、原則として30日前までにその予告をします。30日前に予告をしない場合には、30日分以上の平均賃金を支払います。ただし、解雇予告の日数は、平均賃金を支払った日数だけ短縮できます。

ウ　有期雇用労働者の解雇

> 有期雇用労働者については、雇用期間中は、やむを得ない事由がなければ解雇しない。

　有期雇用労働者については、雇用期間中は、やむを得ない事由がなければ解雇は禁止されています。

エ　有期雇用労働者の雇止め

> 有期雇用労働者の雇止めが無効となる場合があることに留意する。

　有期雇用契約が無期雇用契約と実質的に異ならない状態に至っている場合や反復更新する実態、労働契約締結時の経緯などに照らして労働契約が更新されると労働者が合理的に期待できる状態に至っている場合には、客観的に合理的な理由を欠き、社会通念上相当であると認められない雇止めは、無効となりますので、このことに留意します。

オ　退職証明書の交付

> 退職する労働者が請求したときには、退職証明書を交付する。

　退職する労働者が退職時に請求したときには、退職証明書を交付します。

カ　金品の返還

> 労働者が退職した場合に請求があれば、請求があった日から7日以内に賃金を支払い、労働者の権利に属する金品を返還する。

　労働者が退職した場合に請求があれば、請求があった日から7日以内に賃金を支払い、労働者の権利に属する金品を返還します。

　返還する金品には、預かっていたパスポートなども含まれます。

第7章 労働行政への対応

> 「労働行政への対応」のポイント
> ・労働基準監督署や労働局雇用均等室への対応は、関係する法令に対する理解を深め、法令遵守の徹底を図ることが基本となる。
> ・労働局需給調整事業部門の場合は、告示第37号を必ずしも理解しておらず、これに基づいて判断することも正確に説明することもできないし、他の労働局の見解なども信用していないことに加えて、厚生労働省も信用できない状況にあるため、法令に対する理解を深め、理論武装をした上で、自らの判断で行動する。
> ・労働局需給調整事業部門への事前相談も必ずしも有効とは言えない。主張すべきことを主張するというスタンスで臨むことが必要。
> ・請負事業に関しては、適正な請負事業という視点で説明するのではなく、告示第37号は労働者派遣事業に該当するか否かの基準であること、当該事業は労働者派遣事業に該当しないことを中心に説明をする。
> ・このほか、労働局の個別労働紛争解決制度や裁判所の労働審判制度、労働委員会、裁判所の訴訟があるが、それぞれの性格を理解し、訴える側の主張を踏まえて対応し、主張すべきは主張するという基本的な立場で臨んだ方が良い。

労働行政といっても、組織により対応が相当異なっていますので、それぞれの組織の特徴を理解した上で対応することが必要です。

1 労働基準監督署への対応

労働基準法や労働安全衛生法、最低賃金法などの法律は労働基準監督署が施行していますので、労務管理や安全衛生管理の大部分は労働

基準監督署が監督指導を行っています。

　労働基準監督署に配置される労働基準監督官は、専門職として採用されており、専門的な研修を受けていますので、一部に例外はあるにせよ、一般的には、事業所に立入調査をして、これらの法律に基づいて、法律に違反することがないかを中心にチェックしています。

　立入調査を行うのは、計画に基づいて行う定期監督、労働者から申告があった場合に行う申告監督、労働災害が発生したときに行う災害時監督、厚生労働省や都道府県労働局の指示に基づいて集中的に特定のテーマで行う監督指導があります。

　労働基準監督官は、立入調査を行った際に、法令（「自動車運転者の労働時間等の改善のための基準」を含む）に違反する行為があったときは、是正勧告書を交付し、その是正状況について、期日を指定して、報告を求めます。

　ただし、労働基準監督官は特別司法警察官ですので、繰り返し違反がある場合や是正勧告書に従わない場合、証拠隠滅を行うなど悪質な場合、労災事故を引き起こした場合などにおいては、検察庁に書類送検して、刑事事件とします。

　また、法令に違反するとまでは言えないが、行政指導を行う必要があると判断したときは、指導票を交付します。指導票についても、その是正状況について、期日を指定して、報告を求めます。なお、このほかに口頭による指導の場合もあります。

　労働基準監督官の監督指導の重点対象は、従来は製造工場や建設現場の安全衛生、「自動車運転者の労働時間等の改善のための基準」に関するものでしたが、近年では、いわゆるサービス残業、さらには過重労働やメンタルヘルス対策なども重点対象としており、オフィスへの監督指導も増えています。

　また、人材ビジネスを対象とした監督指導も増えていますので、請負事業所やその本社、支社なども監督指導の対象となると考えるべき

です。

　労働基準監督官の監督指導は、全般的には労働基準法や労働安全衛生法、最低賃金法などの法律やこれに基づく政省令、告示などに基づいて行われていますので比較的に予測ができますが、一部には問題のある労働基準監督官の対応も指摘されていますので、そのような問題がないか精査することも必要です。

　企業の対応としては、関係する法令に対する理解を深め、法令遵守の徹底を図ることが基本となります。

　労働基準監督官が立入調査を行うときも、基本的には関係する法令に関する事実関係を説明します。

　また、是正勧告書や指導票を交付されたときも、関係する法令などに基づいて交付されたという認識の下に、速やかに是正をし、指定された期日までに報告することを基本として対応した方が良いと考えられます。

　ただし、法令の適用などについて疑問点があるときは、その疑問点をただすことも必要です。

　また、労働基準監督署に関連する組織として労働基準協会があり、労働基準監督官のOBが在職している場合もありますので、このような協会に相談するなどその活用を図ることも有効と考えられます。

2　労働局雇用均等室への対応

　各都道府県労働局には雇用均等室という組織があります。

　雇用均等室は、男女雇用機会均等法や育児・介護休業法、パートタイム労働法などを施行しています。したがって、男女差別の問題やセクハラ、妊娠・出産などに関する問題、育児休業や介護休業などの問題、パートタイム労働の問題などについては、雇用均等室が指導に当たります。

雇用均等室は通常数人の職員しか配置されていませんので、集団指導と呼ばれる法令などの説明が中心になりますが、労働者からの申告相談などがあると、雇用均等室から調査を受け、指導される場合があります。

雇用均等室の場合も、男女雇用機会均等法や育児・介護休業法、パートタイム労働法やこれらに基づく指針などに基づいて指導を行っていますので、比較的予測が可能であると考えられます。

企業の対応としても、関係する法令に対する理解を深め、法令遵守の徹底を図ることが基本となります。

個別指導の場合に、文書で行われることがありますが、関係する法令などに基づいて速やかに是正をし、指定された期日までに報告することを基本として対応した方が良いと考えられます。

ただし、法令の適用などについて疑問点があるときは、その疑問点をただすことも必要です。

なお、雇用均等室の場合、関係する法律にはほとんど罰則を定めた規定がありませんので、罰則が適用される心配はほとんどないと考えられます。

3　労働局需給調整事業部門への対応

もっともやっかいなのは、都道府県労働局の需給調整事業部門です。

労働局の需給調整事業部門は、各労働局の規模により、需給調整事業部があるところ（東京、愛知、大阪）、需給調整事業課があるところ（神奈川、静岡、京都、兵庫、広島、福岡）、需給調整事業室があるところ（北海道、青森、宮城、福島、茨城、栃木、群馬、埼玉、千葉、新潟、富山、石川、長野、岐阜、三重、滋賀、岡山、山口、徳島、愛媛、佐賀、長崎、熊本、大分、鹿児島）、独立した組織のないところ（岩手、秋田、山形、福井、山梨、奈良、和歌山、鳥取、島根、香

川、高知、宮崎、沖縄）に分かれていて、配置される職員の数も相当違っています。例えば、東京労働局では需給調整事業部全体で35名が配置されているのに対して、沖縄労働局では１名が配置されているに過ぎません（平成23年９月時点）。

　規模以上にやっかいなのは、需給調整事業部門が行う指導の質の問題です。

　各労働局によって言っていることが違う、同じ労働局でも担当官によって言っていることが違う、担当官が交代したら違ったことを言い出す、労働局の担当官の了解を取って進めていたら、交代した途端にそんな了解はしていないと言ってくる、こういう経験をした企業は、決して少なくないと思います。

　厚生労働省でも、最近では同じような問題が起こってきています。

　いずれにしても、需給調整事業部門の指導には多くの問題がありますので、これを前提として、企業としてどのように対処するかを考えざるを得ません。

　なお、労働局の需給調整事業部門が立入調査を行うのは、労働基準監督署の場合と同様、計画に基づいて行うもの、労働者から申告があった場合に行うもの、労働災害が発生したときに労働基準監督署と合同で行うもの、厚生労働省の指示に基づいて行うものがありますが、特に多いのは労働者から申告があった場合に行うものです。

　また、労働基準監督署の場合と同様、法令に違反する行為があったときは、是正指導書を交付し、法令に違反するとまでは言えないが、行政指導を行う必要があると判断したときは、指導票を交付します。いずれも、その是正状況について、期日を指定して、報告を求めます。

(1)　需給調整事業部門の指導の問題点

　請負事業に関しては、告示第37号に基づいて指導するという建前になっています。おそらくそのことを否定する需給調整指導官はいないと思われますが、実際にはそうなっていないことが問題です。

なお、請負事業に関しては、このほかにガイドラインというものがあります。こちらは、雇用管理の改善を目的としたもので、告示第37号とは意味することが違いますが、両者がこんがらがって指導が行われることも決して珍しいことではありません。
　例えば、請負事業を適正に行うためには、ガイドラインを遵守してくださいとか、ガイドラインに添付されている点検表でチェックしてくださいとか、言ってくる指導官がいると思われます。こういう指導官はガイドラインの意味を理解していないと思われます。
ア　指導官は告示第37号を理解しているのか
　行政の担当官はその所管している法令に精通していると考えるのが通常だと思われます。そうなると、指導官は告示第37号に精通していると考えて対応するのではないかと思われます。
　しかし、本当にそうかと尋ねられると、そうではないとしか言いようがありません。
　例えば、告示第37号第2条柱書は「次の各号のいずれにも該当する場合を除き、労働者派遣事業……とする」と規定しています。
　この規定を読めば、「労働者派遣事業……とする」と規定しているので、「労働者派遣事業」に該当する場合のことを言っているのだなとすぐに分かると思いますが、そのように理解している指導官は一体どれほどいるのでしょうか。厚生労働省の告示第37号疑義応答集ですら、「労働者派遣事業」ではなく、「偽装請負」という言葉を定義なしに使っているくらいですから（第1章5頁参照）。
　労働者派遣事業に関する基準ではなく、請負事業に関する基準と捉えているのではないでしょうか。そうなると、請負事業に関してなぜ労働局の需給調整事業部門が関与するのか法的な根拠は見当たらないのですが、あるいは請負事業に関する監督も労働局の需給調整事業部門の役割と思いこんでいるかもしれません。
　また、「次の各号のいずれにも該当する場合を除き」と規定してい

るので、次の各号に規定されているものをすべて満たしていれば、「労働者派遣事業」にはならない、したがって、請負事業で行っても差し支えないのだなとすぐに分かると思いますが、そのように理解している指導官は一体どれほどいるのでしょうか。
　次の各号に規定されているものを満たしていたとしても、今度は告示第37号には全くない基準を引っ張り出してきて、その基準に基づいて指摘しているのではないでしょうか。
　各号に規定されている事項に至っては、さらに怪しくなります。
　あるマスコミ関係者から労働者派遣法などの規定に関して、「労働局の担当者はプロでしょう？」という質問を受けたことがありますが、決してプロなんかではありません。
　告示第37号について言えば、その内容を理解していないどころか、読んでいない可能性すらあるのです。
　大事なことは、そのことを認識した上で対応するということです。
イ　指導官は告示第37号に基づいて判断できるのか
　指導官が告示第37号について理解していない以上、告示第37号に基づいて請負事業について判断することができるとは到底思えません。
　そうなると、本人の主観に基づいて判断している可能性があります。請負事業とはこういうものだとか、請負事業はこうでなければならないとか言って、問題点を指摘することは、決して珍しいことではありません。
　さらには、その判断を回避するために、「グレーゾーン」だという言い方をする場合もあります。これは、端的にいえば分からないと言っているようなものなのです。ただ、分からないと言えないものですから、「グレーゾーン」という言い方をしているのです。
　指導官の主観に基づいて判断されても、「グレーゾーン」だと言われると、企業としては対応に苦慮することになると思われますが、そういう状況にあるということを前提にして、対応するしかないのです。

ウ　指導官は告示第37号について説明する時に正確に説明しているのか

　告示第37号について説明する際に、正確に説明しているのか怪しいことも決して珍しいことではありません。

　厚生労働省の告示第37号疑義応答集でも、告示第37号に「労働者の業務」とか、「労働者の始業・終業時刻」と書いてあるのに、「請負事業主の作業」とか「請負事業主の作業開始時刻と終了時刻」に置き換えています。

　労働局の指導官になると、もっと置き換えをする可能性が高いのです。「請負事業主が発注者の指揮命令を受けているから、事業の独立性がない」という言い方は、その代表的な例です。

　「指揮命令」は、告示第37号ではなく、労働者派遣法の「労働者派遣」の定義規定にある用語ですが、そこで言っているのは「請負労働者が発注者の指揮命令を受けている場合を労働者派遣」と言っているのです。

　ここでは、「請負労働者」を「請負事業主」に置き換えている例を挙げましたが、「請負労働者」が「請負事業主」に置き換えられる可能性が高いと考えられるのに加え、他の用語でも置き換えが行われることがあり得るという前提に立って、対応する必要があります。

エ　指導官は他の労働局の見解を信用しているのか

　複数の労働局と対応した経験があれば、各労働局によって言っていることが違うことを経験したことがあると思いますが、それでは、労働局相互では、お互いの見解を尊重しているかと言えば、そうでもありません。

　ある労働局から指導を受けた内容について、他の労働局に見解を聞くと、「当労働局では、そういう指導はしない」旨の回答がある場合もありますし、「他の労働局では、こういう指導を受けている」旨説明しても、まったく相手にされないこともあります。

もっと極端な例は、同じ労働局が企業に指導をしていることについて、なぜそんなことを言うのかという態度を取ったり、過去にその労働局から聞いた見解を再度問い合わせてみると、全く逆の見解を言い出したりする例もあります。

　結局、労働局の指導官は他の労働局の見解を信用しておらず、場合によっては同じ労働局の他の指導官の見解も信用していないのです。

　労働局の指導官が信用していないものを企業として信用できるかといえば、答は自ら明らかだと思います。

　そうすると、企業としては、そういう前提に立って対応するしかありません。

オ　厚生労働省は信用できるのか

　厚生労働省は、各労働局を指導する立場にありますので、本来であれば、最後の砦ということになるのですが、残念ながらそうはなっていません。

　ウで述べた告示第37号疑義応答集における用語の置き換えなどは、その代表的なものです。

　このほか、請負事業に関するものではありませんが、政令で定める26業務に関する適正化プランや疑義応答集などは、完全に法令の規定を無視したものです。

　さらに最近では、請負事業に関して、担当課である厚生労働省需給調整事業課の課長が業界団体主催の講演会で「専門的な技術を習得するまでは派遣事業で行い、技術習得後に請負事業に移行すること」を推奨していたところ、課長退任2月後に同課に問い合わせると、「技術習得のために派遣事業を行うことは許されない。技術習得のために行うのであれば、出向を使って行うべき」と回答した事例や同課に「請負事業主が作成した作業マニュアルに注文主の承認印を押印すること」について問い合わせると、「そういうことはしないように」と回答するので、その根拠を尋ねてみると、根拠を一切示さないまま、

とにかくしないようにと回答した事例が報告されています。

　結局現在の厚生労働省は、労働局について問題点として取り上げたことと同じ状況にあると考えざるを得ません。

　したがって、厚生労働省も労働局と同じようなレベルにあると考えて、企業としては対応せざるを得ないのです。

(2) **企業としてどのように対応するのか**

　厚生労働省も労働局も前記のような状況なので、企業としてはどのように対応するべきか。ここでは、一般的に注意すべき点に触れておきます。

ア　労働局への事前相談は有効か

　多くの企業が労働局の対応に苦慮して、事前に労働局に相談することが多いようです。場合によっては、事前の承諾を得ようとする場合も見られます。

　一般的には、行政機関に事前相談するのは有効なのですが、こと労働局の需給調整事業部門については、そうとは言い切れません。

　例えば、せっかく計画したことがグレーゾーンだと言われてしまうと、計画のやり直しをせざるを得ません。また、広域的に事業を行う場合には、ある労働局に問い合わせてみて、了解をもらったとしても、他の労働局から了解が取れるかはやってみなければ分かりません。場合によっては、問い合わせた労働局ですら、担当者が違えば、違ったことを言う可能性があるのです。

　このため、労働局に事前相談するにしても、それで大丈夫だと安心せずに、リスクが解消された訳ではないと考えるしかありません。

　また、グレーゾーンだと言われたとしても、本当に法律上問題であるのか怪しいところがありますので、法律上問題がないと企業として判断したときには、企業の責任において実施するということも考えられます。

　要は、企業として法令に対する理解を深め、理論武装をした上で、

自らの判断で行動するしかないということです。

イ　立入調査にはどう対応するか

　労働局の需給調整事業部門の立入調査があったとしても、特別の対応をする必要はないと考えられます。

　問題は、指導官の調査能力や法令に関する知識などに大きな差があることです。そのことを前提にしながら、対応せざるを得ません。

　何か指摘があった場合には、その指摘についてどのような根拠に基づくものか尋ねてみます。(1)のオで述べたように、厚生労働省の担当者でも根拠のないことを言ってくるくらいですから、労働局の指導官の場合には、根拠のない指導をする可能性は極めて高いと考えられます。

　指導官が根拠を示すことができないとすれば、それは法律上問題がないことを意味します。それでも言ってくる可能性はありますが。

　また、根拠を示した場合であっても、その根拠が法令に適合したものであるのか精査する必要があります。(1)のウで述べたように、厚生労働省でも労働局でも、勝手に置き換えを行うことは決して珍しくありませんので、そういう置き換えなどがあり得るという前提で対応するしかありません。

　置き換えなどがあったときには、法令に基づいて主張すべきことは主張します。

　労働局の指導官と喧嘩をする必要はありませんが、主張すべきことを主張しないと、他にも指摘してくる可能性があります。主張すべきことを主張すると、指導官の側でも理論武装してくる可能性があります。

ウ　是正指導書や指導票が交付された場合にどう対応するか

　指導官が指摘の根拠を示すことができない場合などであっても、是正指導書や指導票を交付する場合があります。

　是正指導書や指導票は労働局長名になっていますが、労働局の幹部

の決済を受けて行われることはほとんどの場合ありません。大部分が担当の指導官だけの判断で交付されるのが実態です。

　このような是正指導書や指導票が交付された場合の対応ですが、是正指導書や指導票が交付されたことをもって企業側として非を認める必要はないと考えられます。

　立入調査の場合と同様に、企業として主張すべきことを報告書に記載するようにすればよいと考えられます。

　なお、提出された報告書は単に労働局のファイルにとじられるだけのことが多いのですが、何かあったときに、企業として主張したという実績は残ります。

エ　適正な請負という視点で主張するのか

　請負事業を行っていると、適正な請負であるという視点に立って考えがちですが、告示第37号はそういう構造にはなっていなくて、労働者派遣事業に該当するか否かの基準になっています。

　つまり、問題となっている請負事業は労働者派遣事業には該当しないということを証明するということが必要なのです。

　ところが、労働局の指導官の中にはそのような認識を持っていないのが大部分だと思われますので、「適正な請負とは」といった類いのことを言い出します。そうなると、告示第37号とは関係のない基準が登場する可能性が高くなりますし、個々の指導官が思い描く請負像によって、さまざまな基準で判断することになりがちです。

　このようなリスクを回避するためには、告示第37号は労働者派遣事業に該当するか否かの基準であるということを中心に据えて、告示第37号第2条に列記されている基準を満たしていることを証明し、労働者派遣事業には該当しないということを説明するしかないのです。

　その上で、労働者派遣事業に該当しない請負事業については、労働局の取り扱う対象には基本的にならないことを理解させるしかありません。

その際、民法を持ち出す可能性がないとは言えません。そのときは、民法は、労働局で所管する法律ではないことを理解させるしかないのです。

4　そのほかの対応

　上記のほかに、労働者からの申立てによって労働局の個別労働紛争解決制度や裁判所の労働審判制度に持ち込まれるケース、労働組合からの申立てによって労働委員会に不当労働行為の審査に持ち込まれるケース、裁判所に労働基準法や労働安全衛生法違反、解雇・雇止め、偽装請負などの訴訟が持ち込まれるケースなどもあります。

　いずれも、それぞれの紛争解決制度の性格を理解し、訴える側の主張を踏まえて、対応することになりますが、主張すべきは主張するという基本的な立場で臨んだ方が良いと考えられます。

　特に、偽装請負に関しては、十分な理解がない場合が多いので、要注意です。

著者経歴

木村　大樹（きむら　だいじゅ）

　昭和52年東京大学法学部卒業、労働省（現厚生労働省）入省。同省労働基準局監督課（労働基準法を担当）、労政局労働法規課（労働組合法を担当）、職業安定局雇用政策課（労働者派遣法の制定に携わる）、長野県社会部職業安定課長、職業安定局建設・港湾対策室長、北海道商工労働観光部次長、労働基準局安全衛生部計画課長（労働安全衛生法を担当）、同局庶務課長、職業能力開発局能力開発課長、ベトナム・ハノイ工業短期大学（現ハノイ工業大学）プロジェクト・リーダー（ものづくり人材の養成やものづくりに携わる）、中央労働災害防止協会「派遣労働者の安全衛生管理に関する調査研究委員会」委員長、中央労働災害防止協会「派遣労働者に係る安全衛生管理マニュアル作成委員会」委員、㈳日本労働安全衛生コンサルタント会「混合作業総合安全管理マニュアル作成委員会」委員長、㈳日本生産技能労務協会理事などを歴任。現在、国際産業労働調査研究センター代表（執筆・講演・研修講師・コンサルタントなどの活動）、社会保険労務士試験委員、など

主要著書

　「海外人づくりハンドブック　ベトナム編」㈶海外職業訓練協会、「最新　ベトナムの労働法」日本労働研究機構、「最新　ベトナムの労働事情」ベトナムでの出版

　「個人情報保護と労務管理」労働調査会、「高年齢者を活かす職場作り」、「サービス残業Q&A」、「労働者派遣・業務請負の就業管理」、以上㈳全国労働基準関係団体連合会、「労働者派遣の法律実務」、「実務家のための最新労働法規22」、以上労務行政、「わかりやすい労働者派遣法」、「労働契約法と労働契約のルール」、「業務請負の適正管理」、「派遣と請負—派遣法令は何もたさない、何もひかない、何も置きかえない粛々と運用を」以上労働新聞社、「過重労働と健康管理　よくわかるQ&A100」、「労働者派遣・業務請負の安全衛生管理」、以上中央労働災害防止協会、「非正規雇用ハンドブック」、「現代実務労働法」、「職場の安全と健康—会社に求められるもの」、以上エイデル研究所、「派遣と請負に関する行政指導と企業の対応」経営書院

◎主要な活動テーマ　26業務派遣、偽装請負問題などの派遣事業・請負管理、労働安全衛生法、安全配慮義務、過重労働による健康障害の防止などの職場の安全・健康管理、その他労務管理全般、ベトナム事情など

連絡先：kimura-daichikikaku@nifty.com
　　　　www.kokusanrou.com

請負を行うための実務知識

2012年5月22日　第1版第1刷発行

著　者　木　村　大　樹
発行者　平　　　盛　之

㈱産労総合研究所
発行所　出版部　経営書院

〒102-0093
東京都千代田区平河町2—4—7清瀬会館
電話　03(3237)1601　振替　00180-0-11361

落丁・乱丁本はお取替えいたします。　　印刷・製本　中和印刷株式会社

ISBN978-4-86326-125-9